www.ingramcontent.com/pod-product-compliance
Lightning Source LLC
LaVergne TN
LVHW090259051026
849518LV00005B/1580
9788194426288

عطردان

(متحدہ عرب امارات میں اردو کے شعراء واُدباء)

تحقیق وترتیب

شاداب الفت

MYBOOK
SELECT

BAZM-E-URDU DUBAI

(گوشۂ کُتُب)

کی

پیشکش

ITRDAAN

URDU POETS & WRITERS IN THE UNITED ARAB EMIRATES

Compiled by: **SHADAB ULFAT**

+91 9336 64 4870, +97155 893 8449 / lbskhans@gmail.com
100012165491443
(SHADAB ULFAT)

قیمت: Rs.450/-

ISBN: 978-81-944262-8-8

MYBOOK SELECT

Nayaab Books, an imprint of MyBook Select Publishing

10/237-38, Raja Ram Marg, Pushpa Bhawan, New Delhi-110062
email at: mybookselect@gmail.com | call 91 9910 482906

انتساب

متحدہ عرب امارات

اور

شریک حیات رملا، بیٹی اقراء، بیٹے عبدالرحمن

کے نام

فہرست

دو، تین خاص باتیں

دور کورونا جو کہ دنیا کے لئے مہلک ثابت ہوا اور اسکے اثرات تاوقتِ بھی محسوس کئے جا رہے ہیں، بایں ہمہ کہیں کہیں اسکے کچھ فوائد بھی درج کئے گئے، مثلاً کچھ اشیاء کی صنعت وتجارت کے بازار میں اضافہ جو اس سے پہلے نہ تھا، وغیرہ وغیرہ، انہیں فوائد میں ایک تعلیمی، تدریسی، ادبی اور ثقافتی تقریبات کے آن لائن انعقاد کا رواج پڑنا بھی ہے۔ 2021 کے آغاز میں بزم صدف انٹرنیشنل کے کویت چیپٹر کے زیر اہتمام ایک ویبینار یعنی آن لائن سیمینار اس عنوان سے ہونا طے پایا کہ خلیجی مما لک میں اردو کی پیشرفت۔ متحدہ عرب امارات میں اردو کا احوال، مقالوں کی شکل میں ویبینار میں پیش کرنا، احیاءؔ بھوجپوری اور راوی کے حصہ میں آیا۔ احیاءؔ بھوجپوری نے یہاں کی ادبی تنظیموں پر کام کیا اور راوی نے یہاں کے اُدباء اور شعراء کو مقالے میں سمیٹنے کی کوشش کی۔ بس یہ سمجھ لیں کہ اس کتاب کی بنیاد وہی مقالہ ہے۔ حالانکہ اسکا ارادہ کئی برس پہلے بھی کیا تھا اور اسکا ذکر ظہور السلام جاویدؔ صاحب، ڈاکٹر واسطی صاحب اور یعقوب تصورؔ صاحب سے بھی کیا تھا مگر دوسرے کام آگے آگئے اور یہ کام رہ گیا شاید اس لئے کہ اسکی بنیاد اس ویبینار کو بننا تھا۔ 2021 کا آغاز اور اب ہم 2023 کے تقریباً وسط میں ہیں، اور یہ کام اب اپنے اختتام کی طرف آچکا ہے، یہ ڈھائی برس ہیں جو اس میں لگے، اس طوالت کی کئی وجوہات ہیں جن میں ایک یہ بھی ہے کہ 60 فی صد کام ہو جانے کے بعد اسکی فائل کمپیوٹر سے ڈلیٹ ہو جانا، کچھ دن اسکے افسوس میں نکل گئے اور کچھ اسکے غم میں۔ بہر حال اللہ کا شکر ہے کہ بات آگے بڑھ کر یہاں تک آچکی ہے۔ جو تین خاص باتیں بتانی ہیں انکو ذہن نشیں کرلیں تو بہتر ہے کہ کتاب کو پڑھتے ہوئے کچھ سوالات آئیں گے جنکے جواب

شاید یہاں سے مل سکیں۔

1۔راوی نے اپنی حد تک جی توڑ کوشش کی ہے کہ کوئی رہ نہ جائے پھر بھی یقین نہیں ہے کہ یہ فہرست مکمل ہے۔ماضی اور حال دونوں میں کچھ لوگ ایسے ہونگے جن تک راوی کی دسترس نہ ہوسکی۔سو گزارش یہ ہے کہ جس کے بھی علم میں یہاں مندرج ناموں کے علاوہ کوئی نام آئے تو ہم سے رابطہ کر کے ہمیں تفصیلات فراہم کرائیں تاکہ آئندہ ایڈیشن میں اضافہ کیا جاسکے۔

2۔یہاں جو فہرست تیار ہوئی ہے اس میں تقدیم و تاخیر کا کوئی خیال نہیں رکھا گیا ہے، جس کی تفصیلات جیسے جیسے ملتی گئی، درج کردی گئی ہیں۔

3۔راوی نے یہاں کسی بھی فنکار کے فن پر اپنی رائے نہیں دی ہے، وجہ صاف ہے، راوی خود کو اہل رائے نہیں سمجھتا۔یہاں تمام فنکاروں کا مختصر تعارف، تصانیف، نمونہء کلام اور کلام یا تصانیف پر اساتذہ اور مشاہیر کے تبصرے درج کئے گئے ہیں۔یہاں انہیں اساتذہ اور مشاہیر کے تبصرے لئے گئے ہیں جو متحدہ عرب امارات میں مقیم نہیں ہیں، ایسا کر کے اس بات کو ظاہر کرنے کی کوشش کی گئی ہے کہ امارات سے باہر لوگ یہاں کے ادب اور ادیبوں کے بارے میں کیا رائے رکھتے ہیں۔کچھ فنکاروں کے فقط نام درج ہیں کہ انکی تفصیلات حاصل نہ ہوسکیں۔

ظہور السلام جاویدؔ صاحب اور اسلام عظمیؔ صاحب نے اس کام میں راوی کی رہنمائی فرمائی اور بہت مدد کی، محمد کبیر خان صاحب نے کچھ تاریخی واقعات سے آگاہی فراہم کی، م ک حسرت صاحب نے ماضی کے کئی فن کاروں تک رہنمائی فرمائی۔عدنان منورؔ نے کئی نئے لکھنے والوں سے تعارف کرایا، اسی طرح شہباز شمسیؔ اور مسعودؔ نقوی بھی سہارا بنے۔کچھ قلم کاروں تک

رسائی اعجاز شاہین صاحب کے توسّط سے ہوئی اور کچھ تک رسائی میں حیدر امان حیدر ذریعہ بنے۔ ان بزرگوں اور چھوٹے بھائیوں کا دل کی گہرائیوں سے شکرگزار ہوں۔ بزم اردو دبئی کے رکن عارف صدیقی صاحب، ثروت زہرا صبا صاحبہ اور وسیم احمد وسیم صاحب کے بھانجے طارق صدیقی صاحب نے بھی اس کام میں مدد کی۔ اسلام عظمی صاحب کا مجموعۂ مضامین "بے ساختہ" جو انہوں نے خود ارسال کیا تھا، اس سے بھی بہت مدد حاصل ہوئی، اطہر عباسی صاحب نے پرانے اخبارات کے تراشے عنایت کئے جن کے ذریعہ تاریخ کے دریچوں میں جھانکنے میں مدد ملی۔ علاوہ ازیں ریختہ فاؤنڈیشن کی ویبسائٹ rekhta.org سے مدد ملی، کئی لوگوں کی چیزیں انکے facebook page سے حاصل کیں۔ راوی ان تمام فنکار بزرگوں اور دوستوں کا شکر گزار ہے جنہوں نے اسکی گزارش کا مان رکھا اور اپنی تفصیلات فراہم کرا کر اس کام میں مدد کی۔

راوی

شاداب الفت،

شارجہ، متحدہ عرب امارات،

23 مئی, 2023

یہ چراغ ہے تو جلا رہے! ۔ڈاکٹر اظہر علی زیدی

صاحبو، امارات کی تاریخ میں بین الاقوامی مشاعروں کی داغ بیل جناب وسیم احمد صاحب نے بزم ادب کے کے قیام سے ڈالی اُن کے ساتھ بزم ادب میں جن لوگوں نے دامے درمے سخنے قدمے انکا ساتھ دیا ان میں یوں تو بہت سے اہم لوگ شامل تھے جو اب بھی مصروف عمل ہیں ۔لیکن سر فہرست دو ایسی ہستیوں کا نام لینا چاہوں گا جو بصد افسوس ہم میں نہیں، اول الذکر جناب محترم نواب زیدی صاحب اور حبیب عثمانی صاحب جو گلف ایر کے 1983 کے ابوظہی کے ہولناک حادثہ میں لقمہء اجل ہوئے۔

مجھے یاد ہے 1973 سے ہی چھوٹے چھوٹے مشاعرے صاحب ذوق حضرات کی بیٹھکوں میں شروع ہو چکے تھے۔ یہ وہ زمانہ تھا جب امارات کی معیشت اپنے عروج پر تھی اردو بولنے والے سمجھنے جاننے والوں نے ان مشاعروں کو غنیمت جانا اور کثیر تعداد میں لوگ شریک ہونے شروع ہوئے قبلہ وسیم احمد وسیم نے اردو کو فروغ دینے کے لئے یہ تک کیا کہ کئی کئی غزلیں کہیں اور مشاعروں میں کئی خوش گلو شعراء کا اضافہ کیا یعنی وہ شاعر ہی نہیں شاعر گر بھی تھے۔ 1974 میں بزم ادب کا قیام وجود میں آیا اور قبلہ ڈاکٹر نزہت یار خان صاحب صدر انجمن اور وسیم احمد وسیم معتمد ہوئے۔اور یوں ایک ادبی علمی اور ثقافتی انجمن لوگوں کو اپنے وطن سے دور میسر آئی۔ بزم ادب کو 1978 میں مزید تقویت پہنچی جب نواب زیدی (مرحوم) حبیب عثمانی (مرحوم) اور محترم اکرام شوق صاحب نے ہر موقع پر بزم ادب کی معاونت کی اور اب

مشاعرے صرف وسیم صاحب اور ڈاکٹر صاحب کی قیام گاہوں سے بڑھ کر اکرام شوق صاحب کے MCL کے ہوسٹل کے ہال اور محترم اظہار حیدر جو شروع سے ریڈیو ابوظہبی سے وابستہ ہیں اور راقم الحروف کی قیام گاہ اور دیگر دوستوں کے ڈرائنگ روم تک بڑھ گئے۔ اسی دوران دبئی اور شارجہ میں جناب شمیم سید، مسرت حسین جناب ضیغم زیدی، سجاد بابر، حبیب عثمانی نے دیگر ادب نواز دوستوں کی مدد سے بزم ادب کو پورے امارات میں پھیلانے میں مدد دی ادھر العین میں قبلہ ڈاکٹر رانا صاحب اور محترم مستان شریف صاحب، ظہور اسلام جاوید صاحب (جو آجکل پاکستان سینٹر کے جنرل سکریٹری ہیں) اردو ادب کی شمع فروزاں کرتے ہوئے مصروف عمل تھے۔ اور اس طرح پہلا کل متحدہ عرب امارات مشاعرہ 1979 میں سینٹ ہوٹل کے وسیع ہال میں برپا ہوا۔ جس میں تمام دوستوں بشمول ضمیر برنی صاحب، غلام جنانی صاحب، رشید منظر، شفیق سلیمی، نثار اکبر اور دیگر شعراء گرامی نے بھرپور حصہ لیا اور شکیل آزاد صاحب نے نظامت کے فرائض انجام دئے تھے۔ اس وقت کے سفیر محترم جناب رفعت پاشا کی بھرپور معاونت اور سرپرستی نے مشاعروں کو نئی راہ دی اور قبلہ وسیم صاحب نے بزم ادب کے جملہ ارکان کو جمع کر کے اکرام شوق صاحب کے دولت کدے پر ایک بین الاقوامی سطح کا مشاعرہ کرنے کی ٹھانی۔ یوں اس رسم کا آغاز ہوا اور پہلا مشاعرہ 1980 میں بھرپور کامیابی سے دوچار ہوا اور بزم ادب کے حوصلے بلند ہو گئے۔ مشاعرہ ابوظہبی، دبئی اور العین تینوں جگہوں پر کامیاب ہوا۔ اور یہ پہلا موقع تھا کہ سامعین نے صبح چار بجے تک بڑے ذوق وشوق سے سنا اور اپنے وطن سے آئے ہوئے شعراء کو تادمِ آخر داد دیتے رہے۔ اسی دوران ابوظہبی میں ایک اور صاحب ذوق سخن فہم سخن جو اور شاعر گرہستی کا داخلہ خوش

آئندہ ہوا اور بزم ادب میں جیسے جان پڑ گئی یہ محترم ہستی تھے جناب منصور جاوید جن کی مرنجانِ مرنج شخصیت نے مشاعرہ 1982 اور مشاعرہ 1983 میں بھر پور صلاحیتوں کے ساتھ حصہ لیا اور کامیاب مشاعرے کرائے۔

پھر یوں ہوا کہ بزم ادب کو شاید کسی کی نظر لگ گئ اور کچھ ایسے لوگ اس میں در آنے لگے کہ بقول شاعر،

وہ آئے بزم میں اتنا تو ہم نے دیکھا میر
پھر اسکے بعد چراغوں میں روشنی نہ رہی

دبئ کے سجاد بابر سعودیہ کوچ کر گئے، راقم الحروف پہلے جرمنی پھر نیروبی روانہ ہوئے اور پھر 1984 میں وارد شارجہ ہوئے۔منصور جاوید صاحب بھی دبئ ڈیرہ لگا بیٹھے، رشید منظر صاحب دبئ آ گئے ابوظہبی میں ادبی سرگرمیاں مفقود سی ہوگئیں، تین سال ادبی حلقوں میں تعطل سا رہا۔کہیں کہیں خال خال کل مشاعروں کی گونج سننے کو مل جاتی۔شائقین ادب میں دھیمے دھیمے لہجے میں یہ بھی ذکر ہوتا کہ بڑا مشاعرہ ہونا چاہئے قبلہ صابری صاحب اور جناب جلیل بھائی نے اس سکوت کو توڑنے میں کلیدی کردار ادا کیا اور اس طرح کئی سال کا سکوت بیادِ فیض کے عظیم الشان تاریخی مشاعرہ سے ٹوٹا اور جسے امارات کی مصروف ترین شخصیت اور ریڈیو ٹی وی کے معروف فنکار صدا کار پروڈیوسر اور ڈائرکٹر جناب سلیم جعفری نے ارگنائزر کیا۔انکے ساتھ علیگڑھ اولڈ بائز کے جلیل صاحب کے ساتھ ساتھ منصور جاوید صاحب اور راقم الحروف نے معاونت کی۔ایک چھوٹی سی نشست راقم الحروف کے گھر پر بھی رہی اور اس طرح بین الاقوامی

مشاعروں کی راہ پھر سے ہموار ہوئی۔ اسی دوران رشید منظر صاحب کے الوداعیہ کے سلسلے میں بزم شائقین ادب نے انکے اعزاز میں لیلیٰ ہال میں مشاعرہ کا اہتمام کیا جس میں ہندو پاک کے مشہور شعراء نے شرکت کی جو پہلی فرشی نشست تھی اور بے حد کامیاب رہی۔ مشاعرہ کے دو دور ہوئے صبح پانچ بجے اختتام کو پہنچے۔ اسی مشاعرے میں خطاب کرتے ہوئے سلیم جعفری صاحب نے یونیکر نیز طلباء قدیم جامع کراچی کی جماعت کے قیام کا اعلان کیا اور اس پرچم کے تلے پہلا عظیم الشان مشاعرہ جشن خمار 1987 النصر لیزر لینڈ کے آئس رنک میں ہوا جو بڑی کامیابی سے ہمکنار ہوا اور اسی سلسلے کے کئی مشاعرے ابوظبی اور العین میں ہوئے۔ دراصل یہ مشاعرہ یونی کیرنیز کے اس وعدے کی ایک کڑی تھی جو ادب اور ادب کے حوالہ سے ادیب اور شاعر سے کیا گیا تھا کہ ایک سال پاکستان اور دوسرے سال بھارت کے کسی بزرگ اور بلند قامت ادیب کے حوالہ سے پزیرائی کی جائیگی اور جو بھی خدمت ہم کرسکیں گے کریں گے۔ پھر مشاعرہ 1988 جشن فراز سے قبل ایک اچھوتی تقریب بزم شائقین ادب نے اس دور کے بلاشبہ سب سے مقبول شاعر احمد فراز صاحب کی پزیرائی کے سلسلے میں کی جس میں انکا کلام "اثاثہ" کے نام سے العین یونیورسٹی پریس نے شائع کیا۔ یہ اس اعتبار سے بہت بڑا کارنامہ ہے کہ کسی عرب ملک کی یونیورسٹی نے پہلی مرتبہ ایک اردو زبان کے شاعر کا مجموعہ کلام شائع کیا جس کا تمام تر سہرا منصور جاوید صاحب کے سر ہے۔ "اثاثہ" کی تقریب رونمائی منصور جاوید صاحب کی ذاتی کاوشوں کا نتیجہ تھی جس میں پہلی بار کسی شاعر کے کلام کو مطربہ نے اسکی موجودگی میں اتنی بڑی تقریب میں گلوکاری کی تھی۔ طاہرہ سید نے اپنی خوبصورت آواز سے احمد فراز صاحب کی غزلوں کی شوبھا اور

بڑھادی۔قبلہ احمد فراز صاحب نے اپنا کلام خوب سنایا اور سامعین نے بھرپور داد و تحسین سے نوازا۔ بہرحال یہ سلسلہ شاعر کی پزیرائی یا Poet Benefit یونیکرنیز کے زیر اہتمام شروع ہوا تھا آگے بڑھا اور ابوظبی سے اظہار حیدر اور اعجاز مرزاء، صدیق عربی اور دیگر ساتھیوں نے احمد ندیم قاسمی صاحب کا عالمی سمینار اور مشاعرہ ترتیب دیا۔دبئی میں انکے معاون تھے محمد حبیب خان اور تنویر عثمانی اور انکے دیگر ساتھی ۔اسی دوران بزم شعر و ادب العین کے ڈاکٹر رانا مستان شریف اور ابوظبی سے ظہور الاسلام جاوید نے بھی کئی مشاعرے کرڈالے اور اس طرح امارات میں سال میں تین چار مشاعروں کی ریت پڑی۔

جشن فراز شاندار کامیابی سے 1988 میں ہوا اور اسی دوران راقم الحروف نے اورنیٹیرز (Orintainers) کے صدر کی حیثیت سے مشاعرہ زندہ دلان کی بنیاد ڈالی۔دراصل اسی جماعت کے جنرل سکریٹری عبدالحفیظ سید صاحب نے اس طرح کا خیال دلایا کیونکہ موصوف حیدرآباد دکن سے تعلق رکھتے ہیں اور وہاں یہ مشاعرہ ہر سال برپا ہوتا ہے، کہ کیوں نہ ہم بھی یہ مشاعرہ کرائیں انکی بھرپور تائید میر حیدر علی نے کی۔ دراصل سوچا اس نہج پر گیا کہ اتنے مشاعرے ہوتے ہیں انہیں میں لے دے کر ایک طنز و مزاح کی راہ نکلتی ہے اور ہمیشہ قرعہِ فال ضمیر جعفری یا دلاور فگار کے نام نکلتا تھا۔لیلیٰ ہال کے مشاعرے سے راقم الحروف نے جناب انور مسعود صاحب کو بین الاقوامی مشاعرہ میں روشناس کرایا تو انکے بلاوے بھی آنے لگے۔سوچا یہ گیا کیوں نہ اسٹیج پر بہت سے ایسے طنز و مزاح نگار جو ابھی تک اپنی پہچان نہیں کرا سکے ہیں ان کی بھی پذیرائی کی جائے۔اس طرح دیگر مشاعروں کے منتظمین کو بہت سے طنز و مزاح نگار مل سکیں گے اور یہ اپنی نوعیت کا پہلا بین الاقوامی اجتماع ہوگا۔

ادبی حلقوں نے ہماری کوششوں کو سراہا اور یقین جانیے اگر ہمارے وہ تمام کرم فرما جنہوں نے دامے درمے سخنے ہماری پھر مدد نہ کی ہوتی تو آج یہ شاندار مشاعرہ اور یہ خوبصورت مجلہ نہ پیش کر سکتے۔ یہاں میں ماہنامہ شگوفہ (حیدر آباد دکن) کے جناب ڈاکٹر مصطفیٰ کمال کا ذکر اور شکریہ بھی ادا کرنا چاہوں گا جنہوں نے تقریباً سال بھر سے ہماری رہنمائی کی اور زندہ دلاں حیدر آباد کا مشاعرہ بین الاقوامی سطح پر برپا ہوسکا۔ میں ذاتی طور قبلہ اشتیاق شیخ صاحب کا بہت ممنون ہوں کہ انہوں نے ہمت دلائی اور تعاون فرمایا۔ وہ دراصل میرے استاد کا درجہ رکھتے ہیں اور تقریبا 19 سال کی ان سے یاد اللہ ہے۔ قبلہ غوث صاحب مینیجنگ ڈائرکٹر رشید کمپنی کا قدم بہ قدم تعاون رہا حیدر آباد کی تہذیب کے نمائندہ فرد ہیں اور بہت شفقت فرماتے ہیں۔

العظیم گروپ کے قبلہ رفیق الرحمن صاحب، قبلہ محفوظ صاحب، قبلہ صابری صاحب قبلہ یامین فاروقی صاحب اور افضل حسن کا بہت مشکور ہوں کہ ہمیشہ کی طرح تعاون فرمایا۔ میرے دوست فیضان علی اور صفدر حسین کی محبتوں کا بھی شکریہ۔ قبلہ جلیل احمد صاحب اور ساجد صاحب نے مشاعروں کی آواز آپ تک صاف اور واضح پہنچانے کا انتظام BOSE کے ذریعہ کیا انکی محبتیں ہمیشہ شامل حال رہتی ہیں۔ میرے عزیز دوست ہم پیشہ ڈاکٹر زبیر فاروق جو کہ الشفاء کلینک مکتوم اسٹریٹ پر جلد کے امراض ماہر معالج ہیں، نے بھرپور تعاون کیا اور ہنرل خاص طور سے کہہ کر اس مشاعرے میں شرکت کی راہ نکالی حالانکہ اُن کے استاد محترم شفق سلیمی صاحب ان سے اس بات پر کچھ خاص خوش بھی نہیں ہیں۔ پھر بھی یہ انکی محبتوں کا ثبوت ہے کہ اس مجلہ میں وہ شامل اشاعت ہیں۔ فرداً فرداً اگر دوستوں کی محبت کا ذکر کروں تو شائد اس مجلہ میں دوسرے مضامین کو جگہ مل نہ سکے پھر بھی میں اپنے عام مشتہرین کا بہت شکر گزار ہوں کہ انہوں

نے بھرپور معاونت کی دبئی کے افضل الدین صاحب العین کے منظور سندھو اور مستان شریف صاحب ابوظہی کے ظہور اسلام جاوید اور انکی کابینہ کے دیگر دوستوں، شارجہ کے نجم الحق، عجمان کے اشتیاق صاحب اور میر حیدر علی کا ذاتی طور پر مشکور ہوں ۔دبئی ہی سے طارق صاحب، زاہد احمد صاحب، اشرف طارق، رشید اور محمد دبیر صاحب نے بڑی معاونت کی۔

آخر میں امارات کی ادبی حلقوں کے حوالے سے وہ قد آور شخصیت جو بلا کسی نام ونمود کے خاموشی سے تخلیقی ادبی اور تعمیری کام کئے جاتی ہے، کا ذکر ضروری سمجھتا ہوں ۔جنکی دوستی پر مجھے فخر ہے قبلہ منصور جاوید صاحب جنہوں نے کوئی دقیقہ فروگذاشت نہ رکھا، اس مشاعرے کو کامیاب بنانے میں بھرپور معاونت کی ہر لمحہ ہر آن ان کی رہنمائی حاصل رہی۔ضمیر صاحب، شفقت صاحب، شفیق اعظمی صاحب اور سلیم اقبال صاحب نے بھرپور تعاون کیا جسکے لئے میں ذاتی طور پر انکا اور منصور جاوید صاحب کا تہہ دل سے ممنون ہوں۔

میرے دیرینہ ساتھی اور صدر انجمن طلباء قدیم جامع کراچی جناب سلیم جعفری صاحب کا تعاون اور رہنمائی بڑی کام آئی اسٹیج ریڈیو اور ٹی وی کی دنیا کے اس شہر میں واحد تجربہ کار شخصیت سے میں نے بہت کچھ سیکھا اور اپنی صلاحیتوں کو بروئے کار لا کر آپ تک یہ مجلہ اور مشاعرہ پہنچا سکا۔اس سفر میں میرے شب و روز کے ساتھی رہے میرے دوست میرے بھائی محمد حبیب خان جنہوں نے ہر لمحہ میرا ساتھ سائے کی طرح دیا اور میری تھکن میں برابر کے شریک رہے۔انکا ساتھ ہماری انجمن کے اسد غفار اور عبدالحفیظ سید نے دیا۔میں پاکستانی سفارت خانہ کے کونسل جناب منظور بھٹی صاحب کا بہت ممنون ہوں انہوں نے ہر قدم پر ساتھ دیا۔

معزز زین امارات ہم سب کی کوشش اور آپکے تعاون کی بدولت ہم اس کامیابی سے

ہمکنار ہوئے

ہم تو کب سے چراغاں سجائے بیٹھے تھے
کہ آپ آئے نہ ہوتے تو اس محفل کا کیا ہوتا

میں اس بات پر اپنی بات کو ختم کرتا ہوں کہ اردو ادب کی ترویج کے لئے جس جس نے بھی چراغ جلائے تو یہ چراغ ہے تو جلا رہے۔

ڈاکٹر اظہر علی زیدی

صدر راورنیٹیرز

(ڈاکٹر اظہر علی زیدی کا یہ مضمون 1988 میں متحدہ عرب امارات میں ہونے والے پہلے مشاعرہ زندہ دلاں کے موقع پر شائع ہونے والے یادگاری مجلّے میں شائع ہوا تھا۔)

❖❖❖

کچھ نشاں یادوں کے۔محمد کبیر خان

آپ کی اطلاع کے لئے عرض ہے کہ متحدہ عرب امارات میں سب سے بڑا اور تاریخی جشن جشنِ احمد ندیم قاسمی تھا۔اور اس کے روح رواں اظہار حیدر تھے۔اس جشن میں دُنیا بھر سے اردو زبان وادب کے متعدد اہم اسکالر شریک ہوئے تھے۔جن میں ڈیوڈ میتھیوز، چین کے انتخاب عالم ، برصغیر پاک و ہند کے علاوہ خلیجی ممالک سے کئی نامور اور معتبر اہلِ قلم شریک تھے۔اس جشن کے موقع پر ایک وقیع مجلّہ بھی شائع کیا گیا تھا جو آج بھی حوالہ کی دستاویز جانا جاتا ہے۔ اُس دور میں عرب امارات میں ایک مخلوق ایسی بھی تھی جو ''تحت الفظ'' دعویٰ فرمایا کرتی تھی:۔۔۔۔''سب یاراں دا ہی کم ہے''۔اُس مخلوق کی ''رہند کھوند'' (باقیات؟) اب بھی پائی جاتی ہیں۔چنانچہ اُن کے دعوے منظر عام پر آتے رہتے ہیں۔

میں نے جن لوگوں کو اردو شعر و ادب کے حوالہ سے متحرک دیکھا اُن میں سلیم جعفری مرحوم ، ڈاکٹر اظہر زیدی، اظہار حیدر مرحوم ، ظہور الاسلام جاوید، ع س مسلم ،مرکز پاکستان ابوظبی،سفارت خانہ پاکستان ، دبئی ،شارجہ،انوار حیدر (سفارت خانہ پاکستان)،مستان شریف العین، یعقوب تصور، ڈاکٹر زبیر فاروق دبئی،راجہ محمد احمد، سلیم خان (ناول نگار) نجم الحسن رضوی، فاطمہ زہرہ جبیں (حال کنیڈا)،شکیل آزاد، سعدیہ روشن،ثروت زہرا،تسنیم عابدی، صبیحہ صبا اور راجہ حمید خان مرحوم ۔ڈاکٹر واسطی، اسجد رشید (عجب نہیں کہ کچھ اور شخصیات بھی ہوں جو حافظہ کی گراری کے دندانے گھس جانے کی وجہ سے گرفت میں نہ آرہی ہوں۔اگر کسی کا نام رہ گیا ہو تو فی

سبیل اللہ معاف کر دیجئے گا)

اسی موقع سے ناجائز فائدہ اٹھاتے ہوئے ایک گزارش اور کر دوں کہ جو لوگ آپ کو یہ باور کراتے ہیں کہ اس خطّہ میں وہ اردو زبان و ادب کے سرخیل ہیں، آپ اُنکے ہاتھ پر بیعت کر کے دیکھ لیں۔ اگر دوسرے روز وہ آپ سے سرٹیفکیٹ لینے نہ آئیں تو جو سزا چور کی، وہ راقم کی۔

میں نے ۱۹۸۵ میں پہلی بار امارات میں قدم رکھتے ہی قریب ترین چوراہے میں ایک انتہاہی بورڈ دیکھا تھا جس پر عربی، انگریزی اور اُردو میں درج تھا:

''یہاں کچرا پھینکنا منع ہے۔ خلاف ورزی کرنے پر پانچ سو درہم جرمانہ''

ایک اور مقام پر ایسا ہی ایک بورڈ تھا، اُس کی عبارت قدرے مختلف تھی:

''پارک ہذا میں پان اور نسوار تھوکنا منع ہے۔ جس نے گھاس یا فٹ پاتھ پر گلکاری فرمائی، ایک ہزار درہم جرمانہ، دو ماہ قید (خبردار پارک ہذا میں خفیہ کمرے نصب ہیں)''۔ یہ اور اس طرح کے انتہاہی بورڈ ہر طرف نصب تھے۔ اردو زبان کے چلن کی ایک اہم وجہ یہ بھی تھی کہ برِصغیر پاک و ہند سے مزدور طبقہ بہت بڑی تعداد میں بغرض معاش خلیجی مما لک میں در آیا تھا اور مزید آرہا تھا۔ آجر اور مزدور کے بیچ کمونیکیشن گیپ تھا۔ اسے دور کرنے کے لئے آجر نے روز مرّہ میں کام آنے والے جملے سیکھنا شروع کئے۔ جس کے نتیجہ میں اسپوکن اُردو کی عجیب سی شکل بنتی چلی گئی۔ یہ شکل لکھنے میں آئی نہ پڑھنے میں۔ لیکن آجر اور مزدور کا کام چل گیا۔

آج یو اے ای کے دُکاندار اور گاہک کے بیچ سودا طے کرانے کے لئے ''ترجمان'' کی ضرورت نہیں رہی۔ اردو، عربی، فارسی، انگریزی، سندھی۔ مکرانی، بنگالی۔ پنجابی وغیرہ کا ''گدائی خانہ کا روٹ'' متعارف ہوتا چلا گیا۔ جو لکھنے میں آتا ہے نہ پڑھنے میں، لیکن کام چلتا

ہے اور ٹھیک ٹھاک چلتا ہے۔ اسے خلیجی مما لک میں اُردو زبان کا چلن کہہ لیں یا ملغوبے کا۔۔۔۔ یہ طے ہے کہ زبانوں کی رائج کھچڑی کو اُردو نہیں کہہ سکتے۔ اور یہ کھچڑی راقم جیسوں کی نثر اور عزیزی صغیر جعفری جیسوں کی شاعری سے نہیں، مزدوروں، آجروں، گاہکوں اور دُکانداروں کے مکالمہ کا نتیجہ ہے۔ اور یہ کہ جب تلک گدائی خانہ کا روٹ توے پر ہے، شعرا و ادبا چولہے کے آس پاس رہیں گے۔ اس کے بعد یہ جا وہ جا۔

کبیر خان

راولاکوٹ، 11 مئی 2023

عطر دان

خوشبو کے علاوہ عِطر کے لغوی معنوں سے ایک یہ ہے کہ ''کسی چیز کی نکالی ہوئی خوشبو'' ......اس طرح سے ''عطر دان'' عطار شاداب اُلفت کی ادبی محنتوں کی دین ہے۔ یہ بزمِ اُردو کے لیے تن من دھن قربان کر دینے والے سیکڑوں گمنام اراکین کی دعاؤں کا ثمر ہے۔ آپ یہ بھی کہہ سکتے ہیں کہ یہ ایک دیوانے کا خواب ہے۔ خواب تو ہر کوئی دیکھتا ہے مگر تعبیر کوئی کوئی پاتا ہے۔ شاداب اُلفت کے لیے ڈھیروں دعائیں۔

میں جب ابوظبی میں آیا تو بھرپور گھریلو شعری نشستوں کا رواج عام تھا۔ ابوظبی' العین' دُبئی' شارجہ اور راس الخیمہ میں مہینے میں کئی بار اِن سب شہروں کے دیوانے جمع ہوتے۔ رات بھر مشاعرہ جاری رہتا۔ آس پاس کے گھروں کے عرب مکین اس داد و تحسین کے شور کی شکایت نہیں کرتے۔ دوسرے شہروں سے آئے ہوئے شعراء رات کے پچھلے پہر میں واپس لوٹتے تو شرطے یہ نہ پوچھتے کہ یہ لاؤ لشکر کیسا!

ابوظبی میں سنٹر ہوٹل کا قیام عمل پذیر ہوا۔ سارا اسٹاف پاکستانی تھا۔ اُن میں سے ایک قیوم طاہر بھی تھا۔ ایک مشاعرے کے ناظم اظہار حیدر تھے اور ستر سے زیادہ شعراء۔ وہیں میرا تعارف قیوم طاہر اور شکیل آزاد سے ہوا۔ شکیل آزاد پرانا بندہ تھا۔ قیوم طاہر نے ہوٹل کے اکاؤنٹینٹ سے بات کی۔ شکیل آزاد نے وسیم احمد وسیم اور دیگر لوگوں سے۔ یوں مشاعرہ ڈارئنگ روم سے بڑے ہوٹل میں پہنچ گیا۔ پھر ضیغم زیدی نے شارجہ کے افریقہ ہال میں مشاعرے کا

ہتمام کیا۔ وسیم احمد وسیم اور دیگر نے ''بزمِ امارات'' ابوظبی کے زیرِ اہتمام ''بسلسلہ تقریبات پندھوریں صدی ہجری'' پہلا عالمی اُردو مشاعرہ برپا کیا۔ اس سلسلے کے دوسرے مشاعرے کے بعد وسیم احمد وسیم کو بوجوہ وطن واپس ہونا پڑا اور کمان جناب سلیم جعفری کے ہاتھوں میں آ گئی۔ بہت جشن ہوئے مگر قدرت کا اپنا نظام ہے۔ سلیم جعفری کے آخری ایام ''توام'' ہسپتال العین میں گزرے۔ کبھی کبھار مزاج پُرسی کے لیے چلا جاتا کہ امارات میں گو میں سبھی شہروں میں رہا مگر زیادہ تر قیام العین میں رہا۔ تب ظہور الاسلام جاوید اور شام درانی کے بعد میں تیسرا شاعر تھا۔

یادوں کا سفر ایسا ہے کہ بندہ چلتے چلتے پٹڑی سے اُتر جاتا ہے۔ عِطر کا سلسلہ ہی ایسا ہے۔ عِطر کی خوشبو ہر کسی کو کھینچ لاتی ہے۔ یہی خوشبو تو جگن ناتھ آزاد' کنور مہندر سنگھ بیدی' شیر سنگھ شمشیر، ممتاز گپتا اور جانے کس کس کو کھینچ لاتی تھی۔ خوشبو کی کوئی زبان نہیں ہوتی، محبت کی کوئی زبان نہیں ہوئی۔ خوشبو اور محبت بذاتِ خود زبان ہیں۔

اُردو محبت کی زبان ہے۔ شاعری کلام کرتی ہے تو سننے والا مبہوت ہو جاتا ہے۔ کہا جاتا ہے کہ کسی نے کسی کو کہا...... ''پنکھڑی اک گلاب سی ہے'' کا ترجمہ کرو۔ ترجمان گھنٹہ دو گھنٹہ مغز مارنے کے بعد وہ بولا ''پنکھڑی بھی ٹھیک ہے۔ گلاب بھی ٹھیک ہے مگر یہ 'سی' کیا ہے؟''۔

ارے بھائی یہ 'سی' جو ہے شاعری ہے۔ محسوسات کا اپنا رنگ ہے۔ اُردو رنگوں کی مسکان ہے۔ یہ پوچھیں کہ رنگوں کی مسکان کیا!

اگر لفظوں کی مسکان نہیں ہوتی تو رات بھر لوگ کیوں شاعری سننے بیٹھے رہتے ہیں۔ بات چل نکلے تو کہاں رکتی ہے!

شاداب اُلفت جگ جگ جیو۔تمہاری محنت سپھل ہوئی۔ کتنے ہی مردہ زندہ ہو گئے۔

ڈھیر ساری دعاؤں کے ساتھ

آپ سب کا

اسلام عظمی

لاہور

16 مئی 2023

متحدہ عرب امارات اور اردو

(تاریخ ایک نظر میں)

کئی برس قبل خلیج ٹائمز میں چھپی ایک خبر کے مطابق 1957 تک متحدہ عرب امارت، جو اس وقت TRUCIAL STATES کے نام سے جانا جاتا تھا، میں ہی نہیں خلیج کی دیگر ریاستوں جیسے کویت، بحرین، عمان وغیرہ میں بھی ہندوستانی روپیہ رائج تھا۔ 1957 سے 1966 تک گلف روپیہ رائج ہوا، وہ بھی ہندوستان میں ہی چھپتا تھا۔ اسکے بعد وقت بدلا اور دھیرے دھیرے تمام ریاستوں نے اپنی اپنی کرنسی اختیار کرلی۔ یہاں یہ بات کہنے کا مقصد یہ کہ اس روپیہ کے نوٹ پر جہاں دیگر 8 زبانوں میں نوٹ کی رقم لکھی ہوتی تھی، وہیں ان میں اردو بھی شامل تھی۔ مطلب یہ کہ اردو اس زبان اس خطہء ارض کے لئے نئی نہیں ہے۔ اس سے بھی پہلے زمانہء قدیم میں بھی عرب دنیا کے ہندوستان کے مغربی اور جنوبی ساحلی علاقوں سے تجارتی تعلقات رہے ہیں۔ حالانکہ ان علاقوں میں رائج زبانوں میں اردو نہیں تھی مگر کھڑی بولی جسکی ارتقاء یافتہ شکل آج کی اردو ہے، اس کو اکثر لوگ سمجھتے اور اپنی زبانوں کے لہجے میں بولتے تھے۔ اور ان علاقوں میں صورتِ حال آج بھی تقریباً یہی ہے۔ ہندوستان سے اس خطہء ارض کے یہی تعلقات وجہ ہیں کہ خلیجی مما لک کے اکثر شہری اردو سے واقف ہیں، سمجھتے بھی ہیں اور بول بھی لیتے ہیں۔ مگر یہ معاملہ زبان تک ہی محدود تھا، اردو ادب کے معاملے میں حالات دیگر ہیں۔ متحدہ عرب امارات میں اردو ادب کے نشانات ڈھونڈتے ہوئے جب تاریخ کے گلیاروں میں سفر کرتے ہیں تو معلوم ہوتا ہے کہ یہاں اردو ادب کی روایات بہت پرانی نہیں ہیں، ان روایات

کے نشانات کم وبیش 50، 60 برس سے آگے جا کر دھندھلے پڑ جاتے ہیں۔ گزشتہ صدی کے نصف اوّل میں دنیا دو عالمی جنگوں سے پار پا کر اپنا روپ بدل رہی تھی جسکا سب سے اہم پہلو یہ تھا کہ انگریزی سامراج کا سیاسی بستر سمٹنے کے آخری مرحلے میں تھا۔ اس دور تک آتے آتے اردو سات آٹھ سو برس کا سفر کر کے ایک زبان کی حیثیت سے برِّصغیر کے شمالی علاقوں میں اپنی جڑیں جما چکی تھی۔ اس وقت تک اردو ادب کا ایک بڑا اور قابل قدر ذخیرہ کتب خانوں میں جمع ہو چکا تھا۔ بڑے بڑے شعراء اور ادیب دنیا بھر میں اردو زبان کا ڈنکا بجا چکے تھے۔ یہاں تک کہ برطانیہ، امریکا وغیرہ میں اردو پہنچ چکی تھی، اسکی وجہ یہ تھی کہ اعلیٰ تعلیم کے لئے برِّصغیر سے جو لوگ بیرونی ممالک جاتے تھے ان میں ان علاقوں کے لوگ بھی تھے جہاں اردو بولی اور پڑھی جاتی تھی۔ برِّصغیر کی ہی طرح یہ علاقہ جسے آج ہم متحدہ عرب امارات کے نام سے جانتے ہیں، برطانوی سامراج کے زیرِ نگیں تھا اور الامارات المتصالحۃ (Trucial States) کہلاتا تھا جو سات ریاستوں پر مشتمل تھا، وہی سات ریاستیں آج متحدہ عرب امارات کہلاتی ہیں۔ دنیا کے بدلتے ہوئے روپ کے اثرات کی لپیٹ میں جب یہاں کا سب سے اہم کاروبار سچے موتی کی پیداوار بھی آ گیا تب یہاں صحراؤں نے بھی اپنا روپ بدلا بلکہ یہ کہنا زیادہ مناسب ہوگا کہ صحراوں نے رُخ سے پردہ ہٹایا اور تیل جیسی نعمت دنیا کے سامنے رکھ دی جسکی ضرورت اس وقت دنیا کے ہر ملک کو تھی۔ اکتوبر 1960، یہ وہ لمحہ تھا جب ابوظبی میں تجارتی مقدار میں تیل دریافت کر لیا گیا اور اسکو دنیا بھر میں برآمد کیا جانے لگا۔ یہ وہ دور تھا جب اس علاقے سے بھی برٹش تسلط اُٹھ چکا تھا اور حکومت اور انتظام یہاں کے شیوخ کے ہاتھوں میں آ چکا تھا۔ تیل کی برآمد سے جب دولت آنے لگی تب یہاں کے قابل، دور اندیش اور عوام کے خیر خواہ حکمرانوں نے سماجی فلاحی

کام شروع کئے جن میں شہریوں کے لئے بہتر رہائشی مکانات، اسکول، اسپتال، سڑکیں وغیرہ کی تعمیر کے کام کا آغاز ہوا۔ اس وقت تک برِّصغیر تین حصوں میں تقسیم ہو چکا تھا اور اردو بولنے والے دو جگہ تقسیم ہو چکے تھے۔ اس وقت کے اکثر اعلیٰ تعلیم یافتہ حضرات جن میں اکثریت اردو والوں کی تھی، پاکستان کی طرف ہجرت کر گئے تھے۔ یوں تو تیل نکالنے والی کمپنیوں میں بھی کام کرنے والے افسر اور مزدور بیرونی مما لک سے آیا کرتے تھے مگر جب یہاں تعمیری کام کا سلسلہ شروع ہوا تب انجینیر وں، ڈاکٹروں اور دیگر شعبہ جات میں تعلیم یافتہ لوگوں کی ضرورت پیش آئی اور تعلیم یافتہ لوگوں کا یہاں کام کرنے آنے کا سلسلہ شروع ہوا۔ ان میں ہندوستان اور پاکستان سے آنے والوں کی اکثریت تھی۔ یہ 1960 سے آگے کا دور ہے جب اردو والے یہاں آئے اور انکے ساتھ اردو ادب۔ یہ وہ نسل تھی جو ڈاکٹر اقبالؔ، جوشؔ ملیح آبادی، جگرؔ مرادابادی، حسرتؔ موہانی، مجازؔ لکھنوی وغیرہ کو پڑھتی اور سنتی جوان ہوئی تھی۔ جوان ہوکر مجروحؔ سلطان پوری، شکیلؔ بدایونی، جاں نثار اخترؔ، راجا مہدی علی خاں کے لکھے فلمی نغمے گنگنایا کرتی تھی۔ اس دور میں جو لوگ یہاں آئے ان میں چند شاعر بھی تھے اور باذوق سامع بھی۔ 1971 میں Trucial States نے مل کر متحدہ عرب امارات کے نام سے ایک ملک قائم کیا اور پھر یہاں ترقی کی جو منزلیں طے ہوئیں، یہ پوری دنیا کے لئے مثال بن گیا۔ اس ملک کی سب سے خاص بات یہ ہے کہ یہاں کے قابل حکمرانوں نے یہاں کا نظام اس طرح سے تشکیل دیا کہ یہاں رہنے والے، وہ یہاں کے شہری ہوں یا خارجی، سب کو ترقی کے یکساں مواقع حاصل ہیں۔ یہی وجہ ہے کہ آج دنیا کی ہر نسل، ہر قوم، ہر مذہب سے تعلق رکھنے والے لوگ یہاں آکر معاشی طور پر ترقی کرتے ہیں اور سکون کی زندگی بسر کرتے ہیں۔ یہاں ہر قوم و نسل کو اپنی ثقافت کو اپنانے

اوراس کے حساب سے زندگی گزارنے پر کوئی قدغن نہیں ہے۔اردو والے، ہندوستان کے دوآبہ ء گنگ وجمن سے اُٹھے ہوں یا پاکستان سے، یہاں اپنی ثقافت کی بقا کے لئے کارفرما ہیں۔زبان وادب ثقافت کا ایک اہم حصہ ہوتا ہے اور ہم یہاں اردو زبان وادب کی بات کرنے بیٹھے ہیں، اس مقالہ میں یہ کوشش کی گئی ہے کہ تب سے لیکر اب تک متحدہ عرب امارات میں جو بھی شعراء اوراد باءہوئے ہیں انکو یہاں جمع کیا جائے۔

ماضی قریب اس پر گواہ ہے کہ برصغیر میں شعراء اور اُدباء کی پشت پناہی نوابین اور امراءکیا کرتے تھے، اسکی سیکڑوں مثالیں زبان زدِ عام ہیں، بہادر شاہ ظفرؔ، نظام حیدرآباد، نواب رامپور وغیرہ وغیرہ۔ادب کے فروغ میں ان لوگوں کا کلیدی کردار رہا۔ یہ حضرات تخلیق کاروں کا دامے، درمے وسخنے تعاون کیا کرتے تھے، وقتاً فوقتاً انعامات کے ذریعہ حوصلہ افزائی بھی کرتے تھے۔دور حاضر میں یہ کام کسی حد تک حکومتیں کرتی ہیں۔حکومتوں کے علاوہ کئی نیم سرکاری یا غیر سرکاری ادارے بھی اس کام میں نا قابل فراموش حصہ ڈالتے ہیں۔متحدہ عرب امارات میں یہ کام جن افراد یا تنظیموں نے کیا ہے یا کررہے ہیں، ان پر ایک نظر ڈالنا اس لئے بھی ضروری ہے کہ یہ لوگ اردو کی اس نئی بستی میں بنیادوں کی حیثیت رکھتے ہیں۔ان میں وہ افراد بھی شامل ہیں جو انتظام وانصرام کی ذمہ داریاں نبھاتے رہے، اور وہ بھی جنہوں نے مالی معاونت سے اس کارِ عطر کو جلا بخشی۔آغاز میں سلامت نجمی، مہدی انصاری، وسیم احمد وسیمؔ، رفعت علوی، سلیم جعفری، اطہرؔ عباسی، ظہور السلام جاوید، صغیرؔ جعفری نے اپنے گھروں میں شعری نشستوں کا اہتمام کیا۔ یہ گزشتہ صدی کی ساٹھ کی دہائی کے آخر اور ستر کی دہائی کے آغاز کا ذکر ہے۔ یہ نشستیں ابوظبی ، دبئ اور شارجہ میں ہوا کرتی تھی، ان نشستوں کے ذریعہ ہم خیال لوگ جمع ہونا شروع ہوئے۔

80 کی دہائی تک آتے آتے ڈاکٹر اظہر زیدی، سید صلاح الدین، وسیم چشتی، ضیغم زیدی بھی اس کاروانِ رواں میں شامل ہو گئے۔ ان سب حضرات کی جڑیں لکھنؤ یا اسکے اطراف میں تھیں، بھلے یہ شاخیں ہجرت کر گئیں ہوں۔ 80 کی دہائی کے وسط تک آتے آتے جب سلیم جعفری مرحوم کے زیر انتظام دبئی میں عالمی مشاعرے برپا کئے جانے لگے۔ بہت کم وقت میں ان مشاعروں نے ایک اعلیٰ معیار قائم کر لیا جس کا ثبوت یہ ہے کہ ان مشاعروں کی بازگشت آج بھی اردو کے عالمی منظرنامے پر آب وتاب سے سنی جاتی ہے۔ انہیں مشاعروں میں شاعروں کے جشن بھی منائے گئے۔ جشن جانؔ ایلیا، جشن بشیر بدرؔ، جشن شہزادؔ احمد، جشن کیفیؔ اعظمی، جشن جگن ناتھ آزادؔ وغیرہ وغیرہ۔ ان جشنوں میں بحیثیت شاعر ہندوستان اور پاکستان میں اردو کے تقریباً ہر بڑے شاعر، عرفانؔ صدیقی، قتیلؔ شفائی، ملک زادہ منظور احمد، سلیم کوثر، خمارؔ بارابنکوی، احمد فرازؔ، کنور مہندر سنگھ بیدی سحرؔ، احمد ندیم قاسمی، مجروحؔ سلطان پوری، افتخار عارف، منور رانا، وسیمؔ بریلوی، منظر بھوپالی، لیاقت علی عاصمؔ، ڈاکٹر سید پیر زادہ قاسم، طویل فہرست ہے، نے شرکت کی۔ سلیم جعفری کے ساتھ جو لوگ شانہ بہ شانہ کھڑے تھے ان میں مصیب الرحمٰن، انیس دہلوی، عتیق احمد، ظہور السلام جاویدؔ اور سید صلاح الدین، جن کا تعلق کچھوچھا شریف سے ہے، سرفہرست ہیں۔ ان عالمی مشاعروں کے آغاز کے کچھ برس بعد حالات نے کچھ یوں ترتیب پائی کہ دبئی مشاعرے کے اگلے روز ابوظبی اور العین میں بھی عالمی مشاعرے ہونے لگے۔ ان مشاعروں کے انتظام کی ذمہ داری ظہور السلام جاویدؔ کے شانوں پر تھی۔ جو شعراء دبئی مشاعرے میں آتے تھے، وہی شعراء ابوظبی اور العین میں بھی مشاعرے میں شریک ہوتے تھے۔ یہ سلسلہ سلیم جعفری کی رحلت تک بہت خوبصورتی اور خوش اسلوبی سے چلتا رہا۔ ان کے

جانے کے بعد سلسلہ ایک آدھ برس اور چلا جس میں انکی اہلیہ نے جان کھپائی۔ پھر کچھ یوں ہوا کہ یہ سلسلہ خوبصورتی کے ساتھ دو حصوں میں بٹ گیا۔ ابوظبی عالمی مشاعرے ہر برس ظہور الاسلام جاویدؔ کے زیر اہتمام ایک نئی شان کے ساتھ برپا ہونے لگے اور دبئی کے عالمی مشاعرے کی باگ ڈور سید صلاح الدین کے حصہ میں آئی۔ اُوپر راوی نے اس بٹوارے کو خوبصورت کہا، ہر بٹوارا خوبصورت نہیں ہوا کرتا، مگر یہ تھا، اسکا ثبوت یہ ہے کہ آج بھی ظہور الاسلام جاویدؔ اور سید صلاح الدین ایک دوسرے کے مشاعروں میں خوش دلی کے ساتھ موجود رہتے ہیں۔ یہاں یہ بتانا شاید بے محل نہ ہو کہ گزشتہ برس 2022 میں ظہور الاسلام جاویدؔ کا ابوظبی میں سترہواں عالمی مشاعرہ اور دبئی میں سید صلاح الدین کا اسی برس 2023 میں اکیسواں عالمی مشاعرہ منعقد کیا گیا۔ ڈاکٹر اظہر زیدی، انہوں نے مشاعروں کے اہتمام میں سلیم جعفری کے ساتھ شانہ بشانہ کھڑے ہونے کے ساتھ اپنی ایک الگ راہ بھی نکالی، وہ یہ کہ ہر برس ایک مزاحیہ مشاعرہ بہ عنوان مشاعرہ زندہ دلان کا انعقاد کیا ۔ یہ سلسلہ بھی دس بارہ برس چلا۔ اسکے بعد ڈاکٹر زیدی نے اعلیٰ درجہ کی موسیقی کی محفلوں کا بھی اہتمام کر کے اردو کے عطر دان میں نئی خوشبو ملا دی۔ اسی دورن اس خطۂ ارض نے کئی چھوٹی بڑی جنگوں کا عذاب جھیلا، جس کے کچھ اثرات ادھر بھی رونما ہوئے۔ تقاریب کا سلسلہ رکتا چلتا رہا مگر کارواں گامزن رہا۔

اور پھر صدی بدلی، حالات بدلے، دنیا نے ذرا سا رُخ بدلا، یہ بدلاؤ ناگزیر تھا کہ جو تب بچے تھے اب بڑے ہو چلے تھے۔ انہیں بچوں میں شامل تھے، ریحان صدیقی اور فرحان واسطی جو اب اس نئی صدی میں ایک نئے جوش و خروش کے ساتھ اس کارواں کو آگے لے جانا چاہتے تھے۔ 2009 کا سال آتے آتے دبئی میں دو نئے عالمی مشاعروں کا آغاز ہوا۔

ایک ،ریحان صدیقی ،فرحان واسطی، شاذیہ قدوائی ،عرفی قدوائی اور انکے ساتھیوں کے زیر اہتمام عالمی مشاعرہ ،اس مشاعرہ کا عنوان تھا" انداز بیاں اور" ۔اس مشاعرے نے آغاز سے ہی مشاعرے کو وہ رنگ دیا کہ شائقین کو مشاعرہ گاہ میں داخلے کے لئے ضروری پاس ملنا مشکل ہونے لگے ۔وجہ، ڈاکٹر راحتؔ اندوری مرحوم ،منوّر رانا ،ڈاکٹر نوازؔ دیوبندی ،ڈاکٹر کمار وشواس جیسے مشاعروں کے اسٹار شاعروں کا ایک اسٹیج پر جمع ہونا۔ یہ سلسلہ 2015 تک چلا۔ پھر فرحان واسطی نے" جشن اردو" کے عنوان سے ایک الگ عالمی مشاعرہ قائم کیا۔اس مشاعرے میں آغاز سے ہی پروفیسر وسیمؔ بریلوی، اشوک چکردھر، عباس تابشؔ، سنتوش آنند جیسے شعراء شریک ہوتے ہیں۔ تا حال یہ دونوں سلسلے یعنی" انداز بیاں اور" اور" جشن اردو" با قاعدگی سے چل رہے ہیں ۔ دوسرا، اردو پریس کلب انٹرنیشنل اور اسکے جنرل سیکریٹری طارق فیضی کے زیر انتظام عالمی مشاعرے۔ اس مشاعرے نے شائقین کو مشاعروں کی ایک الگ خوشبو سے روشناس کرایا۔ طارق فیضی نے اپنے مشاعروں میں شعراء کی جو فہرست تشکیل دی اس میں اعلیٰ شاعری کے ان تخلیق کاروں کو شامل کیا جو منظر عام پر نہیں تھے ،انکے ساتھ جاوید اختر جیسے معروف نام بھی انکے یہاں مسلسل شامل ہوتے رہے۔ لیاقت علی عاصمؔ مرحوم، مقصود احمد وفاؔ، فرحتؔ احساس، شارقؔ کیفی، ذو الفقار عادلؔ، کاشف حسین غائرؔ، شاہد ذکی، شاہینؔ عباس، ابھیشیک شکلا، معینؔ شاداب، وپل کمار، سبحان اسد، انجیل صحیفہ، وحید احمد، خورشید رضوی، ڈاکٹر عاصم واسطی ،اعجاز شاہین ،انس خان جیسے معتبر شعراء طارق فیضی کے مشاعروں کی رونق بنے ۔ راوی کو بھی اس فہرست کا حصہ ہونے کا اعزاز حاصل ہے۔ 2021 میں طارق فیضی نے جب اپنا مشاعرہ جاوید اختر کے جشن کے طور پر منایا، راوی کو بھی شعراء کی فہرست کا حصہ بنایا۔ یہ تب تھا کہ جب وہ

بالخصوص مشاعرہ کرانے ایک ماہ کے لئے دبئ آتے تھے۔2020 میں جب وہ مع اہلِ خانہ دبئ منتقل ہوئے، تو انہوں نے ایک ایونٹ مینیجمینٹ کمپنی کی بنیاد ڈالی۔ اس کمپنی کے زیر انتظام گزشتہ برس تین روزہ اردو گلوبل پوئٹری فیسٹول کا انعقاد کیا گیا۔ پہلے دن نظموں کا مشاعرہ ہوا جسے مناظمہ کا نام دیا گیا۔ بقول جاوید اختر اس طرح کی تقاریب تقریباً ڈیڑھ صدی پہلے برصغیر میں ہوا کرتی تھیں۔ گزشتہ کچھ برسوں سے ورٹیکس ایو ینٹ کے پُشکن آغا علی گڑھ عالمی مشاعرہ کے نام سے دبئ میں عالمی مشاعرہ کرتے آرہے ہیں جس میں ہندوستان اور پاکستان کے شعراء شریک ہوتے ہیں۔ وہ اکثر غزلوں اور قوّالی کی اعلیٰ محفلیں بھی اراستہ کرتے ہیں جن میں معروف و مشہور گلوکار شریک ہوتے ہیں۔

پھر آیا سال 2014، یہاں سے متحدہ عرب امارات میں اردو کے کارواں نے ایک بڑی جست لگائی۔ ہوا یوں کہ ملیح آباد کا ایک پٹھان، جو جوشؔ کے خانوادے سے تعلق رکھتا ہے، اردو کا سودا سر میں لئے دبئ میں وارد ہوا۔ اردو کے اس دیوانے کا نام ریحان احمد خاں ہے۔ ایک تنظیم بنائی جسکا نام بزم اردو دبئ رکھا۔ شکیل احمد خان، ندیم احمد، شبیہہ حسین، معراج نظامی، عزیر عتیق اور چند دوستوں نے اس تنظیم کی بنیاد رکھی اور 2014 میں ایک عالمی مشاعرہ کرایا۔ پھر ایک عالمی مشاعرہ 2015 میں۔ مگر اس تنظیم کا مقصد بات کو محض مشاعرے تک محدود رکھنا نہیں تھا بلکہ یوں کہیں کہ فقط مشاعرہ کرانا مقصد نہیں تھا۔ بزم اردو، دبئ کے فلسفہ، طریق کار اور گزشتہ تقریباً ایک دھائی کی کارگزاریوں کا احاطہ کرنے کے لئے ایک ضخیم کتاب درکار ہے، یہاں مختصراً عرض ہے کہ اردو کی ترویج وترقی کے لئے دن ورات انتھک محنت کرنے والی تنظیم بزم اردو دبئ، کسی زبان کی ترویج وترقی کے لئے متحدہ عرب امارات میں کام کرنے

والی واحد تنظیم ہے جو حکومت دبئ کے ادارے سی ڈی اے سے لائسنس شدہ ہے۔ بزم اردو دبئ کے بانی اور جنرل سکریٹری ریحان خان کا قول ہے کہ اردو کو اگر قائم رکھنا ہے تو اسکو اگلی نسل تک پہنچانا ہوگا۔ یہ بات جگ ظاہر ہے کہ ہم اردو بولنے والوں کی موجودہ نسل ہی اردو سے نابلد ہے، تو پھر اگلی نسل سے اس بابت کوئ توقع رکھنا، کوئی عقل مندی نہیں۔ اردو کو اگلی نسل تک پہنچانے کے لئے ایک مضبوط اور مربوط منصوبہ بندی کے ساتھ اس پر کام کرنے کی ضرورت ہے۔ اسی منصوبہ بندی کے تحت بزم اردو، دبئ دو مختلف سطحوں پر کوشاں ہے۔ ایک موجودہ نسل کو اردو کے قریب سے قریب تر لانا اور اس کو اس بات پر یقین دہانی کرانا کہ اردو ایک بہت پختہ زبان ہے اور اسکو روز مرّہ میں استعمال کرنے والے کسی طور بھی احساس کمتری کا شکار نہ ہوں۔ اس معرکہ کو سر کرنے کے لئے دونوں طرف کام ہونا ناگزیر ہے۔ ایک عوام دوسرے ادباء۔ بزم اردو، دبئ جہاں ایک طرف عوام کو اعلیٰ معیاری مشاعرے، شعری نشستیں، تھیٹر، ڈرامے، بیت بازی مقابلے وغیرہ میں شریک بنا کر اروو کی جانب راغب کرنے کی کوشش کر رہی ہے وہیں دوسری طرف نئے شعرا، نثر نگاروں، افسانہ نگاروں، ڈرامہ نگاروں کو مواقع فراہم کرانے کا کام کر رہی ہے۔ اسی سلسلہ میں ادباء کی حوصلہ افزائی کے نیّت سے ہر برس جوشِ اردو ایوارڈ کسی بلند پایہ ادیب کو پیش کرتی ہے۔ عوام میں سے وہ اشخاص جو اردو کی مختلف سطحوں پر خدمت کر رہے ہیں، انکو بزم اردو، دبئ علمدارِ اردو اور پاسبانِ اردو کے عنوان سے ایوارڈ پیش کر کے انکی حوصلہ افزائی کرتی ہے۔ یہ تو ہوا وہ کام جو موجودہ نسل کو اردو کی طرف لانے کے لئے ہو رہا ہے۔ اردو کو اگلی نسل تک پہنچانے کے لئے بزم اردو، دبئ نے ہندوستان کے کئی اسکولوں میں اردو بطور اختیاری مضمون شروع کرانے کا کام انجام دیا، آج ان اسکولوں میں ۳۰۰ سے زاید طلبہ اردو پڑھ

رہے ہیں۔ان اداروں میں سرِ فہرست لا مارٹینیئر کالج لکھنئو اور ملینیم اسکول لکھنئو کا نام ہے۔بزم اردو کی کوشش ہے کہ اس فہرست میں ہر برس دیدنی اضافہ ہو اور وہ اسی راہ پر گامزن ہے۔

یہ تو ہوئیں وہ چیزیں جنکا رنگ روغن نظر آتا ہے، اب کچھ لوگوں کا ذکر آئے گا جو چمک دمک سے قدرے دور زمینی سطح پر کام کرتے رہے ہیں یا کر رہے ہیں۔آغاز میں ابوظبی میں بزم ادب نے تشکیل پائی جس میں، حبیب عثمانی، سلامت نجمی، نزہت یار خاں، وسیم احمد وسیمؔ، اطہرؔ عباسی، ڈاکٹر اظہر زیدی، ضیغم زیدی، وسیم چشتی وغیرہ شامل تھے۔ یہ وہی دن تھے جب گھروں میں شعروسخن کی محفل سجائی جاتی تھیں۔اسی طرح متعدد چھوٹے ادبی گروپس وجود میں آتے رہے اور زمینی سطح پر کام کرتے رہے۔ 2014 میں انوار ادب کے نام سے دبئی میں ایک گروپ بنا جسکی تشکیل میں سرور نیپالی، احیاء بھوجپوری، سروش آصف اور بذاتِ خود راوی شامل تھا۔اس گروپ نے امارات میں طرحی نشستوں کی تجدید کی۔ انہیں نشستوں سے کئی لوگ نکلے۔جن میں احیاء بھوجپوری، سروش آصف کے علاوہ میگی اسنانی، عائشہ شیخ عاشیؔ، سلمان خورشید وغیرہ کے نام نمایاں ہیں۔ 2016 میں انوار ادب نے بزم اردو دبئ کے ساتھ مل کر کام کرنے کا فیصلہ کیا، اسکی ایک ذیلی کمیٹی کے تحت کام کرتے ہوئے انوار ادب نے اپنے مقاصد میں اضافہ کیا اور نشستوں کے ساتھ ساتھ تربیتی تقاریب بھی منعقد کرنے لگا۔گزشتہ چند برسوں میں کسوٹی جدید جو ایک سہ ماہی جریدہ ہے اور پٹنہ سے شائع ہوتا ہے، نے شارجہ اور دبئی میں ماہانہ ادبی اجلاس منعقد کرنا شروع کئے جنکا انتظام افضل خان اور سید اعجاز شاہین کے زیر سرپرستی ہوتا ہے۔انکے ساتھ نیر سروش بھی شامل رہتے ہیں جو کہ ایک ادب نواز شخص ہیں۔ یہ سلسلہ تاحال جاری ہے اور نئے لکھنے والوں کی تربیت کر رہا ہے۔زمینی سطح پر کام کرنے میں یوں تو بزم اردو دبئ بھی پیش پیش رہی ہے، 2015

2016 سے ہی چھوٹی تقاریب مختلف عنوانات سے باذوق لوگوں کے گھروں میں یا کبھی کسی ہوٹل میں ہوتی تھی، مگر گزشتہ برس سے ماہانہ بیٹھک کے عنوان کے تحت باقائدگی سے ہو رہی ہیں۔ان میں ہر ماہ ادب کی مختلف اصناف پر پروگرام ہوتے ہیں۔ان بیٹھکوں کے انتظامات میں بزم اردو دبئی کے ارکان ثروت زہرا زیدی صبآ، مسکان ریاض، احیاء بھوج پوری اور کنور سلیم احمد پیش پیش رہتے ہیں۔ایک اور بہت دل چسپ اور انوکھا سلسلہ چند برس پہلے وجود میں آیا، وہ ہے ،صحرا میں شام، بزم مسرت انٹرنیشنل کے بانی مسرت چودھری، ابرار عمر، رضا احمد رضآ اور انکے چھوٹے بھائی حسن رضا نے 2019 میں اسکا آغاز کیا۔دنیا میں اس طرح کی تقریب اردو شعرو ادب کے حوالے سے کہیں اور ہوتی ہو، راوی کے محدود علم میں نہیں ہے۔ماہ دسمبر یا جنوری میں شہروں سے ڈیڑھ دوسو کلومیٹر دور کہیں صحرا کے بیچ و بیچ شام ڈھلنے کے بعد شعرو سخن کی محفل سجائی جاتی ہے جس میں کل امارات کے سخنور حصہ لیتے ہیں۔علاوہ شاعری کے باربیکیو اور چائے کا معقول انتظام بھی ہوتا ہے۔اصل میں یہ ایک رتجگا ہوتا ہے۔اب یہ سلسلہ سالانہ ہو چکا ہے۔

1976 میں ابوظبی ریڈیو اردو سروس کا آغاز ہوا جس میں خبروں کے علاوہ، اچھی صحت کی تعلیمات، تفریحی، ادبی، ملک کے قواعد وضوابط کے بارے میں آگاہی وغیرہ کے پروگرام نشر کئے جاتے تھے۔یہ سروس جولائی 2004 میں کسی مصلحت کی بنا پر بند ہوگئی۔

یہ تو ہوئی ان افراد اور تنظیموں کی بات جو انتظامی معاملات میں اردو کی اس نئی بستی میں بنیادی اہمیت رکھتے ہیں۔کہتے ہیں پیسہ دنیا کی دھری ہے، تو ان افراد اور اداروں کا ذکر ضروری ہے جنہوں نے اس بستی کو بسانے میں مالی تعاون کیا اور کر رہے ہیں۔اے آر وائی، ڈنہل، الفطّیم وی اسٹار وا چز، کینووڈ کے نام ابتدائی دور میں سرفہرست آتے ہیں۔دور حاضر میں ڈاکٹر

زبیر فاروقؔ، عماد الملک، عرفان اظہارؔ، اخلاق احمد، ڈاکٹر ابوعبداللہ، کیپرس واچز کے ایم ایس خاں، الکاروان ٹریڈنگ کے رفیع ہمایوں،نسیم احمد،شرف ایکسچینج،الغریر اکسچینگ،ڈینیوب بلڈِنگ میٹیریل کے نام سرفہرست ہیں اورفہرست طویل۔عادل فہیم کا نام لئے بغیر یہ بات پوری نہیں ہوسکتی۔یہ وہ شخص ہے اردو کے لئے بے لوث کام کرتا ہے۔

اس مقالے کو تین حصوں میں بانٹا گیا ہے، پہلے حصے میں وہ لوگ ہیں جنہوں نے امارات میں اردو ادب کے منظرنامے کے روشن ماضی کی تشکیل دی ہے،دوسرا حصہ دورحاضر پر مشتمل ہے،تیسرا حصہ بھی دورحاضر سے ہی متعلق ہے مگر اس میں ان شعراء اور ادباء کو رکھا گیا ہے جو یہاں کی فضا میں ایک تازہ ہوا کی طرح ہیں یعنی نئے لکھنے والے۔

راوی

شاداب الفتؔ،

شارجہ،

اپریل2023

باب اوّل

جو چلے گئے

اس گلی نے یہ سن کے صبر کیا
جانے والے یہاں کے تھے ہی نہیں
۔جون ایلیا

دراصل جو لوگ اس دیار میں آتے ہیں ان میں سے اکثر اپنے وطن کو بہتر معاشی مواقع کی حصول کے لئے ترک کرتے ہیں۔ یہاں آ کر کام کرتے ہیں، معاشی حالات مستحکم ہوجانے پر وہ واپس اپنے وطن لوٹ جاتے ہیں۔ کوئی دو برس یہاں مقیم رہتا ہے کوئی چالیس برس، مگر واپسی ہی مقدر ہے۔ اس باب میں ہم ان لوگوں کا ذکر خیر رقم کرینگے جو متحدہ عرب امارات میں مقیم رہے اور پھر واپس چلے گئے۔ ان میں اکثر وہ ہیں جن کی ادبی کاوشوں سے اردو کی یہ نئی بستی بسنا شروع ہوئی۔ فی الوقت یہ حضرات امارات میں مقیم نہیں ہیں، واپس اپنے آبائی وطن جا چکے ہیں یا کسی اور ملک یا پھر دنیائے فانی سے کوچ کر چکے ہیں۔ انکی کاوشیں امارات میں اردو زبان و ادب کی موجودہ عمارت کی بنیاد ہیں۔ اس باب میں کچھ ایسے ادیب بھی درج ہیں جو یہاں طویل عرصہ تک تو نہیں رہے مگر یہاں کی اردو فضا کو مہکانے میں اہم کردار ادا کیا۔ یہاں ایک بات غور کرنے کی یہ ہے کہ اردو کی اس نئی بستی میں ادب کا پودا لگانے والے جو شعراء اور ادباء یہاں درج ہیں ان میں سے اکثر کا تعلق پاکستان سے ہے۔ اس کی وجہ بالکل صاف ہے جس کا اندازہ یہ مقالہ پڑھتے ہوئے ہوگا، وہ یہ کہ جو حضرات آغاز میں یہاں آئے اور جنہیں ہم اردو کی اس نئی بستی کے بانی کہہ سکتے ہیں، ان میں سے ایک آدھ کو چھوڑ کر سب کا تعلق برٹش انڈیا کے اس خطہ سے تھا جو اب ہندوستان ہے۔ تقسیم ہند کے بعد جو لوگ ہجرت کر کے پاکستان جا بسے، وہ امارات میں اردو ادب کے بانیوں کی پچھلی نسل تھی۔ ان میں سے کچھ کی پیدائش بھی ہندوستان کی ہے جو اپنے والدین کے ہمراہ پاکستان جا بسے۔ اور پھر جوان ہو کر بہتر معاشی مواقع کی جستجو میں امارات آئے۔ شعراء اور ادباء ہی نہیں منتظمین کی صفوں میں بھی اکثر حالات یہی

رہے۔ منتظمین کے بارے میں ہم آغاز میں بات کر چکے ہیں۔

آیئے اب اصل مدعے کی طرف چلتے ہیں۔ یہاں سے ہم شعرءا اور ادباء کی بات کا آغاز کرتے ہیں۔

وسیم احمد وسیم

وسیم احمد وسیمؔ خود پختہ کار شاعر ہیں۔ فی الوقت ٹورونٹو، کنیڈا میں مقیم ہیں۔ گزشتہ صدی کی 70 کی دہائی کے اواخر میں امارات میں شعری نشستوں اور مشاعروں کا اغاز انکے زیر اہتمام ہوا۔ یہاں یہ کہنا بے محل نہ ہوگا کہ امارات میں اردو ادب کے بیج بونے والوں میں آپکا نام سرِ فہرست ہے۔ اودھ کے ضلع اُناؤ سے تعلق رکھنے والے خاندان کے فرزند وسیم احمد وسیم 1983 میں کراچی واپس لوٹ گئے۔ 2007 میں آپکا شعری مجموعہ "کبھی دھوپ میں کبھی چھاؤں میں" کے نام سے شائع ہوا۔ اس کتاب کے مقدمہ میں آپنے متحدہ عرب امارات میں ادبی چہل پہل اور مشاعروں کے آغاز پر اپنی یادداشتیں بھی قلم بند کی ہیں۔

آپکا ایک شعر ملاحظہ ہو۔

آیئے ہم بھی ذرا آج ٹٹولیں خود کو،
کتنا انسان ابھی اور بچا ہے ہم میں

ایک قطعہ پیش ہے۔

طبیعت گردشِ ایّام سے گھبرائی جاتی ہے
مجھے شوقِ سفر ہے اور منزل آئی جاتی ہے

رہیگا حشر کے دن تک ہی اب واسطہ شاید
کب اس سے پیشتر گھر سے شبِ تنہائی جاتی ہے

ایک غزل کے چند اشعار دیکھئے۔

عجب فسونِ چمن تھا کہ چشم نرگس نے
ترے سوا نہ کسی کو بھی دیدہ ور سمجھا
تمہارے کوچے میں دل میرا ساتھ چھوڑ گیا
گر یز پا تھا جسے میں نے ہمسفر سمجھا
کروں نہ جنگ میں سبقت یہ ہے اصول مرا
مگر حریف اسے میرے دل کا ڈر سمجھا
ڈیہ چار دن کی جو مہلت مجھے ملی ہے وسیمؔ
اسے میں عمر گریزاں کا اک سفر سمجھا

ایک اور غزل کے چند اشعار:

میری عزت کو بڑھانے پہلے آجاتے تھے وہ
اب تو اک مدت ہوئی تشریف فرمائی نہ تھی
اسکو بھی شاید ہے کچھ ترک تعلق کا ملال
پھول سی صورت کبھی ایسی تو کمھلائی نہ تھی
انجمن میں میرا اب تو اور گھبرا تا ہے دل
معتبر اس درجہ پہلے میری تنہائی نہ تھی

اپنا ہراک خواب میں اسکو سنا تا ہوں وسیمؔ
ہاں مگر اس نے کبھی تعبیر بتلائی نہ تھی

اظہار حیدر

جونا گڑھ کے ایک علم دوست خاندان میں پیدا ہونے والے اظہار حیدر پیشے سے انجینئر تھے اور 1971 میں متحدہ عرب امارات کے قیام کے وقت ابوظبی بلدیہ میں بطور چیف انجینئر تشریف لائے اور 2009 میں مالکِ حقیقی کی طرف کوچ کرنے تک یہیں مقیم رہے۔ایک اخبار کے حوالے سے اردو شاعری میں آپکی 1000 سے زائد تخلیقات منظرِ عام پر آئیں۔ امارات کے احوال پر آپکی نظموں کا ایک مجموعہ "اے ارض امارات" کے نام سے زیرِ طباعت ہے۔ان نظموں کا عربی ترجمہ بھی اس مجموعہ میں شامل کیا گیا ہے۔مزید براں 1975 کے سنہ میں ابوظبی میں باقاعدہ کرکٹ کے آغاز کا سہرا بھی آپ ہی کے سر ہے۔اور ابوظبی ریڈیو اردو سروس سے بھی منسلک تھے۔

"اے ارض امارات" میں شامل ایک نظم کا ایک حصہ ملاحظہ فرمائیں۔

خوش کُن ابوخلیفہ کی تدبیر دیکھئے
صحرا بنا ہے چمن یہ تصویر دیکھئے
حیرت سے دیکھتی ہیں بہاریں اِس ارض کو
بدلی ہے کیسی دشت کی تقدیر دیکھئے

حدِّ نگاہ تک یہاں صحرا تھا چار سو
زایدؔ کے حسنِ فکر کی تنویر دیکھئے
زایدؔ بنے ہیں جب سے اِمارات کے رئیس
دلکش ہوئی ہے اِس کی جو تعمیر دیکھئے
بانی ابوخلیفہؔ ہیں اِس اتّحِاد کے
ساتوں امارتوں میں یہ زنجیر دیکھئے
اظہارؔ ابوخلیفہؔ کے افکار ہیں بلند
حُسنِ ابوظبی ہی کی تصویر دیکھئے

آیئے انکے اسی شعری اثاثے سے ایک نظم بعنوان" رشکِ فردوسِ بریں" کا لطف لیتے ہیں۔

ابوظبی کی سرزمیں ہے رشکِ فردوسِ بریں
ہر طرف خوشبو ہے رقصاں اور فضائیں عنبریں
اے لالات !تیرے سارے پھول ہیں گلگوں قبا
نسترن ، نرجس ، چنبیلی ، موتیا اور یاسمین
بو خلیفہ آپ کے افکار میں حکمت جو ہے
دیکھ کر حیرت میں ہیں اوجِ ثریا کے مکیں
کوئی میداں ہو ہر اِک میں فکرِ زاید کی جھلک
آئے گی تم کو نظر ہر ایک منظر میں مکیں

دیکھنا ہو تو ذرا العین چل کر دیکھیے

فرحت افزأ روح افزأ جاں فزأ جاں آفریں

سہیل عظیم

آپکا پورا نام سہیل عظیم عثمانی اور قلمی نام سہیل عظیم تھا۔ آپکا آبائی تعلق صفی پور، ضلع اناؤ سے تھا اور وہیں آپکی پیدائش ہوئی۔ تقسیم ہند کے کچھ برس بعد خاندان کے ساتھ کراچی منتقل ہوئے۔ متحدہ عرب امارات کے قیام کے اوائل میں یعنی 1974 میں یہاں آن بسے تھے۔ یہاں کی اردو ادب کی تاریخ میں آپکا نام بحیثیتِ صحافی عزت سے لیا جاتا ہے اور لیا جاتا رہیگا۔ اپنے پیشہ ورانہ فرائض کو انجام دینے کے ساتھ ساتھ آپنے ایک اردو رسالہ "واسطہ انٹرنیشنل" کے نام سے نکالا جو امارات کا پہلا اردو رسالہ تھا۔ مدیر ہونے کے ساتھ ساتھ آپ اس میں مضامین اور مقالے بھی لکھا کرتے تھے، جو شوق سے پڑھے جاتے تھے۔ آپ 2019 میں دنیا سے رحلت کے وقت تک امارات میں ہی مقیم رہے۔ بطور صحافی آپ بیورو چیف روزنامہ قومی اخبار کراچی، روزنامہ جرآت کراچی، روزنامہ ریاست کراچی، روزنامہ فرض کراچی کے فرائض سرانجام دیتے رہے۔

متحدہ عرب امارات میں اردو ادب کے منظر نامے میں سہیل عظیم کے کردار کا ذکر اس لئے ضروری ہے کہ جو فضا اس وقت بن رہی تھی اسے وہ قلم بند کرتے رہے اور دیگر اردو والوں تک پہنچاتے رہے۔ یہ صحافت ہی ہے جو کسی بھی واقعہ، جو کہ چند افراد کی شمولیت پر مبنی ہوتا ہے، کو ہزاروں لاکھوں تک پہنچاتی ہے۔

محمد اسلم شہاب

آپکا اصل نام محمد اسلم عثمانی اور قلمی نام محمد اسلم شہاب ہے۔ آپکا آبائی تعلق سفی پور، ضلع اناؤ سے تھا اور وہیں آپکی پیدائش ہوئی۔ تقسیم ہند کے کچھ برس بعد خاندان کے ساتھ کراچی منتقل ہوئے۔ متحدہ عرب امارات کے قیام کے فوراً بعد جو اشخاص یہاں منتقل ہوئے ان میں آپ بھی ہیں۔ آپ 1972 میں یہاں آئے اور 2016 تک یہاں رہ کر اپنے پیشہ ورانہ فرائض انجام دینے کے ساتھ ساتھ اردو ادب کے منظر نامے پر اپنے نشانات بناتے رہے۔ آپ ابوظہبی، دبئی، شارجہ، عجمان میں مقیم رہے۔ فی الوقت آپ کیلگری کینیڈا میں مقیم ہیں اور بحیثیتِ شاعر اور صحافی اپنی کارکردگی کا لوہا منوا رہے ہیں۔ آپ دبئی سے نکلنے والے پہلے ماہانہ اردو رسالے "واسطہ انٹرنیشنل" کے مدیر رہے۔ آپ اپنے بھائی سہیل عظیم کے ساتھ مل کر امارات میں اردو ادب کے پودے کو شجر بنانے کی سعی میں شامل رہے۔

آپکے چند نمائندہ اشعار پیش خدمت ہیں۔

جنت

انساں کے ارتقائی مراحل تو دیکھئے
اہل خرد پہ اہلیہ کچھ ایسے چھا گئی
قدموں تلے خدا نے جو رکھی تھی ماؤں کے
جنت کھسک کے زوجہ کے قدموں میں آ گئی

تحفہ

ان کو خدا نے آپکے گھر مہماں کیا
لازم ہے اس کا شکر کریں آپ بھی ادا
تحفہ خدا کا آپکے ذمے جو ہو گیا
دل بستگی کا آپ کی سامان بھی کیا
اب کس طرح سے آپ کریں فرض یہ ادا
کیسا رو یہ آپکا بچوں سے ہو روا
بچہ تو چکنی مٹی کا سوندھا سا ڈھیر ہے
چاک کمہار پر جسے چڑھنے کی دیر ہے
مشاق انگلیوں کا ہی سارا کمال ہے
پھر روپ حسب چاہ نہ ہونا محال ہے
اورقول وفعل میں کبھی پا ئے نہ وہ تضاد
یہ فرق زندگی کا ہے سب سے بڑا فساد
سچ بولنے کی آپ اسے تلقین تب کریں
خود آپ بھی ہمیشہ اسی پر عمل کریں
خود آپ گر خدا کے عبادت گزار ہوں
بچے پھر آپکے بھی اطاعت شعارہوں

اسلام عظمی

آپکا اصل نام عبد السلام ہے اور اسلام عظمی بطور قلمی نام اختیار کیا ہے۔آپکی جائے پیدائش خواجہ ورڈگ ڈیرہ بستی ڈیرہ پٹھاناں۔تحصیل بٹالہ ضلع گورداسپور، پنجاب ہے۔تقسیم ہند کے بعد اجداد کے ساتھ لاہور منتقل ہوئے۔آپ 1989 سے 2009 تک متحدہ عرب امارات کے مختلف ریاستوں میں مقیم رہے۔آپ یہاں بحیثیت انجینئر اپنی پیشاورانہ خدمات سر انجام دیتے رہے۔ آپ نے شاعر، افسانہ نگار، ناول نگار اور مضمون نگار کی حیثیت سے امارات کے ادبی منظر نامے پر جو نقوش چھوڑے وہ نا قابل فراموش ہیں۔امارات میں قیام کے دوران آپکی جو تصانیف منظر عام پر آئیں ان میں شعری مجموعہ اڑانوں کا ہر موسم، افسانوں کے دو مجموعے جوگ سنجوگ اور 'بہت پرانی کہانی، مضامین کا ایک مجموعہ بے ساختہ اور دو ناول 'دکھ دان اور 'بے زمیں بے آسماں شامل ہیں۔ان دنوں آپ لاہور میں مقیم ہیں اور سنجیدہ ادب تخلیق کرنے میں مشغول ہیں۔آپکی تصانیف، افسانوں کے مجموعے جوگا ور سنجوگ (۱۹۸۳)۔بہت پرانی کہانی (۱۹۹۳)۔اُڑنے والی چڑیا(۲۰۱۶)۔شاعری/ اُڑانوں کا ہرا موسم (۱۹۹۷)۔رخت (۲۰۱۰)۔ چاک (۲۰۱۶) مضامین کے مجموعے بے ساختہ (۲۰۰۸)۔ساختہ (۲۰۱۸)۔دیوانِ عام (۲۰۱۸)۔ جل ترنگ (۲۰۱۸) ناول، دکھ دان (۲۰۰۴)۔بے زمیں بے آسماں (۲۰۱۰) یادداشتیں، آؤٹ سائیڈر (۲۰۲۰) منظر عام پر آچکی ہیں۔

اسلام عظمی کے کلام سے کچھ اشعار ملاحظہ فرمائیں۔

لٹ گیا اسلام عظمیٰ ہر کوئی بازار میں
مول پہ جھگڑا کیا اور تول میں کم لے گیا

❖❖❖

میں چاہوں بھی تو اب خود کو بدل سکتا نہیں ہوں
سمندر ہوں کناروں سے نکل سکتا نہیں ہوں

❖❖❖

گھر گھر دکان کھول کے بیٹھے ہوئے ہیں لوگ
ارزاں بہت گرانئ حالات کر گئی

❖❖❖

دارا مرے اندر نہ سکندر مرے اندر پھر کون ہے یہ بھیس بدل کر مرے اندر
رکھنا تھا کبھی چاک گریباں کبھی دامن سو رکھا گیا میرا رفو گر مرے اندر

❖❖❖

دھند ہی دھند ہے رستوں میں خدا خیر کرے
سارباں نیند میں ہے قافلہ چل نکلا ہے

❖❖❖

جو پوچھتے ہو تو یہ سر زمین میری نہیں
میں آ گیا ہوں یہاں کشتیاں جلاتا ہوا

❖❖❖

یہ جنگل ہے یہاں قانون جنگل ہی کا چلنا ہے
یہاں پر جیت اُس کی ہے جو پہلے وار کر جائے
انا کا وار ہے کاری انا شمشیر دو دھاری
کسی کو خوب کر ڈالے کسی کو خوار کر جائے

چندغزلیں:۔

آکاش سے اترے ہیں نہ پاتال سے آئے
جتنے بھی وبال آئے پر و بال سے آئے
چپ ایسی کہاں محفل یاراں میں تھی پہلے
یہ سارے الٹ پھیر مہ و سال سے آئے
ہنسنے کے دنوں میں بھی اداسی کی رتیں ہیں
بے وقت نہ اٹھ کر کوئی چوپال سے آئے
پھیلانہ کوئی ہاتھ نہ کاسہ کوئی نکلا
سکے یہ عجب وقت کی ٹکسال سے آئے
کس طرح سے آئی ہے ترے لہجے میں تاثیر
یہ برگ و ثمر تجھ میں ہیں کس ڈال سے آئے
ہرشخص لئے پھرتا ہے اجڑا ہوا میلہ
یہ ایسا تغیر ہے کہ بھونچال سے آئے

❖❖❖

ملا تو اس محبت سے ملا ہے
مجھے وہ اور تنہا کر گیا ہے
گھنے سائے میں یادوں کے کھڑا ہوں
غموں کا دور تک اک سلسلہ ہے
مقدر میں ترے اب ہجرتیں ہیں
تو اپنی شاخ سے ٹوٹا ہوا ہے
ترے سر پر میں چادر کی طرح ہوں
تجھے کس بات کا دھڑکا لگا ہے
میں سچ کہہ کر بہت پچھتا رہا ہوں
وہ سچ سن کر بہت سہما ہوا ہے
گنہگاروں کی بستی ہے یہ عظمیؔ
یہاں ہر کوئی شب بھر جاگتا ہے

اسلام عظمی کے مضامین کے مجموعہ" بے ساختہ" کا مقدمہ باعنوان" حسابِ دوستاں دردلِ دوستاں" ملاحظہ فرمایئے۔

"ادب کدہ عجیب بستی ہے۔

دوست کہنا بہت آسان۔دوستی نبھاہنا بہت مشکل۔دوستی کا رونا بہت۔دوستی میں رونا بہت۔اُردو ادب میں کم لوگ ہی ایسے ہوں گے۔جنہوں نے تیر کھا کر کمین گاہ کی طرف نہ دیکھا ہو اور اُن کی اپنے ہی دوستوں سے ملاقات نہ ہوئی ہو۔عجیب سی کیفیت ہے۔

شاید اِسی کا نام ہے عظمیٰ ہنر وری
دل اِس کے ساتھ ہے تو نوا اُس کے ساتھ ہے

آدمی لکھے کا اعتبار کرے یا پس پشت فرمودات کو سچ جانے۔ بظاہر ہر طرف دوستی کا تماشا جاری ہے۔ کبھی کوشش کر کے دوست بنایا جاتا ہے۔ کبھی اپنے آپ پر جبر کر کے کسی کو دوست کہا جاتا ہے۔ کسی سے ملا جاتا ہے۔ کسی سے ملنا پڑتا ہے۔ عجب ماجرا ہے۔ سامنے کچھ پیچھے کچھ۔

لکھنا میرا شوق ضرور تھا مگر ادب کدے کے اِس عجیب کھیل میں شامل ہونے کا مجھے کوئی شوق نہیں تھا۔ کسی کے اُکسانے پر میں اِس کوچے میں آنکلا۔ حلقوں میں ہلکے لوگ بھی ملے۔ کچھ روگ بھی ملے۔ مجھے کسی سے کوئی شکایت نہیں۔ میرا ایمان یہ ہے کہ دنیا میں شر سے خیر کہیں زیادہ ہے۔

ہجر زاروں میں دوستی ضرورت بن جاتی ہے۔ دلگیری کے لئے ہر کسی کو کسی نہ کسی ہمدم کی ضرورت پڑ جاتی ہے۔ سو لوگ مل بیٹھنے لگے۔ بیت بازی کا دور تھا اور وقت وافر تھا۔ بیت بازی کی محفلیں جمنے لگیں۔ وکھرے لوگوں کے سر میں کچھ وکھرا کرنے کا سودا سمایا۔ ادبی محفلوں کا غلغلہ بلند ہوا اور بلند ہوتا چلا گیا۔ لوگ ادب کو سر بلند کرنے میں جٹ گئے۔ اور ایسے جٹے کہ ادب پیچھے رہ گیا۔

لوگ یہ بھول گئے کہ لفظ خود اپنا اعتبار ہے۔ بے اعتباری خوبی نہیں ہے خامی ہے۔ محفلیں تماشا بننے لگیں مگر یہ بھی ہے کہ تماشا اچھا ہو یا برا ہمیں مصروف اور ایک دوسرے سے

جوڑے رکھتا ہے۔ یہ تماشا بھی نہ ہوتو شب وروز کا یہ محشر کیسے کٹے؟

بے ساختہ پردیس میں سجنے والی انہیں محفلوں کا احوال ہے۔ محفل کبھی کسی کی آمد کے حوالے سے سجی، کبھی کسی الوداعی کے بہانے سے سجی، کبھی کسی کتاب کے حوالے سے مل بیٹھنے کا موقع مل گیا۔ کچھ کہنا پڑا تو کہا۔ کچھ سننا پڑا تو سنا۔ ترنجن، چوپال اور تِپن کی محفلوں کی طرح پردیس میں جمنے والی محفلیں بھی ریگِ رواں پر لکھی ہوئی تحریریں ہیں۔ یہ مضامین ایک طرح سے ان محفلوں کی سرگزشت ہیں۔

بے ساختہ تپی ہوئی ریگِ رواں پر وحشی گرم ہواؤں کی تحریریں ہیں یا پھر گھنے جنگلوں میں چھپی کسی جھیل کی سطح پر بادِ صبا کی بے ارادہ شوخیاں ہیں۔

جو کہا جو لکھا، آپ بھی پڑھ لیں۔

بسم اللہ"

شفیق سلیمی

تین دہائیوں سے زاید ابوظبی میں قیام پزیر ہو کر جب 2008 میں آبائی وطن لاہور منتقل ہوئے، جہاں فی الوقت مقیم ہیں (2021 میں کووڈ کی وبا کے نرغے میں آنے سے پہلے کا جملہ ہے، اب وہ اس جہانِ فانی میں موجود نہیں ہیں)، تو امارات کے ادبی منظر نامے پر اپنے ایسے نشانات چھوڑ گئے جو آنے والوں کے لئے مشعلِ راہ کی حیثیت رکھتے ہیں۔ آپکی پیدائش 1941 میں امرتسر کے قریب پریت نگر میں ہوئی تھی۔ آپکے دو شعری مجموعے "تمازت" (1990) اور "تپش" (2009) کے نام سے شائع ہوئے۔ "تمازت" کا دیباچہ احمد ندیم

قاسمی نے لکھا تھا۔ وہ فرماتے ہیں کہ" شفیق سلیمی کے ہجرتی اشعار کہ ان میں جو ہمہ گیر کرب اور اس کرب سے دم گھونٹنے والا جو جبر ہے اسکی مثالیں کہیں اور ذرا کم کم ہی دستیاب ہیں۔ شفیق سلیمی اپنے وطن سے دور جا کر روزی کمانے کی جدو جہد کرنے والے لوگوں کے جذبات کو جس صداقت اور سلیقے کے ساتھ زبان دیتا ہے وہ فی الحال اسی کا حصہ ہے"

امارات میں کئی شعراء آپ کے زیر تربیت پروان چڑھے ۔تمازت لئے آسمان اور تپش بھرے صحراوں میں آپنے غزل کی زلفیں سواریں۔ آپنے پنجابی میں بھی شاعری کی۔ آپکا ایک پنجابی شعری مجموعہ انھّا گونگا شہر اور تیسرا اردو شعری مجموعہ زیر طبع ہیں۔

افسوس صد افسوس کہ کووڈ 19 کے وبائی مرض کی لپیٹ میں آکر آپ بھی اپریل 2021 میں دنیائے فانی سے کوچ کرتے ہوئے مالک حقیقی سے جا ملے۔

آیئے انکے کچھ اشعار اور غزلیں پڑھ کر انہیں یاد کرتے ہیں۔

بے نام دیاروں کا سفر کیسا لگا ہے
اب لوٹ کے آئے ہو تو گھر کیسا لگا ہے

❖❖❖

کبھی پلکیں نہیں بھیگیں کبھی چہرہ نہیں اُترا
کوئی بھی غم مرے معیار پر پورا نہیں اُترا

❖❖❖

لاکھ کوشش پر بھی گھر کو گھر نہ کر پائے شفیق
اور پھر ہم نے مکاں کو بس مکاں رہنے دیا

❖❖❖

بے نام دیاروں سے ہم لوگ بھی ہو آئے
کچھ درد تھے چن لائے کچھ اشک تھے رو آئے
کچھ پاس نہ تھا اپنے بس آس لیے گھومے
اک عمر کی پونجی تھی سو اس کو بھی کھو آئے

❖❖❖

جسم سے جدا رہنا روح میں سما جانا
کوئی آپ سے سیکھے جان پر بنا جانا

دوغزلیں ملاحظہ ہوں،

وہ جن کی چھاؤں میں پلے بڑے ہوئے
ادھر ادھر پڑے ہیں سب کٹے ہوئے
ہزیمتوں کے کرب کی علامتیں
چراغ طاق طاق ہیں بجھے ہوئے
تمام تیر دشمنوں سے جا ملے
کمان دار کیا کریں ڈٹے ہوئے
وصال رت میں ہجر کی حکایتیں
اداس کر گئی ہیں دل کھلے ہوئے
گھروں کی رونقیں وہی جو تھیں کبھی
مگر بھلا دیے گئے گئے ہوئے

تنی تنی سی گردنیں جھکی ہوئی
دعا کو ہاتھ ہیں سبھی اٹھے ہوئے

❖❖❖

سر میں ایک سودا تھا بام و در بنانے کا
آج تک نہیں سوچا ہم نے گھر بنانے کا
یوں نہ رینگتی رہتیں کاغذوں پہ تصویریں
وقت جو ملا ہوتا بال و پر بنانے کا
یوں کہاں بھٹکتے ہم خواہشوں کے صحرا میں
فن اگر ہمیں آتا مال و زر بنانے کا
چل دیے اکیلے ہی جستجوئے منزل میں
کام خاصا مشکل تھا ہم سفر بنانے کا
یہ ہنر بھی آخر کو اس نے سیکھ کر چھوڑا
ہم سے ہوش مندوں کو بے خبر بنانے کا
ایک شوق ایسا بھی ہم نے پال رکھا ہے
بے وقار لوگوں کو معتبر بنانے کا

شام درّانی

70 کی دہائی کے آغاز سے 2005 تک شامؔ درانی متحدہ عرب امارات میں مقیم رہے۔آپ نے ۳۳ برس تک العین بلدیہ میں ملازمت کی اور سبک دوش ہوکر اپنے وطن کراچی سدھارے وہیں سے 2 برس پہلے جہانِ فانی سے جہانِ باقی کی طرف کوچ کر گئے۔آپ کے

اجداد کا تعلق ہندوستان کے اس علاقے سے ہے جسے دوآبہ ءِ گنگ وجمن کہا جاتا ہے۔آپ کے والد اس وقت کے معروف شاعر بشیر درّانی جہان آباد ضلع بلند شہر میں مقیم تھے، جہاں شام دناری نے آنکھ کھولی۔ بعد میں وہ مراد آباد منتقل ہو گئے جہاں وہ جگرؔ مراد آبادی کے شاگرد ہوئے اور انکی صحبت میں رہے۔شام صاحب کی تربیت بھی جگر کے زیرِ سایا ہوئی وہ اس طرح کہ جگرؔ انکو اپنا پوتا مانتے اور کہتے تھے۔تقسیم ہند کے بعد یہ خاندان کراچی منتقل ہو گیا۔ذریعہِ معاش کے لئے شام درّانی نے متحدہ عرب امارات کا رُخ کیا۔آپ کا لکھا ہوا گیت" دیکھو العین دیکھو" مقبول عام ہوا اور ریڈیو ابوظبی کی اردو سروس سے مخصوص مواقع پر نشر ہوتا رہا۔آپ کی شاعری ہی نہیں بلکہ آپکا ترنم بھی وجہ شہرت رہا۔آپنے بچوں کے ادب پر خاص کام کیا۔

آیئے آپکی ایک غزل کا لطف لیجئے۔

اک روز انسے یوں ہی ملاقات ہو گئی
کیا کہیئے بات بات میں کیا بات ہو گئی

اب حشر ہی میں آئے تو آئے خدا کی یاد
یہ زندگی تو نظرِ خرابات ہو گئی

یوں تو گزر گئے شبِ فرقت کے مرحلے
پوچھا جو حال اشکوں کی برسات ہو گئی

آنچل میں چھپ گئے کبھی آنچل ہٹا لیا
دن ہو گیا کبھی تو کبھی رات ہو گئی

دل کی لگی چھپا نہ سکے میکدے میں شاؔم
ہونی نہ تھی جو بات وہی بات ہو گئی

آ پکی ایک اور غزل کے چند اشعار پیش ہیں۔

یہ ستم ظریف دنیا جو کہے وہ سب گوارا
مگر آپ دل نہ توڑیں مجھے کہہ کہ بے سہار
شبِ غم گزارنی بھی مجھے ہو گئی قیامت
کبھی موت کی دعا کی کبھی آپ کو پکارا
یہ کشاکشِ زمانہ مجھے لے کے ڈوب جاتی
میرے کام آ رہا ہے تیری یاد کا سہارا
میری کشتیء محبت رہی شاؔم کشمکش میں
کبھی چھٹ گیا کنارا کبھی مل گیا کنارا

مصدق لاکھانی

آپکا اصل نام محمد مصدق لاکھانی، قلمی نام مصدؔق ہے اور آپکا تعلق کراچی سے ہے، متحدہ عرب امارات میں اگست 1978 سے فروری 2013 تک مقیم رہے اور وزارت صحت میں ملازمت کی۔ پہلے آٹھ سال ابوظہبی میں پھر پندرہ سال ام القوین میں رہے۔ باقی وقت شارجہ میں گزارا۔ فی الحال آسٹریلیا میں مقیم ہیں۔ امارات میں رہتے ہوئے غزل، مرثیہ نگاری سلامِ و منقبتِ امامِ حسنین پر خاص کام کیا اور اپنی ادبی جہتوں کے نقوش زمینِ اردو ادب پر چھوڑے۔ آپکی ایک کتاب "نوائے بےنوا" کے عنوان سے شائع ہو چکی ہے۔ اس میں حمد، نعت

اور مناقب ہیں۔ آپکی غزلوں کا مجموعہ زیرِ ترتیب ہے اور جلد منظر عام پر آنے والا ہے۔
آپ کے چند اشعار ملاحظہ فرمائیں۔

میری اڑان ناپنے والوں سے یہ کہو
میں آسماں کے وسط میں بے بال و پر بھی تھا
رسّی پہ چل رہا تھا توازن بچا کے میں
پچھلے قدم پہ خوش تھا تو اگلے کا ڈر بھی تھا

❖❖❖

کوئی خیال کوئی بات حسب حال نہیں
سوال یہ ہے یہاں کیوں کوئی سوال نہیں
یقین کیسے دلاؤں میں اپنے لوگوں کو
مرا عروج کسی اور کا زوال نہیں
ہوا کے سامنے رکھ کر سنبھالنا سیکھو
فقط چراغ جلانا کوئی کمال نہیں

❖❖❖

بالآخر انقلاب آنے لگے ہیں
سوالوں کے جواب آنے لگے ہیں
اگر ہاتھوں میں کانٹے چبھ رہے ہوں
تو مطلب ہے گلاب آنے لگے ہیں

ابھی تعبیر کے قصے نہ چھیڑو
بڑی مشکل سے خواب آنے لگے ہیں

تسنیم عابدی

تسنیم عابدی کا تعلق کراچی سے ہے اور آپنے وہیں تعلیم وتربیت پائی۔تقریباً پینتیس برس ابوظہبی میں مقیم رہیں۔امارات میں قیام کے دوران ابوظہبی کالج میں اردو تدریس سے منسلک رہیں اور حلقہ ارباب ذوق کی سرگرمیوں میں شامل رہیں۔آپکے مجموعہ کلام جومنظر عام پر آچکے ہیں ان کے نام ہیں "صحرا"،" آنکھیں اور تنہائی"،"تماشا"،" چراغ بصیرت" (نعتوں اور منقبت کا مجموعہ)اور" ردائے ہجر" جو حال ہی میں شائع ہوا ہے۔آپ گزشتہ 23 برس سے ہیوسٹن امریکا میں مقیم ہیں اور اردو تدریس میں مشغول ہیں۔

آپنے افسانہ نگاری بھی کی اور اخبار میں کالم بھی لکھے۔دبئی میں ہونے والے سلیم جعفری مرحوم کے عالمی مشاعروں میں بھی شمولیت اختیار کی۔ظہور السلام جاوید کے ابوظہبی کے عالمی مشاعروں میں اکثر شرکت کی۔

تسنیم عابدی کا کچھ کلام ملاحظہ کیجیے۔

قافلہ شام کا کیا نکلا
نوکِ نیزہ پر سویرا نکلا
بولیں زینب تو یہ معلوم ہوا

پورا دربار ہی گونگا نکلا
کوئی پیغام نہ وہ پڑھ پایا
حاکمِ وقت تو اندھا نکلا
پہرے پانی پر بٹھانے والو
تشنہ لب جو تھا وہ دریا نکلا
کربلا والوں کی غربت دیکھو
لاش اُٹھی نہ جنازہ نکلا

❖❖❖

بے یقیں وصل کے لہجے میں تھی فرقت فرقت
میں نے اک شب کے لیے مانگ لی مہلت مہلت
تو تھا آباد میرے دل کے نہاں خانے میں
ڈھونڈتی ہے تجھے اب بھی میری خلوت خلوت
ہر کوئی کھوئے ہوے پیاروں کو دیتا تھا صدا
دل وحشی نے صدا دی میری وحشت وحشت
ریزہ ریزہ ہوا یوں عکس نہ پہچانا گیا
آئینے خانے کی ہر آنکھ تھی حیرت حیرت
ابھی کچھ دیر کو ستانے کو ڈالا تھا پڑاؤ
گردِ راہ یاد دلانے لگی ہجرت ہجرت

خاک چھانی تو کہیں جا کے ملا دشتِ وصال
آہوئے رم تیری فریاد کی شدت شدت

❖❖❖

تسنیم عابدی کے تازہ مجموعہ" ردائے ہجر" پر اپنے تاثرات بیان کرتے ہوئے معروف شاعر خورشید رضوی لکھتے ہیں۔

اوراب یہ تازہ مجموعہ جو غزل اور نظم دونوں سے تسنیم عابدی کے یکساں شغف کا پتا دیتا ہے۔ انھیں ان دونوں اصناف کے مزاج اور تقاضوں کا بخوبی اندازہ ہے۔ چناں چہ نظموں میں ان کا لہجہ واشگاف ہے جب کہ غزلیں رمز وایما کا رنگ لیے ہوئے ہیں۔"

استاد شاعر اور ادیب نصیر ترابی مرحوم" ردائے ہجر" پر اپنے خیالات بیان کرتے ہوئے لکھتے ہیں۔

"ردائے ہجر کی پردگی میں تسنیم نے اپنی روحانی ریاضتوں کو خاصا فروغ فراہم کیا ہے۔ فعلاً تسلیم کو ہجر کی صحبتوں میں اب خوش باش رہنے کی عادت سی پڑ گئی ہے اور وہ تنہائی کی گرانی پر قدرے آسانی سے قابو پانے کا ہنر بھی سیکھ گئی ہے۔

تسنیم عابدی کا ایک شعر ملاحظہ ہو۔

مرے چارہ گر تجھے کیا خبر، جو عذاب ہجر و وصال ہے
یہ دریدہ تن یہ دریدہ من تری چاہتوں کا کمال ہے"

صبیحہ صبا

صبیحہ صبا ایک معروف شاعرہ اور ادیبہ ہیں جو فی الحال کراچی میں مقیم ہیں، ایک طویل

مدت، ابوظبی، متحدہ عرب امارات میں مقیم رہیں۔ اجداد کا وطن میرٹھ تھا جو تقسیم کے بعد کراچی آن بسے۔ یہ خانوادہ ایک ادب وعلم دوست خانوادہ مانا جاتا ہے۔ آپ ایک پختہ کار شاعرہ کی حیثیت سے اردو کے عالمی منظرنامے پر ایک نمایاں نام ہیں۔ آپکی کئی تصانیف منظر عام پر آئیں، جن کے نام "لفظوں کا شہر"، "تخیّل"، "تیری صدا آئی" اور "لفظ بنے تصویر" ہیں۔ علاوہ ازیں، آپنے اردو ادب کو فروغ دینے کے لئے دن رات کام کیا، اور آنے والے وقت کی ضروریات کے مدّنظر 2007-2008 میں اردو ادب کو ڈِجٹلائز کرنے کا آغاز کیا۔ اپنے شوہر اور معروف شاعر صغیر احمد جعفری کے ساتھ مل کر ایک ویب سائٹ تیّار کی جس پر نئے پرانے شعراء وادباء کے کام کو ڈجٹل شکل میں جمع کرنے کا کام شروع کیا جو اب بھی جاری ہے۔ اس ویب سائٹ کا پتہ www.urdumanzil.com ہے۔ متحدہ عرب امارات کے اردو ادب منظرنامے پر اس کاوش کے گہرے نقوش ملتے ہیں۔ فی الوقت بھی آپ کراچی میں رہ کر اردو ادب کی نمایاں خدمت انجام دے رہی ہیں۔

صبیحہ صبا کی دو غزلیں دیکھیئے۔

یہ دل کی داستان ہے کہ دل غلام کر دیا
عجیب لوگ آپ ہیں عجیب کام کر دیا
تمہاری یہ سخاوتیں تمہاری یہ عنایتیں
جو غم تمہارے پاس تھا ہمارے نام کر دیا
دلوں کا بھید کھل گیا تو پھر عجیب رنگ میں
دبی دبی سی بات کو کسی نے عام کر دیا

کسی کو سرخ رو کیا کسی کی بزم شوق میں
ذرا ذرا سی بات پر یہ اہتمام کر دیا
کبھی ہمیں برا لگا کبھی ہمیں بھلا لگا
ہمارے دل کی بات کو کسی نے عام کر دیا
اڑان خوب تر ہوئی جو پنچھیوں کی ڈار کی
تو گھیر گھار کر کسی نے زیر دام کر دیا

❖❖❖

اگر نہیں ہے اجازت سوال مت کرنا
اور اپنے دل میں زیادہ ملال مت کرنا
نہیں تھی کوئی خبر کیا ہے آس پاس مرے
میں اپنی سوچ میں گم تھی خیال مت کرنا
خوشی سے گزرے یہ سب کے لئے تو اچھا ہے
یہ زندگی ہے اسے بھی وبال مت کرنا
صبؔا جو آئے گی مشکل وہ حل بھی کر لیں گے
خود اپنے واسطے جینا محال مت کرنا

نجم الحسن رضوی

نجم الحسن رضوی کی پیدائش اعظم گڑھ میں ہوئی اور وہاں سے اپنے والدین کے ہمراہ ۳، ۴ برس کی عمر میں سکھر، حیدرآباد منتقل ہوئے۔ آپ نے 1979 میں متحدہ عرب امارات کے معروف انگریزی اخبار خلیج ٹائمس میں ملازمت اختیار کی اور متعدد عہدوں پر فائز رہے،

اور 2008 میں نائب ایڈیٹر کے عہدے سے رٹائر ہو کر اپنے آبائی وطن کراچی چلے گئے، بعد میں امریکہ میں مقیم ہوئے، 2017 میں ملکِ عدم کا سفر اختیار کیا۔نجم الحسن رضوی کا کارنامہ یہ ہے کہ وہ خود ایک معروف نثر نگار، افسانہ نگار، مقالہ نگار، کالم نگار اور مزاح نگار تو تھے ہی، انہوں نے خلیج ٹائمس کے ذریعہ امارات میں ہونے والی تمام چھوٹی بڑی تقاریب کی روداد غیر اردو داں طقبہ تک پہنچائی جس نے آنے والے وقت میں اردو کے لئے فضا ہموار کی۔انکی تصانیف میں ناول" مروی اور مرجینا"،افسانوں کے مجموعے،" چشم تماشہ"،" ہاتھ بیچنے والے"،" پر سے کا موسم"،" انٹرنیٹ کیفے"،" آکسیجن"،" اوپن سم سم" اور" دریا کا گھر" شامل ہیں۔

نجم الحسن رضوی کے فن پر کچھ مشاہیر کی تحریروں سے اقتباس نقل کئے جا رہے ہیں، ملاحظہ کیجئے:۔

آپ کی نہایت عمدہ کتاب انٹرنیٹ کیفے، میں نے بڑے انہماک اور شوق سے پڑھی ہے۔آپ کی بدولت اردو کہانی میں ایک وقوعی ماحول اور اس کے عین مطابق ایک نہایت خوش گوار مہاورے کا اثبات ہونے لگا ہے۔آپ بہت اچھی کہانی لکھتے ہیں۔واقعی بہت اچھی ۔۔۔جس کہانی کو بھی لیجیے آپ نے کہیں بھی اپنے آپ کو اس پر حاوی نہیں ہونے دیا بلکہ کہانی کی Native Genius نے ہی اس میں دم پھونکا ہے۔اسی مفہوم میں نئے نقادوں کا اصرار بے جا نہیں کہ کہانیاں خود آپ ہی اپنے آپ کو لکھتی ہیں۔ ۔جوگندر پال۔(ایک خط سے اقتباس)

نجم الحسن رضوی نے افسانے کی ہیت کو توڑے بغیر گہری معنویت اور اسلوب کی تازگی عطا کی ہے۔ان کے افسانوں کے جدید لفظیات کے اسلوب سے ہم آہنگ ہو کر ایک سحر انگیز فضا

جنم دیتی ہے۔ ۔پروفیسر خاور نقوی

ڈاکٹر عنبرین حسیب عنبر نجم الحسن رضوی کا" یادنامہ آواز پا" پر تبصرہ کرتے ہوئے لکھتی ہیں۔

نجم الحسن رضوی کی آواز پا کو پڑھ کر احساس ہوتا ہے خود نوشت زندگی کے اس سفر کی روداد کو کہتے ہیں جسے انسان نے اپنے پیروں سے نہیں بلکہ اپنے دل سے طے کیا ہو۔اس سفر میں زندگی، اس میں ملنے اور جدا ہونے والی شخصیات، حالات و واقعات، بدلتی ادبی، معاشرتی اور اخلاقی اقدار کو اپنی آنکھوں سے دیکھا ہو اور اپنے ذہن سے ان پر غور کیا ہو اور دل سے نتائج اخذ کیے ہوں۔ گویا انسان اپنی متاع عزیز کو اپنے عہد کی امانت سمجھتے ہوئے الفاظ کے پیکر میں ڈھال دیتا ہے اور پڑھنے والوں کو اپنی فکر و نظر میں شامل کر لیتا ہے۔

اسی میں وہ آگے لکھتی ہیں،

تعجب کی بات ہے کہ اتنے شعراء کے درمیان رہنے اور مشاعروں میں بہ صد شوق شرکت کرنے کے باوجود نجم الحسن رضوی خود کو شاعر سمجھنے کے خبط میں مبتلا نہیں ہوئے ورنہ یہ تو وبائے عام ہے۔شاید اس کا سبب یہ ہے کہ نجم الحسن "تخلص زدہ" ہونے کے مطلب سے بہ خوبی واقف ہیں۔ "آواز پا" کی ایک خاصیت رضوی صاحب کی ایجاد کردہ دل چسپ اصطلاحات بھی ہیں جیسے سکھر سحر، بانگ دراز نثرانہ عقیدت، شہرِ ممنوع، خفسانے، شا کی فاروقی، شہر ناتمام، بلوچیستان، توّہم سیکریٹری، افسانہ آباد، داستانِ درہم وغیرہ وغیرہ یقیناً یہ اصطلاحات جامع اور شائستہ ہیں۔ان اصطلاحات میں بھی رضوی صاحب کی بصیرت، ناقدانہ صلاحیت اور حس مزاح

کا بھرپور اظہار ہوتا ہے۔لیکن بسا اوقات رضوی صاحب جب سنجیدگی سے طنز کرتے ہیں تو قاری کے رونگٹے کھڑے ہونے لگتے ہیں۔مثلاً:" وہ زمانہ اور تھا۔اس وقت آدمی کوشش کر کے بھی آدھا جانور ہی بن پاتا تھا۔"

نجم الحسن رضوی کے افسانے" جل پری" سے ایک اقتباس ملاحظہ ہو۔۔

''بالکل یہی ہوا''، واجد نے کہا،''جیسے ہی رات کے بارہ بجے،ایک دھماکے کے ساتھ نئے سال کی خوش خبری آئی اور رنگ برنگے غبارے رنگین قمقموں کے ساتھ ہال میں جگمگائے، شیشے کے تالاب میں پانی میں ہلچل ہوئی اور پری چہرہ جل پری شفاف لہروں کو چیرتی ہوئی اوپر سے نیچے کی طرف سفر کرتی نظر آئی۔سنہرے بالوں نے جھلملاتے تاج کی صورت میں اس کے سر کو ڈھانپ رکھا تھا اور چھاتی سے پیروں تک سبز مخملیں غلاف نے جل پری کے دلکش روپ کو مکمل کر دیا تھا۔گورے گورے ہاتھ اسے تیرنے میں مدد دے رہے تھے اور چہرے، گردن اور سینے کے بالائی حصے پر جیسے صبح کی روشنی پھیلی ہوئی تھی''۔مسعود نے گہرا سانس لیا۔''یار تم نے ایسا بھرپور نقش کھینچا ہے جل پری کا کہ مجھے افسوس ہو رہا ہے کہ میں اس آبی حسینہ کی زیارت سے محروم رہا مگر سوچنے کی بات یہ ہے کہ اسے رئیس اللہ کی کون سی خوبی پسند آئی جو وہ اس مسخرے کے ساتھ شادی کرنے پر تیار ہو گئی'' ''اب یہ بات ایسی ہے جس کا جواب وہ خود دے سکتا ہے، ویسے اطلاع کے لیے عرض ہے کہ موصوف تھوڑی دیر میں ہم لوگوں سے شادی کی مبارکباد وصول کرنے یہاں آنے والے ہیں''۔واجد نے کہا۔

اچانک تنویر نے جو پورے وقت ان کے پاس بیٹھا خاموشی سے انکی باتیں سن رہا تھا

کھڑکی سے باہر جھانک کے کہا ’’آنے والے نہیں، وہ آ گئے ہیں، باہر اپنی کار پارک کر رہے ہیں!‘‘ چند لمحوں بعد رئیس اللہ اسی شان سے اندر داخل ہوئے۔ اٹنگی پتلون اور دائیں ہاتھ میں لال دستانہ۔ تنویر اور مسعود نے کھڑے ہو کے ہاتھ ملایا مگر واجد نے کہا، ’’پہلے یہ منحوس دستانہ اتارو جو نامحرم لڑکیوں کے پنجوں کی پیمائش میں تمہارے کام آتا ہے‘‘۔

رئیس اللہ نے زوردار قہقہہ لگایا ’’مجھے نہیں پتہ تھا کہ تم بھی خود کو نامحرم لڑکیوں میں شمار کرتے ہو، خیر یہ اب کسی کام کا نہیں!‘‘ اس نے دستانہ اتار کے قریب رکھے کوڑے کے ڈبے میں اچھال دیا۔ ’’ارے یہ کیا غضب کیا میرے ہیرو، ابھی تو نجانے کتنی اور حسینائیں تمہاری پنجہ آزمائی کی منتظر ہوں گی!‘‘ واجد بولا۔

’’نہیں یار وہ اب بدل گیا ہے، اسے جل پری مل گئی باقی اسے کیا چاہیے، پرانے سب کھیل ختم، کیوں؟‘‘ مسعود نے سوالیہ نظروں سے رئیس اللہ کو دیکھا۔ ’’اور ہاں آج تم مسجد میں نہیں آئے‘‘۔

اطہر عباسی

اطہر عباسی جن کے آباؤ اجداد کا وطن امروہہ تھا اور وہ تقسیم کے بعد کراچی منتقل ہو گئے تھے، امارت میں 1975 سے 1987 تک رہے اور پھر سعودی عرب منتقل ہو گئے۔ بزم ادب متحدہ عرب امارات میں قائم ہونے والی پہلی اردو ادبی انجمن تھی جسکے آپ بانیوں میں شامل تھے، اس انجمن کے زیرِ اہتمام 1981 میں دبئی اور ابوظبی میں عالمی مشاعرے برپا کیئے گئے جو دور حاضر میں ہونے والے مشاعروں کی جڑوں کی حیثیت رکھتے ہیں۔ متحدہ عرب امارات سے

روزنامہ جنگ کراچی میں متحدہ عرب امارات کی ادبی ڈائری تحریر کی۔ 2007 سے تاحال مرکزی صدر کی حیثیت سے عالمی اردو مرکز سعودی عرب سے وابستہ ہیں اور اردو زبان وادب کے فروغ کے لئے کارفرما ہیں۔

آپکے کُتب اور جرائد پر ایک نظر ڈالی جائے توہمیں معلوم ہوگا کہ آپنے سرشار صدیقی کے شعرِ عقیدت پر اہلِ علم کے تاثرات ''توثیق'' کے نام سے ترتیب دیئے۔ کتابی سلسلہ نعت رنگ میں سعودی عرب کی نمائندگی کے ساتھ ساتھ نعت ریسرچ سینٹر کے زیرِ اہتمام شائع ہونے والی کُتب کی ترتیب واشاعت میں بھی معاون کی حیثیت سے وابستہ ہیں۔سرشار صدیقی کی زندگی اور شاعری پر انتخاب ''شفاف آدمی'' کے نام سے ترتیب دیا۔ کتابوں کی رونمائی کی تاریخی دستاویز ''کتاب نما'' کے نام سے ترتیب دی۔ ڈاکٹر اوصاف احمد کی بیسویں صدی کی اردو شاعری کے انتخاب میں بھی انکی غزلیں شامل ہیں۔بیسویں صدی، محفل، فنون، سیپ، جامِ جم، نعت رنگ اور دیگر ادبی رسائل میں کلام شائع ہوتا رہا ہے۔حمدِ ربِ جلیل کے 3 مجموعے، "لم یلد ولم یولد"، " رنگِ ثنا" اور "توخیالوں کو بھی تصویر عطا کرتا ہے" نعتیہ مجموعہ ''ایک سائباں اپنا'' اور غزلوں کا مجموعہ ''آتشِ احساس'' کے نام سے زیرِ ترتیب ہے۔

آیئے عباسی صاحب کا کلام ملاحظہ کیجئے۔

نعتِ نبی ﷺ

عطا کیا مرے رب نے قرار کا موسم
سدا بہار نبی ﷺ کے دیار کا موسم

مدینہ شہر پہ بارانِ رحمتوں کا نزول
محبتوں کی عطا اور پیار کا موسم
دکھا رہا ہے وہ جلوہ احد کے دامن میں
حصارِ نور بنا انتظار کا موسم
درود صلی اللہ علیہ وآلہ وسلم پڑھتے رہے اور گلاب کھلتے رہے
گلاب رنگ ہوا ریگزار کا موسم
وہ غارِ یار جہاں پر بھی ہمنشیں ٹھہرے
وہیں ہے لالہ و گل کوئے یار کا موسم
گلاب چشم مدینہ گلابی آنکھوں میں
سدا بہار رہے انتظار کا موسم
میں منتظر ہوں اذانِ بلال کا اطہر
نکھار تی ہے جو لیل و نہار کا موسم

مزید کچھ کلام۔

وفورِ ظلمتِ غم سے نجات پانے کو
پکارو چودہ صدی قبل کے زمانے کو
ریاضِ پاک کی دلکش فضا مبارک ہو
چمن پہ صدقے اتار آئے آشیانے کو

❖❖❖

شعلہ بلند ہو تو سہی دل کے داغ کا
جل جائے گا دماغ ہر اہلِ فراغ کا
ناکامیاں ہیں خضرِ رہِ علم دوستوں
یہ کیا کہا کہ عشق خلل ہے دماغ کا

❖❖❖

راہِ الفت میں کوئی نغمہ سرائی نا کرے
راہِ الفت میں جُنوں آبلہ پا بیٹھا ہے

❖❖❖

دھوپ کی داستاں رقم کرنے
چھاؤں آئی نہ اک شجر آیا
کیسے رکھتا میں اس کو پوشیدہ
میرے لہجے میں جب اتر آیا

صغیر احمد جعفری

آپکا پورا نام سید صغیر احمد جعفری ہے۔آپ امارات میں بطور انجینئر ایک طویل عرصے تک کام کرتے رہے اور ابوظبی میں مقیم رہے۔آپکا تعلق اس خاندان سے جس کے اجداد برٹیش انڈیا کی ایک ریاست راجپوتانا میں بستے تھے، جسے اب راجستھان کہتے ہیں ۔ یہ خاندان تقسیمِ ہند کے بعد کراچی آبسا۔آ پکی پیدائش کراچی میں ہوئی اور وہیں تعلم وتربیت پائی۔امارات میں قیام کے دوران آپنے اور آ پکی زوجہ محترمہ صبیحہ صبا نے مل اردو ادب کے لئے کارہائے نمایا انجام

دئے، جن میں سے اردو ادب کو ڈِجٹل شکل میں انٹرنیٹ پر محفوظ کرنا شامل ہے۔www.urdumanzil.com کا ذکر محترمہ صبیحہ صبا کی کارکردگی کے ضمن میں پہلے آچکا ہے۔ علاوہ ازیں، صغیر صاحب کو یہاں بابائے تقریب کے نام سے بھی جانا جاتا تھا۔ آپ صرف ادب ہی نہیں، سماجی سرگرمیوں میں بھی شامل رہتے ہیں، اب آپ کراچی میں مقیم ہیں اور وہاں ادبی اور سماجی سرگرمیوں میں مصروف ہیں۔ آپ دنیا میں مستقل امن کے لئے کوشاں ہیں۔ پیشتر اسکے کہ ہم کچھ کلام پڑھیں، انکے اور انکے کلام کے بارے میں کچھ بڑی شخصیات کے تاثرات پر نظر ڈال لیتے ہیں۔

شہزاد احمد شہزاد لکھتے ہیں "سید صغیر احمد جعفری کو کلاسکی انداز پسند ہے۔ انہوں نے اپنی غزل میں جس روایت کا اتباع کیا ہے اسے حسرت موہانی کی روایت کہا جاسکتا ہے۔ حسرت موہانی اس لحاظ سے بہت اہم شاعر ہیں کہ ان کے ہاں اردو غزل کی پوری روایت کی جھلکیاں جا بجا ملتی ہیں۔ ان کا ایک عکس صغیر جعفری کی غزلوں میں بھی دیکھا جاسکتا ہے۔ البتہ دنیا اور دوستوں کا موضوع صغیر جعفری کا خاص موضوع ہے وہ صاف اور سادہ زبان میں اپنے جذبات کو بیان کرتے ہیں۔ اور یہی ان کا طرز خاص ہے۔ وہ اپنی مخصوص موضوعات پر اظہار کی پوری قدرت رکھتے ہیں۔

دل ہے سرگرداں دیار غیر میں
اس مسافر کو ٹھکانہ چاہیے
یار کا جانا نہ دیکھا جائے گا

اس لئے اس کو نہ جانا چاہیے"

حسن رضوی لکھتے ہیں کہ" صغیر جعفری متنوع شخصیت کے حامل ہیں وہ یو اے ای میں اردو ادب کے فروغ کے لئے جو خدمات سرانجام دے رہے ہیں اس کے سبب انہیں بابائے تقریبات کے نام سے یاد کیا جاتا ہے۔ان کی شاعری روایتی انداز اور شاعری کے جدید رویوں سے عبارت ہے۔وہ بنیادی طور پر ایک روایتی شاعر ہیں۔لیکن شاعری کے مروجہ رویوں سے بھی بخوبی آگاہ ہیں۔غزل ان کا خاص میدان ہے جبکہ انکی نظمیں بھی ہماری سماجی اور تہذیبی اقدار کی مہکاروں کا احساس دلاتی ہیں۔صغیر جعفری کی غزل میں اداسی، غم، دکھ اور درد جیسی کیفیات کے ساتھ ہجرت کے کرب کو بھی محسوس کیا جاسکتا ہے۔ان کی شاعری میں اپنے وطن کی مٹی کی باس بھی ہے اور دیارِ غیر میں رہتے ہوئے روشن دنوں کی آس بھی۔

صغیر جعفری کی کچھ غزلیں ملاحظہ کیجئے:۔

پڑھو مجھکو کہ میں اک داستاں ہوں
میں ہریالی میں صحرا کا بیاں ہوں
ہوں اپنے رنگ میں جینے کا عادی
میں اپنی ذات میں اک داستاں ہوں
نہیں میں دوستوں کا ذکر کرتا
میں اپنے دشمنوں پر مہرباں ہوں
میں ہارونگا نہیں تم دیکھ لینا
اسی اک سوچ میں تو میں جواں ہوں

میں ہوں سرشار اس لطف و کرم سے
میں اپنے دیس کا اک ترجماں ہوں

❖❖❖

اپنے دل کو گلاب کر بیٹھا
جب ترا انتخاب کر بیٹھا
اک نئی سوچ کے سفر پہ چلا
دور سارے عذاب کر بیٹھا
یہ جو شاہ کار ہیں محبت کے
اپنے دل کا نصاب کر بیٹھا
رنگ پھولوں کا اڑ گیا شاید
جو میں ذکرِ شباب کر بیٹھا
جو نگاہوں سے چھپ کے بیٹھا تھا
میں اسے بے نقاب کر بیٹھا
کون اپنا ہے کیا پرایا ہے
ہائے یہ کیا حساب کر بیٹھا

محمد ظہیر بدر

محمد ظہیر بدر 1994 سے 2015 تک امارات میں مقیم رہے۔ ۱۹۵۸ میں لاہور میں پیدا ہوئے۔ بی۔ کام اور ایم۔ کام کرنے کے بعد اردو ادب کی طرف رخ کیا اور ایم اے اردو

اور ایم فل اردو کی ڈگری حاصل کی۔انہوں نے اپنا پہلا افسانہ ۱۹۷۵ء میں لکھا جس کا عنوان تھا" اور نازو بھاگ گئی" ۔انہوں نے اپنی عملی زندگی کا آغاز ایف سی کالج میں بطور لیکچرار کیا۔اور وہاں شعبہ اردو سے وابستہ ہوئے۔ بعد ازاں متحدہ عرب امارات منتقل ہوئے اور یہاں مختلف تعلیمی اور تحقیقی اداروں سے وابستہ رہے جن میں شیخ راشد المکتوم اسکول، دبئی ، انگلش لینگوئج اسکول(English Language School)، پاکستان ایجوکیشن اکیڈمی، دبئی جیسے اہم ادارے شامل ہیں۔ان اداروں میں صدر شعبہ اردو کی حیثیت سے وہ علمی وادبی خدمات انجام دیتے رہے۔وطن واپسی پر وہ مجلس ادب لاہور سے وابستہ ہوئے آج کل وہ اسی ادارے میں ریسرچ اسکالر کی حیثیت سے کام کر رہے ہیں۔ وہ شاعر بھی ہیں، کالم نگار اور نقاد بھی۔ تحقیق وتدوین کے حوالے سے ان کا نام موثر ادبی محفلوں میں اپنی نمایاں پہچان رکھتا ہے۔ناول نگاری کے ضمن میں ان کے ناول" محبتیں ادھوری سی" اپنے موضوعات اور اسلوب کے حوالے سے خصوصی مطالعے کے متقاضی ہیں۔آپکے افسانے متعدد ادبی رسائل اور جریدوں میں شائع ہوتے رہتے ہیں۔آپکی تصنیفات جواب تک منظر عام پر آچکی ہیں،وہ مندرجہ ذیل ہیں۔

واصف علی واصف۔احوال اور آثار

نابغۂ عصر۔واصف علی واصف

احمد بشر۔فن اور شخصیت

مردانِ کہسار صحرۂ عرب میں

محبتیں ادھوری سی (ناول)

آپکا شعری مجموعہ" سانس زندہ رہتے ہیں" کے نام سے زیر طبع ہے

معروف افسانہ نگار اور ناول نگار محمد حمید شاہد، ظہیر بدر کے ناول "محبتیں ادھوری سی" پر اپنے طویل تبصرے کو سمیٹتے ہوئے یوں لکھتے ہیں۔

آخر میں مجھے کہنے دیجئے کہ یہ ادھوری محبتوں کی کہانی ہونے کے ساتھ ساتھ ہماری قومی زندگی کے زوال کا نوحہ بھی ہے۔ ایسے اسلوب میں لکھا گیا نوحہ جس میں متعین مطالب کہیں بھی سطروں سے بے وفائی نہیں کرتے۔ کردار اپنی اپنی الگ سے شباہت بناتے اور پوری قامت پاتے ہیں۔ واقعات میں بہاؤ ہے یہ بولتے ہوئے ہیں اور ان میں کہیں اکھاڑ پچھاڑ نہیں ہوتی۔ زمانی ترتیب آخر تک اپنی متعین ڈھج پر رہتی ہے۔ ہماری زندگیوں میں اندر تک دخیل ہونے والی محبت اور سیاست کو اس ناول میں بڑی ہوشیاری سے برتا گیا ہے۔ اسی تجزیاتی برتے پر مجھے اپنے اس یقین کا اظہار بھی کر لینے دیجئے کہ صاحب! ظہیر بدر کے اس ناول کو بہت قاری میسر آئیں گے۔"

ظہیر بدر شاعری سے کچھ کلام ملاحظہ فرمایئے۔

محبت تشنہ کامی ہے
یہ کار رائیگانی ہے
فروغ آرزو مندی
اساس زندگانی ہے
وفا جھانسا محبت کا

جفا اصل کہانی ہے
تڑپ مثلِ جہاں بانی
سکوں دنیائے فانی ہے
ملی رسوائیاں پیہم
کہ دل کی بات مانی ہے
حسینی غم کا سرمایہ
یہ حیات جاودانی ہے
نہیں مہتاب پر گھاؤ
یہ دلبر کی نشانی ہے

❖❖❖

زندگی بھر کا رابطہ رکھا
اس نے پل پل مرا پتا رکھا
ایک بے نام سے تعلق کا
اس نے عنوان آشنا رکھا
قربتیں اس قدر میسر تھیں
سخت مشکل تھا فاصلہ رکھا
اس نے خود کو میرے سپرد کیا
میں نے خود کو بچا بچا رکھا

مجھ پہ طاری رہا حیا کا عذاب
اس نے ہر راستہ کھلا رکھا

❖❖❖

آپکے ناول" محبتیں ادھوری سی" سے ایک اقتباس۔

گھر پہنچا۔گھر بیٹھے بیٹھے اسے اچانک نائل یاد آ گئی۔۔ابھی تک تجسس موجود تھا کہ اسے گردہ دان کرنے والا دانی کون ہے۔اس لئے وہ اپنی فراغت کا فائدہ اٹھا کر میو ہسپتال کی طرف چل پڑا۔ہسپتال پہنچا تو نائل کے بارے میں پتہ چلا کہ ڈے آف ہے شام کو آئے گی۔ ہاسٹل میں وہ جانا نہیں چاہتا تھا۔اس وقت کوئی چار بجے کا وقت تھا۔ابھی اس کی شفٹ شروع ہونے میں دو گھنٹے باقی تھے۔چنانچہ وقت گزارنے کے لئے وہ انارکلی بازار میں چلا آیا۔حکومت اور اپوزیشن کے درمیان مذاکرات چل رہے تھے اس لئے ملکی حالات میں کچھ بہتری آ رہی تھی۔ ہڑتالوں کا سلسلہ رک گیا تھا البتہ احتجاجی مظاہرے اب بھی جاری تھے۔ہر روز ہر شہر میں کسی نہ کسی مسجد کے باہر مقامی قیادت گرفتاری پیش کرتی اور پتھراؤ اور معمولی لاٹھی چارج کے بعد آج کی کارروائی ختم ہو جاتی۔یہی وجہ تھی کہ بازاروں کی رونق لوٹ آئی تھی اور مشتری اور بائع دونوں اس لئے خرید و فرخت میں سرگرم تھے کہ نجانے فریقین کے درمیان کوئی معاہدہ ہو نہ ہو اور مبادہ پھر ہڑتالوں کا سلسلہ شروع ہو جائے، چنانچہ جب وہ ایبک روڈ سے گزر کر انارکلی بازار میں داخل ہوا تو کھوے سے کھوا چھل رہا تھا۔اسی اثنا میں اس کی نائل سے مڈبھیڑ ہوگئی وہ بھی کچھ خریداری کر کے ہاسٹل کو لوٹ رہی تھی۔اس کے دونوں ہاتھوں میں خریدی ہوئی اشیاء کے لفافے تھے۔یوں

اچانک نوازش کو سامنے پا کر وہ دم بخود رہ گئی۔ سلام دعا اور ایک دوسرے کی خیریت پوچھنے کے بعد چلتے چلتے نوازش نے اپنی آمد اور اسے ڈھونڈنے کا مقصد بیان کیا۔نائل نے پہلے تو کچھ پس و پیش کی مگر جب نوازش کا اصرار بڑھا تو اس نے پیچھا چھڑانے کے لئے کہہ دیا کہ وہ جس نے گردہ عطیہ کیا ہے وہ ان دنوں پاکستان میں نہیں ہے۔اور نوازش سے اس کا فون نمبر لے کر اسے یقین دلایا کہ جب بھی اس کا رابطہ نوازش کے محسن سے ہوا وہ اسے ضرور مطلع کرے گی اور ساتھ ہی ساتھ اسے نوازش کی ملنے کی خواہش سے بھی آگاہ کر دے گی۔ باتیں کرتے کرتے وہ لیڈی مکلیکن ہسپتال کے پاس نرسز ہاسٹل پہنچ گئے۔ یہاں پر نائل کو خدا حافظ کہا اور گھر واپس آ گیا۔

سحر تاب رومانی

آپکا حقیقی نام محمد نعیم اور قلمی نام سحر تابؔ رومانی ہے اور آپکا تعلق خیر پور سندھ سے ہے، آپکی تعلیم سکھر اور خیر پور میں ہی مکمل ہوئی ، بعد میں کراچی میں سکونت اختیار کی۔ پیشے سے آپ انجینئر ہیں۔ 2001 سے 2015 تک روزگار کے سلسلے میں امارات کی ریاست دبئی میں مقیم رہے اور ادبی تقاریب میں شامل ہوتے رہے۔آپکی شاعری کا باقائدہ آغاز 1984 / 1985 میں ہوا۔شعر گوئی کے علاوہ آپکے مضامین ،تبصرے وغیرہ اہم اخبارات اور رسائل میں شائع ہوتے رہے ہیں ۔فی الوقت آپ کراچی میں مقیم ہیں۔آپکے کئی شعری مجموعہ منظر عام پر آ چکے ہیں اور اپنے حصے کی پزیرائی حاصل کر چکے ہیں۔انکے شعری مجموعوں کے نام اس طرح ہیں،" آتش دان میں خواب"،" گفتگو ہونے کے بعد"ممکن، زندگی کے چاک پر"،" دھوپ کے پار"،" شیشہ"۔

سحر تاب رومانی کے کچھ اشعار ملاحظہ کیجئے:۔

بات کی جب عشق نے تہذیب کی
تیرے غم میں روز اک تقریب کی

❖❖❖

شاعری میں نئی جہت رکھی
میں نے اپنی الگ لغت رکھی

آپکی غزلیں ملاحظہ ہو:۔

شور باہر مِرے مچا ہُوا تھا
اور میں خود میں کہیں چُھپا ہُوا تھا
زیست لٹکی ہُوئی تھی سُولی پر
ڈھونگ تہذیب کا رچا ہُوا تھا
باغ میں آگ بھی لگی ہُوئی تھی
آگ میں پھول بھی کِھلا ہُوا تھا
سامنے آگئی تھی بند گلی
ایک رستہ مگر بچا ہُوا تھا
اُسکے سارے چراغ روشن تھے
میں ستارہ تھا اور بجھا ہُوا تھا

❖❖❖

رات کا سایا مرے آنگن پہ تھا
میں کسی مہتاب کے مدفن پہ تھا
مانگتا میں کس سے اپنا خوں بہا
خون میرا تو مِری گردن پہ تھا
چاہتا تھا میں اُسے دیوانہ وار
ناز مجھ کو اپنے پاگل پن پہ تھا
اک مہک تھی صبح کمرے میں مرے
پھول بھی رکھا ہُوا روزن پہ تھا
ریل کے اندر مسافر تھے نہیں
شور اک ویران اسٹیشن پہ تھا

منور عزیز

منور عزیز جنکا تعلق چکوال سے ہے۔ایک محترم پادری گھرانے میں پیدا ہوئے۔ 1981 سے 1989 تک امارات میں رہے،یعنی امارات میں اردو ادب کی منظر نامے کے بیچ سے کلّے پھوٹتے وقت آپ امارات میں مقیم تھے۔فی الوقت کنیڈا میں مقیم ہیں۔آپکی شاعری اہم رسائل اور جریدوں میں شائع ہوتی رہتی ہے۔آپکا شعری مجموعہ "اے ساعت رواں" جلد ہی منظر عام پر آنے والا ہے۔آپکی شخصیت کے بارے میں معروف مزاح نگار کبیر خان اپنی کتاب چاند چہرے" میں لکھتے ہیں،"مشاعرے میں منور عزیز کو سنا تو حیرتوں میں مزید اضافہ ہوا۔ان کا کلام ان سے زیادہ جدید،تازہ اور پختہ نکلا۔بڑے بڑے کنجوس کھل کر داد دے رہے تھے۔

پڑھا لکھا ہونے کے علاوہ انہیں پڑھا لکھا ہونے کا زعم بھی ہے اس لیے عموماً سوٹ پہنتے ہیں، سوٹ پہن کر جا رہے ہوں تو لگتا ہے گرجے جا رہے ہیں شلوار قمیص میں آ رہے ہوں تو لگتا ہے جمعہ پڑھ کر آ رہے ہیں۔ کرسچین انہیں مسلمان اور مسلمان نہیں کرسچین سمجھتے ہیں۔ ہندو اور سکھ نجانے کیا سمجھتے ہیں کہ وہ ان میں بھی یکساں طور پر مقبول ہیں۔" آپکے تخلیقی سفر کا آغاز احمد ندیم قاسمی کے جریدے فنون سے ہوا۔

آیئے منور عزیز کے کلام سے لطف اندوز ہوتے ہیں:۔

چاک پر رکھا ہوا بنتا بگڑتا رہ گیا
میں پسِ چشمِ تحیّر تھا تماشا رہ گیا
آنکھ کھلتے ہی اُمڈ آئی ہے کتنی تیرگی
دیکھتے ہی دیکھتے سورج ستارا رہ گیا
شام کی اندھی گلی میں بھیڑ گُم ہوتی گئی
آہٹیں چنتا ہوا رستہ اکیلا رہ گیا
نقش سب کجلا گئے ہیں عکس سب دھندلا گئے
آئینہ بھی آئینہ گر سے الجھتا رہ گیا
سر پھری آندھی نے آخر کر دیا قصہ تمام
میں چراغوں کی لوؤں پر ہاتھ رکھتا رہ گیا

❖❖❖

لبوں پر حرفِ نشاط سانسوں میں سسکیاں ہیں
یہ چاند تارے بکھرتے سورج کی کرچیاں ہیں

گرفتہ حالوں کی کھڑکیاں ہیں گلی کی جانب
اسی گلی میں شریر بچوں کی ٹولیاں ہیں
اِدھر اُدھر ہر کہیں کھڑے خوف کے سپاہی
نظر پڑے جس طرف وہیں سرخ بتیاں ہیں
بنی بنائی تمام صبحیں تمام شامیں
سنی سنائی نئی پرانی کہانیاں ہیں
کھٹک رہا ہے مجھے مرا خوش خیال ہونا
یہاں ہنر کی، ہنروروں کی بھی بولیاں ہیں
اُسی طرح پرتپاک ہے درد کا زمانہ
وہی مرے غم گسار کی غم گساریاں ہیں
رسائی ملتی نہیں دلِ خاص تک منورؔ
محل سرا میں تو سینکڑوں راہداریاں ہیں

❖❖❖

کب کے چھلکے ہوئے آنسو بھی سنبھالے ہوئے ہیں
یہ وہ خودسر ہیں جو سب گھر سے نکالے ہوئے ہیں
کششِ جان و جہاں بھی ہے کشاکش اب تو
پھر بھی اک راہ تری سمت نکالے ہوئے ہیں
قریۂ ہجر سے ہجرت بھی نہیں ہے ممکن
موم کے جسم ہیں آتش کے حوالے ہوئے ہیں
سب تری موج پہ ہے موجِ بلا اوج پہ ہے

ڈوبتے وقت بھی ہم دیکھنے والے ہوئے ہیں
ایک کوندا سا لپکتا ہے کہیں سوچوں میں
بے سبب تو نہیں آنکھوں کو اجالے ہوئے ہیں
آ مرے پاس کبھی بیٹھ مرا سوگ منا
روگ جو مجھ کو لگے ہیں مرے پالے ہوئے ہیں
زندگی ریت کا دریا ہے منوّر اور ہم
ابر کی آس میں ہیں ناؤ بھی ڈالے ہوئے ہیں

شاہ زمان کوثر

آپکا اصل نام شاہ زمان اور قلمی نام شاہ زمان کوثرؔ ہے۔آپکا کا تعلق کوہاٹ سے ہے، وہی احمد فراز والا کوہاٹ۔آپکی تعلیم و تربیت کوہاٹ میں ہوئی۔سنہ 1981 میں امارات کا رُخ کیا تب یہاں اردو ادب کی سرگرمیاں اپنے ابتدائی مرحلے میں تھیں۔امارات کی ریاست دبئ میں محکمہ صحت سے وابستہ رہے۔سنہ 2011 میں اپنے آبائی وطن کوہاٹ لوٹنے تک آپ امارات ہونے والی مقامی اور بین الاقوامی اردو ادب کی تقاریب میں بھرپور شرکت کرتے رہے۔آپکا شعری مجموعہ زیرِ طباعت ہے جو جلد منظرِ عام پر آئیگا۔

شاہ زمان کوثرؔ کے چند اشعار ملاحظہ فرمایئے۔

موسم گل سے عداوت بھی تو کر سکتے ہیں
ہم ترے شہر سے ہجرت بھی تو کر سکتے ہیں
کیا ضروری ہے خیالات کی بیعت کرنا؟
ہم خیالوں سے بغاوت بھی تو کر سکتے ہیں

آئینے جھوٹ نہیں بولتے لیکن صاحب
آپ جیسوں سے مروت بھی تو کر سکتے ہیں

❖❖❖

سلسلے دشت کے اور ساتھ ہے ویرانی کا
میں نے رکھا ہے بھرم بے سروسامانی کا
اک تجسس ہے کہ آنکھوں سے لگا رہتا ہے
کوئی منظر ہی میسر نہیں حیرانی کا

❖❖❖

بچھا پاؤں میں کیسا راستہ ہے
سفر ہی مرحلہ در مرحلہ ہے
دکھاوا ہے مرے چہرے کی رونق
ہنسی میں بھی چھپا اک سانحہ ہے

❖❖❖

قصہ ء ماہ و سال کیا ہوگا
زندگی کا مآل کیا ہوگا
جس کو اپنی خبر نہیں کوئی
اس کو میرا خیال کیا ہوگا
اک خوشی بھی نہیں خوشی جیسی
اس سے بڑھ کر ملال کیا ہوگا

جو بنا تھا کبھی نہ ٹوٹا تھا
وہ تعلق بحال کیا ہوگا

❖❖❖

وقت کے چہرے پہ لکھی ہر کہانی دیکھنا
غم کو بھی محسوس کرنا شادمانی دیکھنا
اپنے دل کی بات کہہ دینا کسی سے دفعتاً
پھر لغاتِ فکر میں اس کے معانی دیکھنا

امجد اقبال امجد

آپکا اصل نام امجد اقبال اور قلمی نام امجد اقبال امجدؔ ہے۔ آپکا تعلق لاہور سے ہے۔ آپنے پنجاب یونیورسٹی سے تعلیم حاصل کی۔ آپ 2019 تک امارات کی ریاست شارجہ میں رہے۔ متحدہ عرب امارات میں ہونے والی ادبی اور سماجی سرگرمیوں میں پیش پیش رہے۔ فی الوقت اپنے آبائی وطن لاہور میں مقیم ہیں اور وہاں کی سیاسی سرگرمیوں میں بے حد فعال ہیں۔ آپکا ایک شعری مجموعہ منظر عام پر آچکا ہے۔

امجد اقبال امجد کی دو غزلیں ملاحظہ فرمائیں؛

لکھا ہے مقدر میں تو سہنا ہی پڑے گا
اب تم کو مرے ساتھ میں رہنا ہی پڑے گا
ہم راہ چلیں گے یوں ہی طوفان و تلاطم
دریا میں جو اترے ہیں تو بہنا ہی پڑے گا

کب تک دلِ بے چین پہ یوں جبر کرو گی
ہاں تم کو محبت ہے یہ کہنا ہی پڑے گا
گہنائے بنا رہ نہیں سکتے ہیں مہ و مہر
چندا ہو تو اک دن تمہیں گہنا ہی پڑے گا
جل جاتے ہیں لب حرف کی حدت سے بھی امجدؔ
اب حرفِ تمنا اسے کہنا ہی پڑے گا

❖❖❖

یوں ہی سنگ باری بھی ہوتی رہے گی
محبت کہانی بھی ہوتی رہے گی
تکوں گا یوں ہی رات بھر چاند کو میں
وفاؤں کی بازی بھی ہوتی رہے گی
اگر یاد کے پھول کھلتے رہیں گے
تو خوشبو کی مستی بھی ہوتی رہے گی
رہیں گے یونہی سلسلے پیار کے یہ
یوں ہی سنگ باری بھی ہوتی رہے گی
ہواؤں میں اڑ کر چلے آؤ تم بھی
مجھے بے قراری بھی ہوتی رہے گی

قمر نقوی بھوپالی

میراں سید حسن قمر نقوی بخاری یعنی نقشبند قمر نقوی بخاری یعنی قمر نقوی بھوپالی، شجرہ و

نسب سے شجرِ سادات کی حسینی شاخ کی غالباً چھتیسویں نسل کے فردِ منفرد ہیں۔ ادب کی کون سی ایسی صنف ہے جس میں اپنے کارہائے نمایاں انجام نہ دئے ہوں اور اپنے نقوش نہ چھوڑے ہوں۔ نظم ہو یا نثر۔ نظم کی مختلف اصناف، رباعی، قطاع، ثلاثی، غزل یا آزاد اور پابند نظمیں سب میں مہارت ، دوسری طرف نثر میں، ناول، افسانے، شکاریات، سرگزشت (کئی جلدوں میں)، علمِ عروض پر کتاب کے علاوہ دینیات پر بھی آپکی متعدد کتابیں منظرِ عام پر ہیں اور مشعلِ راہ بنی ہوئی ہیں۔ آپکی پیدائش بھوپال میں ہوئی، تقسیم ہند کے بعد آپ لاہور منتقل ہوئے اور وہاں سے ایران، متحدہ عرب امارات میں چند برس گزار کر 1986 میں امریکہ جا بسے۔ آپ 1980 سے 1986 تک متحدہ عرب امارات کی ریاست شارجہ اور العین میں مقیم رہے۔ آپنے ایک برس ابوظبی میں "ایمیریٹس نیوز" میں بطور نیوز اڈیٹر کام کیا۔ اردو ادب کی ترویج کے لحاظ سے امارات میں یہ وہ دور تھا جب یہ بیج پودے کی شکل لے رہا تھا۔ امارات میں آپکے قیام کے دوران آپ یہاں کے معروف ترین شاعر مانے جاتے تھے اور تقریباً ہر چھوٹے بڑے مشاعروں میں مدعو کئے جاتے تھے۔ گزشتہ 40 برس سے آپ امریکہ میں مقیم تھے اور 30 مارچ 2022 کو آخری سانس لینے تک اردو زبان و ادب اور انسانیت کی خدمت میں لگے رہے۔ آپکا سب سے بڑا کارنامہ یہ ہے کہ آپنے ہندوستان کی منظوم تاریخ "حماسہ" کے عنوان سے لکھی۔ جس میں انہوں نے 48 ہزار اشعار میں یہ تاریخ قلم بند کی جو 6 جلدوں میں شائع ہوئی۔ اس کتاب کو نوبل پرائز برائے ادب 2014 کے لئے بھی نامزد کیا گیا تھا۔

آپکی تصنیفات کی ایک طویل فہرست ہے ان میں سے چند نام یوں ہیں:۔" حماسہ"

(منظوم تاریخِ ہند)، اور گھنٹی بجتی رہی، راوی کنارے، راحلہ، مسافر، پر اسرار لفافہ، جلتے ہیں چراغ، چاند کی کہانی، یہ پھول خاموش تھا، ہمراہی، ہم اجنبی تو نہیں، میں مرنے پر مائل نہیں، جب موت ذبح کر دی گئی، منزل دور نہیں (ناول)، آٹھا آدم خور شیر، بالم پور آدم خور، گنڈولا کا آدم خور، شکار بیتی، شکارنامہ، شکارشاہکار، امریکہ میں شکار، خوفناک، خونخوار تیندوے (شکاریات)، چلتے ہو تو حج کو چلیے (سفرنامہ حج)، قران پاک مفصل تاریخ، تین عظیم فلسفی، صلیبی جنگیں (دینیات کی کتابیں)، کتاب الشعر (فنِ عروض پر کتاب)، پانچواں رویش (سرگزشت)۔

آپکے ایک ناول "یہ پھول خاموش تھا" سے ایک اقتباس:۔

لڑکیوں نے گھر کے اندر بڑی مستعدی کے ساتھ صفائی کی، شام کے انتظار میں دن سے ہی کام شروع کر دیا۔۔

پلنگ ذرا برابر کر دے اور ان پر دریاں بچھادیں، ایک پلنگ خالی تھا اس رکھیس ڈال دی، فرش پر جھاڑو دے کے کوڑا باہر نکال دیا، باورچی خانے میں بھی برتن بھانڈے قرینے سے جمادیے۔۔۔

ان کا گھر ہی کیا تھا، چھپّر کی چھت کا بنا ہوا ایک بڑا گھر تھا جس کے دو حصے تھے، ایک بڑا حصہ تھا، جس میں تین پلنگ پڑے تھے، ایک طرف گھڑونچی پر تین پانی کی مٹکیاں رکھی رہتی تھی، اس کے ساتھ دو چھوٹی چھوٹی تپائیاں پڑی رہتی تھیں۔

اس حصے کی جنوبی دیوار میں ایک کھڑکی تھی۔ کھڑکی کے ایک طرف گھروندا سا بنا تھا

جس میں دودھ کی بالٹیاں رکھی رہتی تھیں، ساتھ چھوٹا کمرہ تھا اس میں حسو اور لکھیری کے پلنگ تھے ، ایک طرف لکڑی کی گھڑونچی جیسی ذرا چوڑی چکلی شئے غلامو نے ہی بنادی تھی جس پر گھر بھر کے بستر، لحاف، گدے تکیئے اور جو چیز میں اضافی تھیں رکھی رہتی تھیں۔ان پر حسو نے ایک کھیس پھیلا کر ڈال دی تا کہ سامان نظر میں نہ رہے۔ساتھ ایک کوٹھری سی تھی جس میں گھر کا سامان رہتا تھا؟

اسی کوٹھری میں دو تین لوہے یا ٹین کے صندوق تھے، دونوں حسو اور لکھیری کے تھے، دو تین اس کے اماں ابا کے۔وہ بھی قرینے سے ہی رہتے تھے۔

ان ہی کے ایک طرف باورچی خانہ تھا.. جس میں ایک کھڑکی تھی جو باہر کی طرف کھلتی تھی ،جس سے باوروچی خانے میں جلائی جانے والی لکڑیوں کا دھواں کبھی باہر نکلتا کبھی نہیں نکلتا تو گھر میں ہی بھر جاتا!

حسو اور لکھیری اپنے کام میں تھیں...

ان کی ماں نے اپنا صندوق کھولا، اور الٹ پلٹ کر نیچے کی تہہ سے ایک پوٹلی نکالی، اس پوٹلی میں اس کا زیور رہتا تھا، زیور بھی کتنا ...کان میں پہننے کی چار بالیاں ...دو تین انگوٹھیاں ... چھ چوڑیاں ...اور دو تین ہار... یہ سب بھی اس نے لڑکیوں کے لئے رکھ چھوڑے تھے۔انہیں میں سے اس نے ایک انگوٹھی نکال لی... بھاری تو نہیں تھی ،لیکن یہی کچھ تھی....

اس نے سوچا....اگر نبو آیا تو وہ یہی اس کو پہنا دے گی...!

غلامو کو معلوم تھا، منشی جی عام طور سے شام کے چار ساڑھے چار بجے کچہری سے واپس

آ جاتے ہیں، اس نے اندازہ لگا رکھا تھا منشی جی مغرب کی نماز سے پہلے ہی آئیں گے، اس نے اپنا کام اس سے پہلے نمٹا دیا، جہاں جہاں وہ دودھ پہنچاتا تھا وہ اس نے پانچ بجے تک پہنچا دیا، واپسی میں صدر کی ایک دکان سے اس نے پھولوں کے دو چار ہار لے لئے جن میں سنہرے تار لگے تھے، ایک آنے کا ایک ملا۔ صدر کے چوراہے پر واقع بنگالی حلوائی کی دکان سے اس نے چار سیر مٹھائی بھی لے لی... اور ساتھ کے پان والے سے دس بیڑے پان کے بھی بنوا لئے... اس کے گھر میں تو پاندان تھا نہیں، اور منشی جی پان کھاتے تھے، نبو بھی کھاتا تھا۔"

آپ کی شاعری سے کچھ کلام ملاحظہ ہوں:۔

نا امیدی جو توڑتی ہے مجھے
بڑھ کے امید جوڑتی ہے مجھے
چھو لیا تھا جو ان کی زلفوں کو
اب ہوا روز چومتی ہے مجھے
جانے کس کو میں ڈھونڈنے نکلا
ساری بستی ہی ڈھونڈھتی ہے مجھے
زندگی کے گلے کا ہار ہوں میں
توڑتی ہے نہ چھوڑتی ہے مجھے
ایک غم روز توڑ دیتا ہے
اک خوشی روز جوڑتی ہے مجھے
میں ہوں اس راہ کا مسافر جو

جس طرف چاہے موڑتی ہے مجھے
سرخ رو ہیں جو پاؤں کے چھالے
راہ منزل تو پوجتی ہے مجھے
میں تو پھر ہوں اسی خرابے میں
اور قدرت تراشتی ہے مجھے

❖❖❖

پوچھنے آو میرا حال میاں
ساتھ لانا نہ کوئی جال میاں
مجھکو درس وفا نہ دو ، میں ہوں
بے وفاوں کا یرغمال میاں
صرف چہرے بدلتے رہتے ہیں
اور آئینہ لا زوال میاں
ہنس کی چال اور کہاں کوا
ہے یہ بہتر چل اپنی چال میاں
اب کمالات پر نہ اترانا
آنے والا ہے بس زوال میاں
جھوٹ سچ کا خیال چھوڑ بھی دے
بال کی مت اتار کھال میاں
حسن غارت گری پہ مائل تھا

بچ گیا میں تو بال بال میاں
لوگ تو ہیں تماش بیں سارے
اپنی پگڑی کو خود سنبھال میاں

❖❖❖

کوئی مثال ہی اب بے مثالیوں میں نہیں
وہ لمس دست صبا خوش گمانیوں میں نہیں
ہے خواہشوں کی بھی اس دور میں وہ تشنہ لبی
کہ ایک قطرۂ امکاں صراحیوں میں نہیں
کبھی تو فکر کئی زاویوں سے روشن تھی
اور اب وہ فکر کا عنصر ہی زاویوں میں نہیں
خمیدہ سر ہیں سرشاخسار طائرِ شوق
بہار قافلہ حسرت کی وادیوں میں نہیں
لبوں پہ برق، جبیں نور زا، نظر مجبوب
وہ دل ربائی بھی اب دل ربائیوں میں نہیں
ہے زائچوں کی حقیقت سے اختلاف مجھے
کوئی ستارہ ہی انجم شناسیوں میں نہیں
ہے نقشبند تو قندیل معرفت پہ نثار
کمال نور بھی پروانہ واریوں میں نہیں

❖❖❖

آخری خواہش :- بِسۡمِ اللّٰہِ الرَّحۡمٰنِ الرَّحِیۡمِ

میں 1980 سے 1986 تک عرب امارات میں مقیم رہا، اور کبھی کبھی شارجہ میں منعقد ہونے والی مجالس عزا میں شرکت کرتا رہا، ایک مجلس سے میں نے خطاب بھی کیا۔ انھیں دنوں میں نے طے کیا تھا کہ امیر المومنین اسد اللہ الغالب سیدنا علی رضی اللہ عنہ کی سیرت پر ایک مستند، مفصل اور مکمل کتاب انگلش میں تالیف کروں، میں نے اس کا تذکرہ کئی احباب سے کیا جن میں سے تین چار احباب نے وعدہ کیا کہ اگر میں یہ کتاب تالیف کردوں تو وہ شائع کرنے میں تعاون کرینگے۔ افسوس کہ شریر زیدی نے ان لوگوں کو بدگمان کر دیا اور یہ منصوبہ مکمل نہ ہو سکا۔ اب جبکہ ایک شخص نے غیر تاریخی بات کہی تو اللہ تعالی سبحانہ کی طرف سے اشارا ہوا کہ میں اپنے نامکمل منصوبے کو مکمل کروں۔ لہذا میں نے سب کام چھوڑ کر، جناب امیر المومنین رضی اللہ عنہ کی سیرت پر کتاب کا آغاز کیا ہے، میں ٹیلسا یونیورسٹی کی لائبریری جا کر تاریخی کتابوں سے استفادہ کرتا رہتا ہوں، اب یہ کام زیادہ پابندی سے انجام دوں گا ان شاء اللہ اور امید ہے مارچ کے آخر تک کتاب مکمل کر دونگا۔ اور بشرط حیات اپریل میں شائع ہو جائیگی ان شاء اللہ۔ فرق صرف اتنا ہے کہ میں انگلش کے بجائے اردو میں لکھ رہا ہوں۔ میں آپ سب سے استدعا کرتا ہوں، اللہ تعالی سے میرے لیے دعا فرمائیں کہ اللہ تعالی میرے قلم میں صداقت، ایمانداری، مورخانہ حقیقت بیانی اور ایمان و ایقان کی صفات پیدا فرمائے اور میری مدد فرمائے کہ میں ایک عظیم ممتاز، صاحب انوار و برکات، مقرب درگاہ رسالت خلیفہ راشد رسول کی سیرت مکمل کر دوں

اور وہ درگاہ ایزدی، بارگاہ رسالت اور انجمن علی میں مورد پسند ہو۔ اللہ تعالی میری مدد فرمائے۔

آمین! نقشبند قمر نقوی بخاری"

(یہ تحریر آپکے FB page پر 16 فروری 2022 کی پوسٹ سے لی گئی ہے)

راقم کو یہاں یہ رقم کرتے ہوئے خوشی کا احساس ہو رہا ہے کہ جب اس نے قمر صاحب سے رابطہ کیا اور اس کتاب کے بارے میں بتا کر انکی تفصیلات کی گزارش کی تو انہوں نے اپنی تفصیلات اپنے لیٹر ہیڈ پر لکھ کر ارسال کیں۔ اس لیٹر ہیڈ کا عکس اس کتاب کے آخر میں لگا دیا گیا ہے۔

اشرف شاد

اشرف شاد کا اصل نام مرزا اشرف علی بیگ ہے۔ وہ 1949 میں شمالی ہند کے زرخیز علاقے مراد آباد کے ایک زمیں دار خاندان میں پیدا ہوئے۔ 1952 میں والدین کے ہمراہ پاکستان منتقل ہو گئے اور وہیں حصول تعلیم کیا۔ اشرف شاد جو فی الوقت آسٹریلیا میں مقیم ہیں اور وہیں کی شہریت اختیار کر چکے ہیں، متحدہ عرب امارات میں 2003 سے 2011 تک مقیم رہے ۔امارات میں قیام کے دوران آپ یو اے ای یونیورسٹی، العین میں ایڈیٹر ریسرچ افیئرز کے عہدے پر فائز تھے۔ علاوہ ازیں ریسرچ نیوز، متحدہ عرب امارات میں بھی فعال کردار ادا کرتے رہے۔ آپ ایک صحافی، ناول نگار، شاعر کی حیثیت سے اردو ادب میں اپنی ایک پہچان رکھتے ہیں۔ آپکی متعدد تصنیفات عالمی سطح پر سراہی گئی ہیں اور اعزازات حاصل کر چکی ہیں۔ آپکی تصنیفات میں ناول صدر محترم (2006)، ناول وزیر اعظم (1999)، ناول

بے وطن (1997)، افسانوں کا مجموعہ پہلی لکیر (2012)،شاعری: اخبار عشق (2013) آ مرے قریب آ (2005)،نصاب (1994) تالیف شعرائے آسٹریلیا (2003)،تحقیق مغربی ذرائع ابلاغ میں ترقی پذیر دنیا کی رپورٹنگ کے مسائل (انگریزی 1992)،سیاستیں کیا کیا (پاکستان کے سیاسی اور حکومتی رہنماؤں کے انٹرویوز اور کالموں کا مجموعہ۔آپکو جن اعزازات سے نوازا گیا ہے ان میں اہم ہیں، بہترین ناول کا وزیر اعظم ادبی ایوارڈ برائے بے وطن۔ 1998، (اکادمی ادبیات پاکستان)،نشان اردو۔ 1996، 1998 (اردو سوسائٹی آف آسٹریلیا)،آسٹریلوی ملٹی کلچرازم کے فروغ کے لیے خدمات انجام دینے پر ایوارڈ۔آپکی صحافی وابستگی پاکستان کے روز نامہ حریت، روز نامہ مشرق، ہفت روزہ الفتح ،ہفت روزہ رابطہ معیار، ہفت روزہ منزل (1980 - 1986) خلیجی ممالک: گلف مرز بحرین (1983-1986) عرب ٹائمز کویت (2012-2019)،آسٹریلیا: ایس۔بی۔ایس ریڈیو (1992-2007)،نمائندہ آسٹریلیا روزنامہ ڈان کراچی (2000-2005) نمائندہ آسٹریلیا یو۔این۔آئی، دہلی (2000-2004) سے رہی۔

اردو ادب کے معروف نقاد اور افسانہ نگار احمد ندیم قاسمی، اشرف شاد کے فن پر تذکرہ کرتے ہوئے لکھتے ہیں۔

" سیاسی موضوعات کو ناول کی بنیاد بنانا آسان کام نہیں ہے۔ یہ کام اشرف شاد جیسا ماہر صحافی ہی کر سکتا تھا جو اس ملک کے بے رحمانہ سیاسی کھیل کا نزدیک سے جائیزہ لیتا رہا ہے۔ اشرف شاد نے تخلیقی ادب میں سیاسی معاملات کو موضوع بنانے کی روایت کو نئی توانائی دی ہے۔

ادب میں سیاسی موضوعات سے گریز کی وجہ ادیبوں کی اپنی تن آسانی ہے لیکن اشرف شاد نے یہ بات غلط ثابت کردی ہے کہ سیاسی موضوعات ادب کے ممنوعات میں شامل ہیں"۔

شکیل عادل زادہ اشرف شاد کے بارے میں لکھتے ہیں۔

اشرف شاد کسی جگہ نئے ناول نگار نظر نہیں آتے۔ وہ ایک پختہ ناول نگار نظر آتے ہیں۔ ان کی صناعی میں بہت مشاقی ہے۔" بے وطن" کوئی تجربہ نہیں بلکہ بہت سے سکہ بند روایتی ناولوں کی تکنیک سے جدا ہے۔ یہ ہمارے دور کی بازگشت ہے۔ یہ ہمارے آج کا پس منظر اور پیش منظر ہے اور اس کے کردار ہمارے روز وشب کا حصہ ہیں۔ یہ ناول اپنے قاری کو کئی طرح سے آسودہ کرتا ہے۔ اسے کہانی کی لذت سے سرشار کرتا ہے اور فکر ونظر کی ترغیب دیتا ہے۔"

ہر چرن چاؤلہ لکھتے ہیں۔

اشرف شاد کی کتاب (وزیر اعظم) کوئی نشہ تھا کہ اترنے کا نام ہی نہیں لیتا تھا۔ میں پڑھتا گیا اور نشہ چڑھتا گیا۔ نواب ٹن اور ذہین جلالی کی کردار نگاری بڑے غضب کی ہے۔ عوام کی مظلومیت اور سادہ دلی، امراء، وزراء اور رہنماؤں کی عیاشی بھری خودغرض زندگیوں کی تصویر کشی کس بے باکی اور بے خوفی سے کی ہے کہ جیسے ان کے کچھے اتار کر انہیں سر بازار ننگا کر دیا ہو۔ مافیا والوں کے لیے ہاتھ اور حکومتوں اور حاکموں پر ان کی مضبوط گرفت ۔ کردار کش عورتوں کی سپلائی اور ان کے ہاتھوں کا کھلونا بنتے رہنا کتنے ڈھکے چھپے چہرے قصائیانہ چہروں پر چڑھے ریشم جیسے ملائم دکھاوٹی چہرے کہ جن کے نقاب آپ کے بے باک قلم نے نوچ ڈالے ہیں۔ ایک خوش رنگ نقلی اور کچے رنگوں کی تصویر تھی کہ جسے ان کے قلم سے نکلے لفظوں کی تند بوچھاڑ نے

دھودھا کر اپنی اصلی بدرنگ تصویر کا روپ دے دیا ہے۔ میں نے ان کے ناول کو سونے سے پہلے پڑھا ہے۔ اٹھنے کے بعد پڑھا ہے۔ دوپہر کو پڑھا ہے شام کو پڑھا ہے۔ جب جب موقعہ ملا ہے پڑھا ہے کہ اس میں Readability بہت ہے۔ مجھے ان کی Boldness (دیدہ دلیری) بہت پسند آئی ہے۔"

آپکی شاعری پر پروفیسر جگن ناتھ آزاد نے یوں کہا۔

اشرف شاد کے کلام میں دلکشی، تازگی شگفتگی نغمگی اور تغزل نے ایک دوسرے کے ساتھ ہم آہنگ ہوکر اس طرح ایک اکائی کی صورت اختیار کی ہے کہ اشرف شاد جدید شاعروں کے ہجوم میں (جس میں تک بندبھی خاصی تعداد میں شریک ہو گئے ہیں) ہر اعتبار سے ایک منفرد لب ولہجہ کا شاعر کہلانے کے مستحق ہیں۔

اشرف شاد صاحب کی چند غزلیں ملاحظہ فرمائیے۔

دے آیا اپنی جان بھی دربار عشق میں
پھر بھی نہ بن سکا خبر اخبار, عشق میں
جب مل نہ پایا اس سے مجھے اذن گفتگو
میں اک کتاب بن گیا اظہار عشق میں
قیمت لگا سکا نہ خریدار پھر بھی میں
جنس وفا بنا رہا بازار عشق میں
شاید یہی تھی اس کی محبت کی انتہا

مجھ کو بھی اس نے چن دیا دیوار عشق میں
تہہ تک میں کھوج آیا ہوا غرق بار بار
آیا نہ پھر بھی تیرنا منجھدار عشق میں

❖❖❖

جو زندگی بچی ہے اسے خار کیا کریں
ہم بھی تمہارے ہوتے مگر یار کیا کریں
ہیں بند سب دکانیں کہ بازار عشق میں
ملتا نہیں ہے ہم سا خریدار کیا کریں
لڑتے رہے ہوا سے جلاتے رہے چراغ
اب اور روشنی کے طلب گار کیا کریں
احباب چل دیے ترے دربار کی طرف
اور ہم کہ آ گئے ہیں سر دار کیا کریں
سیدھی سی بات یہ ہے ہمیں تم سے پیار ہے
شعروں میں اس خیال کی تکرار کیا کریں
ہم جان دے چکے ہیں کئی بار عشق میں
اب یہ بتاؤ شادؔ کہ اس بار کیا کریں

❖❖❖

تھیں زمینیں گم شدہ اور آسماں ملتا نہ تھا
سر پہ سورج تھا مرے پر سائباں ملتا نہ تھا

بے نتیجہ ہی رہی ہے ہر سفر کی جستجو
ڈھونڈنے نکلے تھے جس کو وہ جہاں ملتا نہ تھا
منزلیں آسان تھیں اور راستے مخدوش تھے
کشتیاں موجود تھیں پر بادباں ملتا نہ تھا
گھونسلے خالی پڑے ہیں اور وہیں پر آس پاس
کچھ پرندے تھے کہ جن کو آشیاں ملتا نہ تھا
گردش دوراں مجھے پھر اب وہیں لے آئی ہے
شہر جو میرا تھا لیکن ہم زباں ملتا نہ تھا

تنہا یوسفی

آپکا اصل نام محمد صالح اور قلمی نام میر تنہا یوسفی ہے۔آپکا آبائی وطن اسلام آباد ہے اور وہیں سے تعلیم وتربیت حاصل کی۔1997 سے 2016 تک ابوظبی میں مقیم رہے اور جیولوجکل انجینئر کی حیثیت سے کام کرتے رہے۔ 2016 میں اسلام آباد منتقل ہو گئے۔آپ اردو اور پنجابی کے معروف شعراء کی فہرست میں شامل کئے جاتے ہیں۔دونوں زبانوں میں آپکی 15 کتابیں شائع ہوچکی ہیں۔اردو کا شعری مجموعہ "لکنت" کے دوایڈیشن شائع ہوئے۔اسکے علاوہ آپکے متعدد پنجابی ناول انعام یافتہ ہیں۔انکے پنجابی ناولوں پر ایم فل کے مقالے لکھے جاچکے ہیں۔انکی کئی پنجابی کتابیں فارسی رسم الخط کے ساتھ ساتھ گرمکھی میں بھی شائع ہوئیں۔اردو میں انکے لکھے ہوئے افسانے متعدد اخباروں اور جریدوں میں شائع ہوتے رہے۔2019 میں تنہا یوسفی دنیاء فانی سے کوچ کر گئے۔

آیئے تنہا یوسفی کی چند غزلیں پڑھتے ہیں:۔

اُدھر نہ آسماں کھسکا، زمیں پر راہ نہ نکلی
اِدھر اجڑے ہوئے لوگوں کے منہ سے آہ نہ نکلی
یہ اسکی مانگ تھی میں پھول لے کے آؤں گا واپس
تراب بادیہ لیکن رہینِ کاہ نہ نکلی
تعاقب کر کے چھپ چھپ کے محل تک آن تو پہنچا
ہوا پھر یوں وہ جا، آماجگاہِ شاہ نہ نکلی
لکھا ہم نے وہی جو لوگ لکھتے ہیں، سناتے ہیں
نجانے کیوں کہیں سے بھی ذرا سی واہ نہ نکلی
ہزاروں سورما مٹی میں مٹی ہو گئے تنہا
مگر شہزادیوں کے دل سے حبِّ جاہ نہ نکلی

❖❖❖

سنسان رات کا سفر در پیش ہے اے دوست
اور ساتھ کوئی یار ہے نہ خویش ہے اے دوست
دل سے نکل سکی نہ اسکے یادِ دلربا
کہنے کو تیرا دوست بھی درویش ہے اے دوست
پھر یوں ہوا کہ میں نے بھی دیکھا نہیں اسے
یہ بات اس قدر ہی کم و بیش ہے اے دوست
بچپن سے سنتے آئے تھے اپنا وطن ہے وہ

یہ بعد میں کھلا وہ بنگلا دیش ہے اے دوست
تنہاؔ تجھے بھی ساقی بے مہر سے ہے کام
مجھ کو تو شک تھا تو بھی بادہ کیش ہے اے دوست

❖❖❖

زمیں کو چھوڑ کے میں جا نہیں سکا اب تک
سو آسماں کی خبر لا نہیں سکا اب تک
وہ ایک مصرع جسے لفظ ڈھونڈتے ہیں مرے
وہ ایک نغمہ جسے گا نہیں سکا اب تک
نجانے کیسی طلب جاگتی ہے اس در پر
جسے بھی بھیجا وہ آ نہیں سکا اب تک
وہی کہ جس نے کیا راکھ اک زمانے کو
میں کم نصیب ہی دہکا نہیں سکا اب تک
مجھے یقیں، وہ میری دسترس میں ہے تنہاؔ
مِرا گماں کہ اسے پا نہیں سکا اب تک

❖❖❖

ایک نظم بعنوان "ستر سال بعد"

وہ جو ہم نے جنت سی اک سوچ رکھی تھی
تھوڑی تھوڑی دیکھی بھی تھی
اُس جنت پر

ہم نے جانے کب اور کیوں کر
پہرہ دینا چھوڑ دیا تھا
شائد ہم نے یہ سوچا ہوگا
جنت پر کیا پہرہ دینا؟
دھیرے دھیرے اس جنت میں
چھوٹے ٹھگنے، موٹے، لمبے، کالے، پیلے
نیلے، لال، سفید اور جانے کیسے کیسے
وحشی آ کر پھیل گئے تھے
وہ جو ہم نے جنت سی اک سوچ رکھی تھی
تھوڑی تھوڑی دیکھی بھی تھی
اب جنگل ہے ایک مہیب اور کالا جنگل

سعدیہ روشن صدیقی

سعدیہ روشن کا تعلق کراچی سے ہے، آپ وہیں پیدا ہوئیں اور وہیں تعلیم و تربیت حاصل کی۔ آپ امارات میں اُس دور میں مقیم رہیں جب یہاں سلیم جعفری مرحوم کے برپا کئے ہوئے مشاعرے تاریخ رقم کر رہے تھے۔ یہ اسّی کی دہائی کا آخر اور نوّے کی دہائی کا وسط تھا جب ہر برس کسی بڑے شاعر کا جشن منایا جاتا تھا۔ جشن کے ان عالمی مشاعروں میں سعدیہ روشن بھی بحیثیت شاعرہ شامل رہتی تھیں۔ آپکا ایک شعری مجموعہ " روشنی ہماری ہے" کے عنوان سے 1993 میں شائع ہو چکا ہے۔ اس مجموعہ پر اپنی رائے پیش کرتے ہوئے معروف تنقید نگار

احمد ندیم قاسمی نے یوں لکھا۔

دل کی بات کہنے کا ڈھب نہ سعدیہ آیا
یوں تو عمر گزری ہے نظم اور غزل کہتے

مگر سعدیہ کا کلام دیکھیے تو صاف معلوم ہوگا کہ سعدیہ نے اس شعر میں بے جا کسر نفسی سے کام لیا ہے، غزل اور نظم میں اسے اپنے دل کی بات کہنے کا ڈھب آ گیا ہے۔ یہ دوسری بات ہے کہ اس ڈھب اس اسلوب کو مزید نکھارا اور سنوارا بھی جا سکتا ہے اور سعدیہ میں اپنے کلام کو نکھارنے سنوارنے کی توانائی موجود ہے۔

سعدیہ روشن صدیقی کی دو غزلیں ملاحظہ فرمایئے۔

اس صورت حالات میں بھی صبر کرو ہو
تم سعدیہؔ بی بی نہ جیو ہو نہ مرو ہو
سر اپنا کسی سنگ سے ٹکراتی ہو پہلے
پھر بعد میں پتھر وہی سینے پہ دھرو ہو
مانگی تھیں دعائیں کسی نادیدہ افق کی
اب روشنیٔ طبع کی وسعت سے ڈرو ہو
محفل میں ہو تنہائی کی چادر کو سنبھالے
تنہائی کے عالم میں کسے یاد کرو ہو
وہ شخص وہی ہے مگر اطوار نئے ہیں
محتاط سی اک رائے کا اظہار کرو ہو

کیا تم نے ہدف ڈھونڈ لیا زور بیاں کا
کیا اپنے کئے پر کبھی تنقید کرو ہو
جب حوصلہ ہمت ہے تو کیا خوف کسی کا
یہ درد تو میراث ہے کیا اس سے ڈرو ہو
ہر ایک سہیلی کی جو آنکھوں میں نمی ہے
کیا اپنے دوپٹے میں اسے جذب کرو ہو
اب سعدیہؔ اس کی کوئی تاویل تو ہوگی
جھلسی ہو کہیں دھوپ میں یوں ابر کرو ہو

❖❖❖

کیوں بھٹکتی صحرا میں گھر بھی اک خرابہ تھا
بے نشاں اداسی کا بے اماں احاطہ تھا
جب کبھی نظر آیا خواب میں نظر آیا
وہ جہاں پہ رہتا تھا کون سا علاقہ تھا
داخلی کشاکش سے با خبر تو ہو جاتا
ذہن سوچتا کیا تھا دل کا کیا تقاضہ تھا
اس نے حال جب پوچھا میں بھی مسکرا اٹھی
اک وہی تو لمحہ تھا جب مجھے افاقہ تھا
اس کی چشم کم کم سے زخم دل نے جو پایا
گلستاں کے پھولوں میں اک نیا اضافہ تھا

ان کہی کہانی سے ان ادھوری سانسوں تک
بس یہ نیم جانی ہی میرا کل اثاثہ تھا
میری جان جیسی تھی اور جس جگہ پر تھی
ایسی ساری باتوں کا شعر ہی خلاصہ تھا
سعدیہؔ کی حیرانی آج تک نہیں جاتی
کون تھا تماشائی کس کا وہ تماشہ تھا

حسیب اعجاز عاشرؔ

حسیب اعجاز عاشرؔ کا تعلق لاہور سے ہے۔ مارکٹنگ میں ایم بی اے، عاشرؔ 2003 سے صحافت سے وابستہ ہیں، پہلا تعارف ادبی رپورتاژ ہے جبکہ فیچر رائٹنگ کے علاوہ ’’دوسرا رخ‘‘ کے عنوان سے کالم نویسی بھی کرر ہے ہیں۔ نومبر 1999 سے ستمبر 2015 تک بسلسلہ روزگار تقریبا سترہ برس امارات میں مقیم رہے۔ اور مختلف اداروں میں مختلف عہدوں پر فائز رہے۔ جن میں ایڈیٹوریل انچارج اینڈ میگزین ایڈیٹر روزنامہ آفتاب، ایڈیٹر: یونیورسل اردو پوسٹ، پی کے ٹائمز، یو کے بلاگ، سابق ڈپٹی ایڈیٹر ماہنامہ آئینہ میگزین، دبئی، سابق ممبر: نیشنل میڈیا قونصل، ابوظبی شامل ہیں۔

بزم دانشوراں" (تین ہزار سے زاید صفحات) اور" بنایا لفظ نے سارا جہاں ہے" (پانچ سو صفحات) کے عنوان سے دو ای بُکس (ebooks) اور" ہمارے ابوجان عمل پیہم" کے عنوان سے ایک شائع شدہ کتاب آپکی تصنیفات ہیں۔ بادِ سحر" ،" دریچے الفتوں کے" اور" دوسرا رخ" کے

عنوان سے آپکی تصنیفات زیرِ طباعت ہیں۔

آپکی صحافتی اور ادبی خدمات کے اعتراف میں متعدد اداروں نے آپکو تعریفی اسناد سے سرفراز کیا جن میں پاکستان ایسوسی ایشن دبئی، سری لنکن سفارتخانہ ابوظبی، انٹرنیشنل اردو مشاعرہ ابوظبی، پاکستان سفارتخانہ ابوظبی، پاسبان بزم قلم لاہور، رائٹر ویلفیئر فاونڈیشن اینڈ ہیومن رائٹس پاکستان، بزم اردو دبئی، پھول میگزین اینڈ اکادمی ادبیات وغیرہ کے نام سر فہرست ہیں۔

فاروق صدیقی

آپکا اصل نام محمد عمر فاروق صدیقی اور قلمی نام فاروق صدیقی ہے۔یوں تو آپ کا تعلق پاکستان سے کہا جائے گا مگر آپکی پیدائش امریکہ کے شہر اٹلانٹا میں ہوئی۔وہیں تعلم و تربیت ہوئی ۔امارات کی ریاست دبئی میں 2017 سے 2020 تک رہے پھر واپس اٹلانٹا لوٹ گئے۔کم عرصے میں فاروق صدیقی نے امارات کے اردو ادبی منظرنامے پر اپنی شاعری کے نمایاں نشانات چھوڑے۔

آیئے انکے چند اشعار سے ملاقات کرتے ہیں:۔

تم نے اک عکس سرِ آبِ رواں دیکھا ہے
تم سمجھتے ہو کہ تم نے یہ جہاں دیکھا ہے
تم عقل کو ہی سمجھ بیٹھے خدا اور ہم نے
دل کے آگے اسے فریاد کناں دیکھا ہے
یقیں نہیں ہے گماں نہیں ہے
رگوں میں کچھ بھی رواں نہیں ہے

مکالمہ ہے درونِ دل یہ
خدا کہاں ہے، کہاں نہیں ہے
پہاڑ ہوتا تو سر بھی کرتے
یہاں تو کچھ درمیاں نہیں ہے

❖❖❖

نیند گئی پھر خواب گئے
جینے کے اسباب گئے
کتنا سوچا دستک دیں
کیسے کیسے باب گئے

❖❖❖

کوئی ایک رات سکون کی، کوئی ایک صبح قرار کی
کوئی ایک دن ہو سرور کا، کوئی ایک شام خمار کی
مجھے آگہی کے عذاب سے، کوئی ہے جو آ کے نکال لے؟
کوئی ایک لمحۂ بے خبر؟ کوئی ایک سانس فرار کی؟
ہے نفس نفس مجھے یہ یقیں، مرے اختیار میں کچھ نہیں
مری زندگی بھی مری نہیں، مری زندگی ہے ادھار کی
میں خزاں سے یوں ہی خفا رہا، پسِ مرگ مجھ کو پتہ چلا
مرے دل پہ جتنی بھی گزری تھیں، وہ قیامتیں تھیں بہار کی

❖❖❖

کچھ دیر تو امید تھی امکان بھی ہم بھی
پھر ٹوٹ گیا ان کا وہ پیمان بھی ہم بھی

ڈاکٹر ثروت زہرا

ڈاکٹر ثروت زہرا، جو پیشے سے پرکٹسنگ ڈاکٹر ہیں اور آی۔سی۔یو/ایمرجینسی ڈاکٹر کے فرائض انجام دیتی ہیں، کے خانوادے کا آبائی تعلق الہ آباد سے ہے جو تقسیمِ ہند کے بعد کراچی منتقل ہو گیا تھا۔ آپکی پیدائش، تعلم و تربیت کراچی میں ہوئی۔ تقریباً 16 برس سے متحدہ عرب امارات میں مقیم رہ کر 2022 میں امریکہ منتقل ہو گئیں۔ تمام اردو دنیا میں آپکو آپکی منفرد شاعری کے باعث ایک اہم مقام حاصل ہے۔ آپکو دور حاضر کی نمائندہ شاعرات میں مانا جاتا ہے۔ آپکے دو شعری مجموعے، "جلتی ہوا کا گیت" اور "وقت کی قید سے" شائع ہو چکے ہیں اور قارئین اور ناقدین سے قبولیت و تحسین حاصل کر چکے ہیں، آپکی تخلیقات کے ہندی و سندھی تراجم بھی شائع ہو چکے ہیں، "ونڈر لینڈ" کے نام سے انگریزی ترجمہ شائع ہو رہا ہے۔ آپ نظم اور غزل میں اظہار خیال کرتی ہیں۔ اور دونوں اصناف میں اپنے فن پر دسترس رکھتی ہیں۔

آپکی ایک نمائندہ نظم ملاحظہ ہو۔

بنت حوا ہوں میں یہ مرا جرم ہے
اور پھر شاعری تو کڑا جرم ہے
میں تماشا نہیں اپنا اظہار ہوں
سوچ سکتی ہوں سو لائق دار ہوں
میرا ہر حرف ہر اک صدا جرم ہے
اور پھر شاعری تو کڑا جرم ہے

مجھ میں احساس کیوں ہو کہ عورت ہوں میں
زندگی کیوں لگوں؟ بس ضرورت ہوں میں
یہ مری آگہی بھی مرا جرم ہے
اور پھر شاعری تو کڑا جرم ہے
میرا آنچل جلے اور میں چپ رہوں
ظلم سہتی رہوں اور میں چپ رہوں
جانتی ہوں مرا بولنا جرم ہے
اور پھر شاعری تو کڑا جرم ہے
میرے جذبے رہیں دل کے زندان میں
میری گستاخیاں آپ کی شان میں
آپ کا ذکر بھی تو بڑا جرم ہے
اور پھر شاعری تو کڑا جرم ہے

آپکی دو غزلیں ملاحظہ کیجئے۔

ثواب کی دعاؤں نے گناہ کر دیا مجھے
بڑی ادا سے وقت نے تباہ کر دیا مجھے
منافقت کے شہر میں سزائیں حرف کو ملیں
قلم کی روشنائی نے سیاہ کر دیا مجھے
مرے لیے ہر اک نظر ملامتوں میں ڈھل گئی
نہ کچھ کیا تو حیرت نگاہ کر دیا مجھے

خوشی جو غم سے مل گئی تو پھول آگ ہو گئے
جنونِ بندگی نے خود نگاہ کر دیا مجھے

تمام عکس توڑ کے مرا سوال بانٹ کے
اک آئنے کے شہر کی سپاہ کر دیا مجھے

بڑا کرم حضور کا سنا گیا نہ حال بھی
سماعتوں میں دفن ایک آہ کر دیا مجھے

❖❖❖

قطرہ قطرہ بکھر رہا ہے کوئی
بس کرو ہجر مر رہا ہے کوئی

کوئی اب کس طرح بتائے اسے
تجھ سے امید کر رہا ہے کوئی

اپنے زخموں کی بد مزاجی میں
پٹریوں سا اکھڑ رہا ہے کوئی

گرد ہوتی ہوئی صداؤں سے
خامشی سے نتھر رہا ہے کوئی

اپنی سانسوں کے خالی برتن میں
مستقل پیاس بھر رہا ہے کوئی

دیکھ چہرہ بگڑ نہ جائے کہیں
بے تحاشہ سنور رہا ہے کوئی

ضیغم زیدی

ضیغم زیدی اس دور میں متحدہ عرب امارات تشریف لائے جب یہاں اردو کا پودا لگ رہا تھا، یعنی یہ بھی شخصیت ہیں جنہوں نے اردو ادب کے باغیچہ کی دور آغاز میں آبیاری کی۔ سلیم جعفری کے مشاعروں میں آپکی شمولیت بحیثیتِ شاعر اور ارکانِ انتظامیہ باقاعدگی سے رہی۔ فی الوقت آپ کراچی میں مقیم ہیں۔ آپکا آبائی تعلق لکھنئو کے علاقے سے تھا مگر تقسیم ہند کے بعد خاندان کے ساتھ کراچی منتقل ہو گئے تھے۔

آپکی ایک غزل پیش ہے:-

تہمتیں لگنے لگی ہیں رات پر
اب دیا رکھ دو ہوا کے ہاتھ پر
ڈاک گھٹا سی چھا گئی جذبات پر
پھر گیا پانی بھری برسات پر
کر گئے تعبیر جو ایک خواب تھی
عکس ہے صدیوں کا ان لمحات پر
انکے آگے آئینہ کیوں رکھ دیا
لوگ مجھ سے ہیں خفا اس بات پر
وہ توجہ چاہتی ہے زخمِ دل
جیت میری منحصر ہے ہار پر
تلملا کر جاگ اٹھتا ہے ضمیر

چوٹ جب پڑتی ہے احساسات پر
اب خدارا یہ خموشی توڑ دو
لگ رہی ہے مہر الزامات پر
کر ہی کیا سکتے ہو تم میرے لئے
بس نظر رکھنا مرے حالات پر

❖❖❖

میں سفر میں ہوں دل مکان میں ہے
بارشوں کا عذاب دھیان میں ہے
خندہ زن دھوپ ہو گئی مجھ پر
چھاؤں کیسی یہ سائبان میں ہے
مسکرانے کی نقل کرتا ہے
وہ جو اک شخص امتحان میں ہے

علی زیرک

فرزاد علی زیرک کا تعلق سیالکوٹ سے ہے۔گزشتہ 12 برس سے امارات میں قیام پزیر ہیں۔آپکی غزلیات کا مجموعہ "سورج کے روبرو" اور منظومات کا مجموعہ "قماش" کے نام سے منظر عام پر آ چکے ہیں۔حال ہی میں آپکے افسانوں کا مجموعہ "پانی کے پتلے" کے نام سے شائع ہوا ہے۔ آپکی منظومات اور غزلیات کا انتخاب "شبدوں کا شمشان" کے عنوان سے شائع ہوا۔

آپکی کچھ غزلیں ملاحظہ ہوں۔

ترے حسد کے مقابل کوئی صفائی نہیں
تو چھوٹا شخص ہے تجھ سے مری لڑائی نہیں

وہی لباس وہی ہاؤ ہو وہی میں ہوں
تمہارے بعد کسی نے ہنسی اڑائی نہیں

چراغ بجھنے سے پہلے سحر بناتے ہیں
یہ اپنا دین ہے صاحب سنی سنائی نہیں

غلاف کھول اگر آگ دیکھنی ہے تجھے
یہ ایک آگ جو میں نے بھی آزمائی نہیں

پلٹنے دیتا نہیں ہوں میں اس کی آوازیں
یہ مری خستہ تنی ہے گریز پائی نہیں

❖❖❖

پاؤں زنجیر پرکھنے میں ابھی کچے ہیں
یا ترا حکم سمجھنے میں ابھی کچے ہیں

پیڑ بے موسمی باتوں کا برا مان گیا
ورنہ کچھ پھل ہیں جو چکھنے میں ابھی کچے ہیں

ہم سے کیا ہوگی تعلق میں برائی صاحب
ہم تو بہتان ہی گھڑنے میں ابھی کچے ہیں

اتنے لوگوں میں کوئی ڈھنگ کا وحشی نہ ملا
ایک دو ہیں بھی تو ہنسنے میں ابھی کچے ہیں

قہقہہ مار کے ہنسنے میں مہارت ہے ہمیں
لیکن اک زخم کو ڈھکنے میں ابھی کچے ہیں

❖❖❖

شوق بجھتے نہیں نوابی کے
لاکھ طعنے سنے رکابی کے
کیا حفاظت ہو خالی کمرے کی
کون نخرے اٹھائے چابی کے
سانس ہموار ہونے والی تھی
رنگ اڑنے لگے سرابی کے
اشک بھر دیجیے پیالے میں
ہونٹ تھک جائیں گے شرابی کے
عشق میں آنکھ ہو گئی آباد
فائدے دیکھ اس خرابی کے

❖❖❖

علی زیرک کی ایک نظم بہ عنوان "نسیان" دیکھئے۔

اور اب مٹکے کے پیندے سے
اسی اغماض کی تلچھٹ بھبھو کے بن کے اڑتی ہے

جسے تم چھاگلی قصہ سمجھتے تھے
یہ بستر سے بندھی حیرت، تمہیں آواز دیتی ہے؟
میں گلے تک پہنچتا ہوں ۔ ۔ ۔ فتیلہ کسمسا تا ہے
تمہاری آنکھ سے ٹپکی اداسی
فرش پر چپکی ہے برسوں سے
فتیلہ کسمسا تا ہے
مگر میں طاق سے کچھ گز کی دوری پر
کڑکتی کہنیوں سے پیٹ کو کھجا تا ہوں
مرانسیان میری گرم گردن پر درانتی کو گھماتا ہے
میں جلدی سے تمہارے قہقہوں
اور بدتمیزی کا برادہ بچا تک لیتا ہوں

❖❖❖

علی زیرک کی کتاب " تماش" پر اپنے تاثرات بیان کرتے ہوئے معروف فلم کار اور شاعر گلزار لکھتے ہیں۔

فرزاد علی زیرک ان شاعروں میں سے نہیں ہیں جو ورق کے ورق آورد کی کیفیت میں سیاہ کریں۔ فرزاد علی زیرک کی شاعری سراپا آمد ہے۔ وہ صرف کاغذ کا پیٹ بھرنے کے لیے یا جلد از جلد نظموں کے وافر ذخیرے سے ادبی دنیا میں ہلچل مچانے کے لیے شاعری نہیں کرتے ہیں۔ بلکہ وہ تب کہتے ہیں جب ان پر آمد کی کیفیت طاری ہوتی ہے۔ جب کوئی اچھوتا خیال یا موضوع ان کے باطن سے باہر آنے کو بے چین ہوتا ہے۔ اور بالکل اضطراری کیفیت

طاری ہونے لگتی ہے۔فرزاد علی زیرک اس وقت تک نظم نہیں کہتے ہیں جب تک کوئی فکر یا خیال شدت اظہار کا تقاضا نہ کرے جو انہیں گلے میں پھنسی ہوئی مصیبت معلوم ہو۔اور جب تک ایک نظم عالم وجود میں نہ آجائے دوسری نظم کی آمد کی راہیں مسدود ہوتی ہیں۔نیز فرزاد علی زیرک کا یہ موقف بھی معلوم ہوتا ہے کہ کسی کی پسند یا ناپسند کے مطابق اپنی نظموں کا قبلہ نہیں بدلتے ہیں بلکہ وہ وہی لکھتے ہیں جن کا تقاضا ان کی فطرت اور طبیعت کرتی ہیں۔"

علی زیرک کی تازہ ترین افسانوں کے مجموعہ" پانی کے پتلے" پر معروف نقاد گوپی چند نارنگ مرحوم نے اپنے تاثرات یوں بیان کئے ہیں ۔

علی زیرک کی کہانیوں کا مطالعہ کر کے لگتا ہے کہ انھوں نے بیشتر کہانیوں میں اپنے حسی تجربے کو تکنیک پر فوقیت دی ہے۔تجریدیت کے ساتھ ساتھ ٹھوس حقائق اور واضح واحد کرداری تکنیک کا ان کے بیشتر افسانوں میں استعمال ملتا ہے۔انھوں نے کم سے کم لفظوں سے بلاغت کا معیار قائم کیا ہے۔ان میں بیشتر افسانوں کا آغاز اور انجام چونکا دینے والا ہے۔

اس مجموعے کے اعضاء و جوارح میں ایک اختصاص یہ بھی ہے کہ علامتی پیرایوں کے باوجود فرد کے انتہائی داخلی اور نفسیاتی پیچیدہ عوارض کا سلیس اور غنائی طرز بیانیہ پر اظہار ہوا۔نیز اسطور سازی اور یکسر نئے پیراڈاکس بھی خاصے دل چسپ محسوس ہوتے ہیں۔

مجھے امید ہے کہ علی زیرک اپنے تخلیقی سفر کا سلسلہ یوں ہی جاری رکھتے ہوئے اردو کی خدمت کا بار فرض اپنے کاندھوں پر لئے ہوئے آنے والی نسلوں کی آبیاری کا کام انجام دیتے رہیں گے۔"

سرورؔ نیپالی

سرورؔ نیپالی جنکا اصل نام سید عادل سرور ہاشمی ہے، کا تعلق نیپال سے ہے۔ آپ 2003 سے 2021 تک شارجہ میں مقیم رہے۔ آپ شاعر ہیں۔ شاعری کے علاوہ نیپال میں اردو کی ترویج کی لئے آپنے کئی نمایاں کام سرانجام دئے ہیں جن میں حکومتِ نیپال کے محکمۂ تعلیم کے لئے اردو نصاب کی کتابیں مرتب کی جو وہاں اسکولوں میں پڑھائی جاتی ہیں۔ متحدہ عرب امارات میں طرحی مشاعروں اور نشستوں کی روایت جو برسوں پہلے بند ہو چکی تھی، 2016 میں اس روایت کے احیاء کا سہرا آپکے سر ہے۔ اس عمل نے امارات کی اردو ادبی فضا میں نئے شاعروں کی صلاحیتوں کو پروان چڑھانے میں اہم کردار ادا کیا۔

سرور نیپالی کی چند غزلیں پیش ہیں:۔

آج دیوانے کو بے وجہ ستایا جائے
پھول تازہ کوئی بالوں میں لگایا جائے

میں سر عام پڑھوں کوئی غزل لوگوں میں
ان کی جانب ہی فقط میرا اشارہ جائے

پاس ہیں وہ دل بیمار دعا گو ہے عجب
درد جائے نہ مرا نہ ہی مسیحا جائے

فیصلہ حسب طبیعت یہ محبت نے کیا
اک طرح غم ہو سلامت غم دنیا جائے

روک لیں آج تو شاہین بلندیٔ خیال
آج سرورؔ کے پروں کو چلو کترا جائے

❖❖❖

پھول کھلے ہیں موسم بدلا صحرا کے ویرانوں کا
قطرہ قطرہ خون جو ٹپکا زخموں سے دیوانوں کا
بہل بہل کے عشق میں نازک دل ٹوٹا دیوانوں کا
تب کچھ کام چلا آنکھوں کے دریا میں طوفانوں کا
غم کی مے میں غم کا قصہ خوب چھڑا افسانوں کا
دکھ میں دل کا درد ہے دہرا دیوانے دیوانوں کا
فرش کا قصہ جیوں جیوں پہنچا بام پہ ساقی جھوم اٹھا
کس نے نقشہ ایسا بدلا دنیا کے مے خانوں کا

❖❖❖

جو لوگ رہ گئے ہیں مری داستاں سے دور
کچھ اس جہاں سے دور ہیں کچھ اس جہاں سے دور
ہر داستان غم ہے مری داستاں سے دور
جیسے کہ کوئی قیس ہو آہ و فغاں سے دور
تو گر نہیں ہے پاس تو کیا رنج مجھ کو ہے
یہ زندگی کہاں ہے تری داستاں سے دور
جب تک ترے وصال کی صورت نہیں کوئی

جی ڈھونڈھتا ہے گھر کوئی دونوں جہاں سے دور
ہے تیری کہکشاں بھی مری کہکشاں کے پاس
تیرا فلک کہاں ہے مرے آسماں سے دور
ہر سانس اس کے پیار کو سجدہ کئے گیا
سرورؔ کبھی رہا ہی نہیں اپنی ماں سے دور

محمد کبیر خان

سردار محمد کبیر خان کا تعلق راولاکوٹ سے ہے۔آپ جولائی 1985 میں امارات منتقل ہو گئے تھے۔ یہاں ابوظبی میں بطور انجینئر مصروف رہے۔ 2021 میں آپ اپنے آبائی وطن واپس لوٹ گئے اور فی الوقت وہیں مقیم ہیں۔ادبی حلقوں میں آپ ایک افسانہ نگار، مزاح نگار، کالم نگار کی حیثیت سے جانے اور مانے جاتے ہیں۔ 1993 میں آپکے مضامین کا مجموعہ" چاند چہرے" کے عنوان سے شائع ہو چکا ہے۔آپکا ایک طنز و مزاحیہ مضامین کا مجموعہ" ہمہ یاراں دشت" کے عنوان سے شائع ہوا۔جس کے بارے میں اپنے تاثرات عطاالحق قاسمی نے یوں بیاں کئے،

" ہمہ یاراں وشت" کے بارے میں اگر میں آپ کو اپنی رائے کا نچوڑ بتاؤں تو وہ کچھ اس طرح ہے کہ اگرچہ اس کتاب میں اٹلی اور عراق کے سفرنامے بھی ہیں اور ابوظہبی کے ڈیروں کی کہانیاں بھی،لیکن میرے نزدیک یہ کتاب بنیادی طور پر شخصی خاکوں کی کتاب ہے۔ چنانچہ ان سفرناموں، ڈیروں اور فوجی بیرکوں میں جو کردار ایک ایک کر کے سامنے آتے ہیں وہ ناقابل فراموش ہیں۔کبیر خاں نے ان کرداروں کو جس طرح پینٹ کیا ہے وہ کوئی بڑا تخلیق کار ہی کرسکتا

تھا۔ان کرداروں کے بیان میں کبیر خاں کے قلم سے ظرافت کا چشمہ پھوٹنے لگتا ہے اور آپ یقین کیجئے کہ بات صرف مسکراہٹ تک نہیں رہتی بلکہ اکثر مقامات پر انسان فلک شگاف قہقہہ لگانے پر مجبور ہو جاتا ہے۔میں اس کتاب کا مطالعہ کرتے ہوئے نہ صرف یہ کہ عراق اور اٹلی کے رہن سہن اور ان کے تہذیبی پیچ وخم میں کھو گیا ہوں نیز ڈیروں اور فوجی بیرکوں کے کردار مجھے اپنے نہایت قریبی دوست محسوس ہوئے ہیں بلکہ کبیر خاں کے ظرافت نگار قلم کی بدولت اتنا ہنسا ہوں اور مجھے آسودگی کی وہ کیفیت محسوس ہوئی ہے جو پطرس بخاری کے مضامین پڑھتے ہوئے محسوس ہوتی ہے۔میرا جی چاہتا ہے کہ میں یہاں اس کتاب میں سے بعض اقتباسات پیش کروں۔لیکن یہ ارادہ ملتوی کر رہا ہوں کیونکہ اس صورت میں آدھی سے زیادہ کتاب مجھے کوٹ کرنا پڑے گی۔

"ہمہ یاراں دشت ایک عجیب وغریب کتاب ہے لیکن کبیر خاں بالکل برعکس یعنی ایک اجنبی آدمی سے بھی منٹوں میں بے تکلف ہو جائے گا۔اس کتاب میں مختلف اصناف ادب کے ذائقے ہیں اور ان میں سے ہر ایک ذائقہ ایسا ہے کہ قاری" ارے رے رے ارے دے رئے پکار اٹھتا ہے۔" ہمہ یاراں دشت کے بارے میں میری دیانت دارانہ رائے یہ ہے کہ اردو میں بہت عرصے کے بعد طنز ومزاح کی اس معیار کی کوئی کتاب شائع ہوئی ہے دیکھ لیں ہم نے گزشتہ چالیس برسوں میں کشمیریوں کے چہرے پر مسکراہٹ نہیں آنے دی۔لیکن ایک کشمیری نے ہم کروڑوں پاکستانیوں کے چہروں پر مسکراہٹیں بکھیر دی ہیں!

آیئے اسی مجموعہ سے ایک مضمون،" نیرو کی بانسری" کا مزا لیتے ہیں۔

نیرو کی بانسری

سپرانو سے پوچھا۔سچ سچ بتاؤ کہ روم کیوں جلا کس نے جلایا؟ کہا" کم از کم میں نے تو

نہیں جلایا۔ کیوں جلا؟ روم کی اپنی مرضی۔"

پھر بھی تم تاریخ پر نظر رکھتے ہو کچھ تو جانتے ہو گے۔ میں نے کہا۔

ہاں پہلی تاریخ پر گہری نظر رکھتا ہوں۔ وہ بولا۔

روم اس لیے جلا کہ نیرو بانسری بجا سکے؟ میں نے پوچھا

ہرگز ہرگز نہیں سپرانو نے زور زور سے نفی میں گردن ہلاتے ہوئے کہا

تمہیں کس نے بتایا کہ نیرو بانسری بجانا جانتا تھا؟"

میں نے کہا اردو ادب میں بالخصوص اس کا تذکرہ شد و مد سے کیا جاتا ہے

تم اگر یہ بھی کہہ دو کہ استاد نیرو خان لوکسٹا کی سنگت میں بانسری پر دیپک راگ پیش کر رہے تھے کہ روم جل اٹھا تو میں کیا کرلوں گا۔

اس پر انو بولا" وہ ہرگز اتنا بڑا فن کار نہ تھا جتنا تم لوگ اس کو بنا رہے ہو۔ تمہارے اطلاع کے لیے یہ بھی عرض کر دوں کہ اس کا درست نام نیرو نے تھا نیرو نے" تم اطالوی تو اچھے بھلے جیتے جاگتے پاکستان کو پاکستانا لکھ لیتے ہو مردہ نیرو کے نام کے ساتھ تم جو چاہو سلوک کرو۔ لیکن اس کے منہ سے بانسری چھیننا اردو ادب کے ساتھ نا قابل معافی و تلافی زیادتی ہوگی۔ نیز یہ حرکت دونوں ممالک کے باہمی تعلقات میں کشیدگی کا باعث ہوسکتی ہے۔" میں نے کہا۔ میری اس جارحانہ اسٹیٹمنٹ پر وہ مدافعانہ انداز اختیار کرنے پر مجبور ہو گیا اور پھر نرم پڑتے ہوئے کہنے لگا: دراصل وہ روم کے انتہائی سفاک اور ظالم شہنشاہوں میں سے ایک تھا۔ وہ انتہائی فریبی اور بے رحم قاتل کے نطفے سے تھا۔ اس کی ماں بھی ویسی ہی تھی۔ بلا کی حسین مگر سنگدل اور ظالم عورت

۔جس نے صرف ایک لمحے کی مسرت کی خاطر اپنے بھائی شہنشاہ کالیگا سے سینکڑوں انسانوں کو ہلاک کروا دیا تھا۔ اس نے اپنے خاوند اور نیرو کے سوتیلے باپ شہنشاہ کلا دیس سیزر کو زہریلی کھمبیاں کھلا کر موت کے گھاٹ اتار دیا۔ ماں نے باپ کو راستے سے ہٹایا تو صرف ۱۶ سال کی عمر میں نیرو ردم کا شہنشاہ بن بیٹھا۔ اس کی تربیت اور پرورش ایک مشاطہ نے کی تھی۔ وہ پندرہ سال کا تھا کہ اس نے کلاڈیس کی تیرہ سالہ لڑکی سے شادی کی۔ لیکن جلد ہی اس نے اس لڑکی کو اس لیے قتل کروا دیا کہ وہ خاموش طبع تھی۔ دوسری بیوی کو اس لیے ہلاک کیا کہ اس نے رات کو دیر سے لوٹنے کی وجہ دریافت کی اور تیسری بیوی کو حاصل کرنے کے لیے اس کے خاوند کو انتہائی بے دردی سے قتل کروا دیا۔ تخت نشین ہوتے ہی اس نے اپنے چودہ سالہ سوتیلے بھائی برتانا کس کو ایک ساحرہ کی مدد سے زہریلا مشروب پلا کر ختم کر دیا۔ نیرو نے کئی جاگیرداروں کو ان کی جاگیروں سے اس لیے محروم کیا کہ جاگیریں ان کے پاس اچھی نہیں لگتی تھیں۔ پھر انہیں اس لیے قتل کروا دیا کہ جاگیروں کے بغیر وہ اچھے نہیں لگتے تھے۔ جب قتل کرنے کے لیے اس کے قریب کوئی اور نہ ہوتا تو وہ اپنے درباریوں کو نت نئے طریقوں سے خودکشی کرنے پر مجبور کرتا تھا۔ اس نے اپنے کئی قریبی درباریوں کو زہر کھا کر خودکشی کرنے پر مجبور کیا۔ نیرو نے اپنے استاد کو اپنی وریدیں کاٹ کر مرنے پر مجبور کیا۔ اس نے اپنے لیے نیا محل بنوانے کے لیے پرانے روم کو آگ لگوا دی۔ پھر عیسائیوں پر آتش زنی کا الزام لگا کر ان کا قتل عام کیا۔ مسیح دشمنی میں وہ اس حد تک گیا کہ اس نے ہزاروں عیسائیوں کو جانوروں کی کھالوں میں لپیٹ کر خونخوار کتوں کے آگے ڈال دیا تھا۔ وہ عیسائیوں سے رات کے اندھیرے میں بریگار لیتا تھا اور انہیں مجبور کرتا تھا کہ وہ اپنے

جسم جلا کر ان کی روشنی میں کام کریں۔ الغرض عیسائیوں کے اس دشمن نے ظلم اور بربریت کے ایسے مظاہرے کیئے کہ تاریخ انسانی میں کم ہی ہوئے ہوں گے۔ آخر کار" ظلم دی اخیر ہونی ٹھاہ" کے مترادف اس کے خلاف بغاوت ہوئی اور اس نے مجبوراً سب سے معافی مانگنے کا پروگرام بنایا۔ لیکن عوام کا سامنا کرنے کی جرات نہ کرسکا۔ رات کو اس کے اکثر محافظ بھاگ گئے۔ نیرو سب کچھ چھوڑ کر بھاگا اور ایک غریب کسان کے گھر جا کر پناہ لی، مکان کے عقب میں اپنے لیے قبر کھدوا کر خودکشی کے ارادے سے خنجر نکالا مگر استعمال کرنے کی جرات نہ کرسکا۔ اس نے اپنے دو خدمت گاروں سے مخاطب ہو کر کہا" میں لاٹھیوں کے ذریعہ مجوزہ سزائے موت کی بجائے خودکشی کروں گا، لیکن تم میں سے ایک پہلے مر کر دکھائے۔ خدمت گار نہ مانے تو اس نے اپنا خنجر ان کے حوالے کر دیا۔ انہوں نے اس کا گلا کاٹ کر اس کا کام تمام کیا۔ یوں وہ مسیح دشمن اپنے بھیانک انجام کو پہنچا۔"

اسپرانو! یہ تو اس کی مسیح دشمنی کی داستان تھی لیکن تم نے اس کے فن کو دانستہ نظر انداز کر دیا۔ یہ صاف بغض معاویہ ہے۔ میں نے کہا۔ اسپرانو بولا وہ فن کار نہیں تھا البتہ دیگر شہنشاہوں کی طرح اس نے بھی فن کی تھوڑی بہت قدر ضرور کی۔ اسے مجسمہ سازی، موسیقی اور شاعری سے دلچسپی تھی۔ لیکن وہ خود مجسمہ ساز تھا، موسیقار تھا اور نا ہی شاعر۔ تاہم بادشاہت کے بل بوتے پر کسی اور سے لکھوا کر" ٹرائے کی تباہی" نامی نغمہ اپنے نام سے سنایا کرتا تھا۔ چنانچہ کہا جاتا ہے کہ جب روم آگ کے شعلوں کی لپیٹ میں تھا تو وہ کاسٹیوم پہنے ایک بلند مینار پر بیٹھا یہی نغمہ گا رہا تھا۔ اس کا مطلب یہ ہوا کہ وہ گلوکار بھی تھا ایسے ہی جیسے آج کل باتھ روم سنگر ہوا کرتے ہیں۔ لیکن

معاف کرنا تمہارے جیسے درباریوں اور ٹرسٹ کے اخباریوں نے اسے اس قدر پھونک دے رکھی تھی کہ وہ خود کو گلوکار اور شاعر سمجھنے لگا تھا۔ یہی نہیں اس نے باقاعدہ موسیقی کے مقابلوں اور مشاعروں میں حصہ لینا شروع کر دیا تھا۔ ان مقابلوں اور مشاعروں کے سامعین میں غالب تعداد اس کے مصاحبین ہی کی ہوا کرتی تھی لیکن پھر بھی جب وہ اسٹیج پر آتا تو دروازے بند کر دیے جاتے تا کہ کوئی باہر نہ نکل سکے۔ اسپرانو کہہ رہا تھا۔ میں نے نیرو کا دفاع کرتے ہوئے کہا، رات کو دیر سے گھر لوٹنے کی عادت سے بھی ظاہر ہوتا ہے کہ وہ شاعر تھا۔ ایسے یز وتو تمہارے ہاں چپے چپے پر پائے جاتے ہیں جن کی ریڈی میڈ تقاریر، مضامین اور غزلیات تمہیں روزانہ سنا پڑتی ہیں، جو رات رات بھر مشاعرے لڑتے ہیں ...اور رات تو رات صبح کو بھی گھر نہیں لوٹتے۔ اسپرانو بولا۔ اس کے موقف کی تائید یوں بھی ہوتی ہے کہ سارا روم چھان مارا لیکن مجھے بانسری نہیں ملی۔ چنانچہ مجھے مسعود کیانی کے روبرو شرمندہ ہونا پڑا کہ موعودہ بانسری نہ لا سکا۔ باوجود اس کے میں نے اسپرانو پر واضح کر دیا کہ ہم نیرو کے منہ سے بانسری چھیننے کے حق میں نہیں ہیں۔ کہنے لگا،" تم نیرو سے اردو میں شوق کے ساتھ بانسری بجواتے رہو لیکن ہم اطالوی میں اس کو ڈھولک تو ڈھولک بغلیں بھی نہیں بجانے دیں گے۔"

ع س مسلم

آپکا اصل نام عبدالستار، کنیت ابوالامتیاز اور قلمی نام ع س مسلم ہے۔ آپکا تعلق کراچی سے ہے۔ طویل عرصہ سے متحدہ عرب امارات میں مقیم تھے اور تادم آخر یہیں رہے۔ 2017 میں دنیا سے کوچ کیا اس وقت بھی دبئی میں ہی تھے۔ امارات میں ہی نہیں دنیائے ادب انکا نام

ایک محقق ،نقاد ،افسانہ نگار،سفرنامہ نگار، شاعر کی حیثیت سے جانتی ہے۔آپ اردو پنجابی اور انگریزی نظم ونثر میں پچاس سے زائد کتب کے مصنف ہیں۔جن میں بچوں ،ماؤں ،بہنوں کے لئےنظم ونثر میں دینی ،سائنسی وتاریخی معلومات قومی وملی نغموں لوریوں اور جھولوں وغیرہ پر مشتمل ہیں کتب بھی شامل ہیں۔ان کی خودنوشت سوانح عمری" لحہ بہ لحہ زندگی'' اپنے عہد کی مستند دلچسپ اور مقبول داستان ہے۔ع س مسلم پر اب تک چار لوگ PHD کر چکے ہیں۔ 2012 سے جامعہ الازہر قاہرہ میں یونیورسٹی سطح پر ع س مسلم'' بطور مضمون پڑھایا جاتا ہے۔''زبورنعت''' واگاں میں دل موڑ" اور اسماءالنبی : پیراہن شعر میں لکھنے پر تین بار صدارتی ایوارڈ بھی مل چکا ہے۔ جبکہ دیگر تصانیف پر متعدد بار انعامات اور ایوارڈز بھی مل چکے ہیں۔آپکی ایک تصنیف" کاروانِ حرم"، جوکہ سفر کعبہ کے حوالے سے ایک طویل نظم ہے معروف ہے، جوایک کتاب کی شکل میں شائع ہوئی۔احمد ندیم قاسمی نے تو اسے مسدسِ حالی کے بعد اسے اس نوع کی دوسری بڑی تخلیق قرار دیا ہے۔اور اسے مثمنِ مسلم کا نام دے دیا ہے۔''واگاں میں دل موڑ'' ان کی پنجابی شاعری کی واحد کتاب ہے جسے پنجابی ادب کے پارکھوں نے کلاسیکی روایتی کا احیاء قرار دیا ہے۔

کاروان حرم سے کچھ اشعار پیش ہیں، ملاحظہ کیجئے:۔

یقین و عمل کا 'وہ بحران ہے
جسے دیکھئے وہ پریشان ہے
نہ اپنے پرائے کی پہچان ہے
خیال و نظر کا بیابان ہے
بہت استقامت کا فقدان ہے

بہر گام گرنے کا امکان ہے
جبیں شرم سے آب آلود ہے
کہ داغِ سیاہ دل میں موجود ہے

❖❖❖

مزید کچھ اشعار۔

رگِ گل میں یہ رنگ و بو ہے سفر
شگوفوں میں ذوقِ نمو ہے سفر
نمِ چشم غم سے وضو ہے سفر
محبت بھری گفتگو ہے سفر
لہو موج کا مو بمو ہے سفر
محالات میں جستجو ہے سفر
سفر خوب سے جانبِ خوب تر
سفر ہے ضمانِ عروجِ بشر

جاوید اکبر

جاوید اکبر کی پیدائش بغداد میں ہوئی اور بچپن سے متحدہ عرب امارات میں رہے۔ شفیق سلیمی جیسے استاد کے شاگرد رہے ہے۔ انکا ایک شعری مجموعہ "بارش کے بعد بارش" منظر عام پر آچکا ہے۔

آپکے چند اشعار ملاحظہ کیجئے۔

تھکاوٹ سے چور ہے جاویدؔ
دو قدم بھی ہے فاصلہ مولا

❖❖❖

جب کہ کاسہ ہی اک اثاثہ تھا
تم ہی بولو کہ دان کیا کرتے
رابطہ کس طرح ہو آپس میں
ہر کوئی ہے مدار میں اپنے

❖❖❖

ہیولوں کے تعاقب میں گئے جو
گھروں کی سمت پھر واپس نہ آئے

❖❖❖

آئینہ ٹوٹا تو یہ مجھ پر کھلا
میں اکیلا ہوں مگر کثرت میں ہوں

❖❖❖

اک عمر بھٹکتا رہا میں اپنے ہی اندر
وحشت کو کہیں کوئی ٹھکانہ نہیں آیا

❖❖❖

کس قدر سہمے ہوئے لوگ ہیں اس بستی میں
کوئی وحشت کے مداوے کا ہنر دے مجھ کو

❖❖❖

مری دشمن مری خود داریاں ہیں
میں اپنے درمیاں خود فاصلہ ہوں

خورشید خان خورشیدؔ

خورشید خاں خورشیدؔ کا تعلق کشمیر سے ہے اور ایک طویل عرصے ابوظبی میں مقیم رہے۔ آپکا شعری مجموعہ ''کربِ مسلسل'' کے نام سے شائع ہوا۔

خورشید خاں خورشیدؔ کے کچھ اشعار ملاحظہ ہوں:۔

شب کٹتی نہیں تنہائی کی اس ہجر اندھیرے میں ہم سے
یادوں کے دیپ جلاتے ہیں اور آنکھ ستارہ کرتے ہیں

❖❖❖

کوئی رات ہو، کوئی پہر ہو، کوئی دشت ہو، کوئی شہر ہو
وہی خوشبوئیں تری یاد کی، رہیں ہر گھڑی مرے چارسو

❖❖❖

دیوانگی نہیں ہے تو پھر اور یہ کیا ہے
اک عام سا تعلق ایمان بن گیا ہے

❖❖❖

بقول اسلام عظمی ،خاور اعجاز نے لکھا ہے۔ ''یہ عہد ایک ایسی اضطرابی کیفیت سے گزر رہا ہے جس میں آزادئ خیال نے روایتی تناظر کو بدل کر رکھ دیا ہے۔ یہ اور خیال کی ترسیل میں رفتار کی اہمیت نے بے تابئ اظہار کو اس قدر شدید کر دیا ہے کہ بسا اوقات بات اپنے سیاق وسباق کے بغیر ہی مائلِ سفر ہونے لگتی ہے۔ میں خورشید خاں خورشیدؔ کو ایسے شعراء کی صف میں شامل سمجھتا ہوں جنہوں نے لفظوں کو اپنی ذات کے تجربوں سے روشن کیا ہے۔''

چلو یونہی سہی دریا کے بن جائیں کنارے دو
سفر تو ایک جانب ہو اگر باہم نہیں ہونا

جلیل عالیؔ نے خورشید خاں خورشیدؔ کی شاعری کو خلوص اور صداقت کی شاعری قرار دیا ہے۔ جلیلؔ عالی لکھتے ہیں کہ انسانی رشتوں میں کاروباریت کے روز افزوں غلبے نے زندگی کے اخلاقی پہلو کے بارے میں جس تشویش میں دو چار کر رکھا ہے، اس کی شاعری میں اس کی جھلک جا بجا نظر آتی ہے۔ اپنے فطری اخلاص سے منقطع ہونا اسے کسی صورت قبول نہیں۔

بدلتا نہیں بے قراری کا موسم
یہ کربِ مسلسل کی ہے مہربانی

قیوم طاہرؔ

قیوم طاہرؔ کا تعلق میانوالی سے ہے۔ عرصہ دراز امارات میں رہے پھر راولپنڈی جا بسے۔ "لوحِ خزاں"، تلاشِ موسمِ گل"، " آنکھ میں ریت"، آپ کے شعری مجموعہ ہیں جو منظر عام پر آ چکے ہیں۔

قیوم طاہر کے متفرقات ملاحظہ فرمائیں:۔

بند ہونٹوں پر سلگتی خامشی کا دکھ رہا
عمر بھر قیوم ' آدھی روشنی کا دکھ رہا
ایک جیسے دائروں میں زندگی الجھی رہی
ایک بے مقصد سفر لا حاصلی کا دکھ رہا
کتنے دریا آنکھ رستوں سے گزر کر آ گئے
اور وہ ہم تھے ،جنہیں تشنہ لبی کا دکھ رہا

❖❖❖

جسم ایک جادو بھی،جسم ایک خواہش بھی
پر عجب سی خواہش کے ہم فسوں میں رہتے ہیں

❖❖❖

ہم پہ اترے تھے صحیفے بولتے الفاظ کے
پھر وہی ہم تھے،جو چپ کی اوڑھ کر چادر رہے

❖❖❖

اندھی ہوا کے بین تھے،سارے کواڑ بند تھے
بس یونہی رائیگاں گئی ' میری دعا سی بات بھی

❖❖❖

یہ دل بھی اور آنکھیں بھی مسخر ہو گئیں شاید
جری کوئی قبیلے سے ہمارے اب نہ نکلے گا

❖❖❖

ایک خواہش پلٹ کے آنے کی
آسماں تک اُڑان میں کیا ہے

❖❖❖

اپنی مرضی کی نہ مٹی ہے نہ پانی نہ ہوا
اور اُمید کی ہم داب لئے بیٹھے ہیں

قائم نقوی

قائم نقوی کا تعلق اسلام آباد سے ہے، وہ متحدہ عرب امارات کے ملک بننے کے ابتدائی دور میں یہاں آئے اور طویل عرصے تک یہاں رہے۔ انکا ایک شعری مجموعہ "زادِ ہجر" کے نام سے 1987 میں شائع ہوا تھا۔

قائم نقوی کے کلام سے چند متفرقات ملاحظہ ہوں:۔

ہمارا زادِ راہ مت چھین ہم سے
تھکن کو ساتھ لے کر چل رہے ہیں

❖❖❖

خزاں کی طرح قائمؔ زرد پتے
ہراساں شاخ سے چمٹے ہوئے ہیں

❖❖❖

وہ جن کی چھتوں پر کوئی موسم نہیں کھلتا
اُن زرد مکانوں کے خریدار ہمیں ہیں

❖❖❖

ایک آنسو بھی نہیں خوشرنگ موسم کے لئے
سبز موسم زرد موسم میں بھی دھندلایا نہیں
بس گیا کچھ اس طرح تیرے بچھڑنے کا سماں
عمر بھر مڑ مڑ کے دیکھا اور پتھرایا نہیں

❖❖❖

کھڑے ہیں آج بھی قائم وہیں پر
جہاں سے راستے چلتے نہیں ہیں

❖❖❖

کون سا در کس مکاں میں کھل رہا ہے
پھیلتے بھونچال میں یہ کون دیکھے
کیوں دراڑیں پڑ رہی ہیں پھر زمیں میں
کیا ہوا پاتال میں یہ کون دیکھے

❖❖❖

شہر میں دستار کی باتیں ہوئی تھیں رات بھر
صبح ہوتے ہی کسی کا سر نشانہ ہو گیا

❖❖❖

ایک نظم پیش ہے:-

کیوں ایک دھماکے سے نہ آجائیں زمیں پر
بنیاد سے نکلے ہوئے مینار ہمی ہیں
زادِ ہجر سے ایک نظم بہ عنوان پتلیوں کے مارے پیش
ہے۔میں جانتا ہوں۔
ہماری نیندیں اُجڑ چکی ہیں۔
تمام سپنے بگڑ چکے ہیں۔
یہ شیشۂ جسم کرچیوں میں بکھر رہا ہے۔
پلک پلک برف آنسو ڈھلک رہے ہیں۔
میں سوچتا ہوں۔
یہ خواب نیندیں، بصیر لمحے ۔
ہمارے گھر آنگنوں میں کب آن اُتریں۔
میں دیکھتا ہوں
یہ خواب لمحے چمک رہے ہیں
سیاہیوں میں چمک رہے ہیں۔

مادھو نور

پنڈت مادھو باروے آپکا پورا نام ہے اور نور تخلص کرتے ہیں۔آپکی جائے پیدائش ممبئی ہے۔امارات میں 2008 سے 2021 تک مقیم رہے۔آپنے رہیجا اسکول آف آرٹس سے فائن آرٹ میں اعلیٰ تعلیم حاصل کی ہے۔آپ گرافک ڈزائنر ہیں۔شارجہ میں آپ گرافک

ڈزائننگ کا کاروبار کیا کرتے تھے۔ بزم اردو، دبئ اور جشن اردو کی تقربات کے لئے پوسٹر، فلائر وغیرہ کی ڈزائننگ میں اپنی خدمات پیش کیا کرتے تھے۔ فی الوقت ممبئ میں مقیم ہیں اور وہاں بھی اسی کاروبار میں مصروف ہیں۔

مادھونور کی غزلیں دیکھئے:۔

دیکھ کر پورے تماشے کو ہی گھر جائیں گے
تری دنیا میں چند اک روز ٹھہر جائیں گے
سارے رستے تری جانب ہی لئے جاتے ہیں
یہ نہ سوچا کہ مرے پاؤں کدھر جائیں گے
زندگی ہم ترے کاندھوں پہ کوئی بوجھ نہیں
ہم بس اک موج ہوا بن کے گزر جائیں گے
کب تلک قید میں رہتی مرے اندر کی تپش
یہ شرر آج ہواؤں میں بکھر جائیں گے
کوئی زندان ہمیں روک نہیں پائے گا
ہم مچا کر ترے خیمے میں غدر جائیں گے

❖❖❖

گویا لٹوں کی ڈور سے باندھا ہوا ہے چاند
دیکھو سیاہ زلف میں کیسے پھنسا ہے چاند
پونم کے بعد دیکھا نہیں سات دن اسے
میں نے سنا ہے روٹھ کر آدھا ہوا ہے چاند

پہلے جمال و نور کی باتوں میں گم ہو ا
پھر داغ داغ سن کے سسکنے لگا ہے چاند
بھولے کے سر پہ بھی یہی گنبد پہ بھی یہی
تو کیوں سیاستوں میں الجھنے لگا ہے چاند
اماں کھڑی ہے پاس میں تھالی پروس کر
برسوں کے بعد پھر مرا ماما بنا ہے چاند

فیض الامین فیض

اصل نام فیض الامین فیض ہے اور فیض تخلص کرتے ہیں۔ متحدہ عرب امارات میں 2014 سے 2020 تک دبئی میں مقیم رہے۔ اندنوں اپنے آبائی شہر کلٹی ۔(مغربی بنگال) میں مقیم ہیں۔

فیض الامین فیض کی غزل سے لطف اندوز ہوں:۔

زہر پر زہر چل نہیں سکتا
سانپ بچھو نگل نہیں سکتا
تجربہ لاکھ کیجئے اس پر
پھر بھی پتھر پگھل نہیں سکتا
بھول بیٹھوں گا تجھ کو جیتے جی
میں تو اتنا بدل نہیں سکتا
غیر کی ٹانگ کھینچ کر بھائی

کوئی آگے نکل نہیں سکتا
اس کی مرضی اگر نہیں ہوگی
گرنے والا سنبھل نہیں سکتا
نوچ سکتا ہے وہ ہمارا پر
عزم لیکن کچل نہیں سکتا

شیخ پرویز

شیخ پرویز ایک کالم نگار اور صحافی ہیں جو طویل عرصہ امارات میں مقیم رہے۔ انکی ایک کتاب "اُمیدِ سحر" شائع ہو چکی ہے۔

امریک غافل

امریک غافل کا تعلق ضلع جالندھر کی تحصیل پھلور سے ہے۔ طویل عرصہ، متحدہ عرب امارات کی ریاست راس الخیمہ میں مقیم تھے۔ آپ اردو اور پنجابی کے شاعر ہیں، پنجابی شاعری کا ایک مجموعہ شائع ہو چکا ہے۔ فی الوقت آپ امریکا کے شہر نیویارک میں مقیم ہیں۔

امریک غافل کی غزل دیکھئے۔

یہ مصنوعی پشیمانی کریں کیا
تیری آنکھوں کا یہ پانی کریں کیا
کہو تو ہم مکر جائیں وفا سے
بچھڑ جانے میں آسانی کریں کیا۔
بہت پہلے سے مجھ پے کھل چکے ہو

میری جاں بول حیرانی کریں کیا
یہ جسم و جان تک ہارے ہوئے ہیں
محبت اور قربانی کریں کیا
ہمارے مسئلے تو ہیں زمینی
تیرا وعدہ اے اسمانی کریں کیا
اڑائی خاک خود اپنے بدن کی
طبیعت اور دیوانی کریں کیا
مُکر جائیں جو جانی دوستی سے
انہیں اب دشمنِ جانی کریں کیا
کوئی حیلہ وسیلہ بھی بچا ہو
اے غافل کارِ امکانی کریں کیا۔
محبت معرکہ دل ہی نہیں تو
تیرے گوچی و ارمانی کریں کیا

سید نوید جعفری

آپکا اصل نام سید عبد اللطیف جعفری ہے۔ آپکا تعلق حیدر آباد دکن سے ہے۔ طویل عرصہ امارات میں مقیم رہے۔ فی الوقت حیدر آباد میں مقیم ہیں۔ آپ غزل کے علاوہ نعت اور منقبت اور اخبارات میں کالم بھی لکھتے ہیں اور حیدر آباد کی متعدد ادبی تنظیموں میں اردو کے فروغ لئے خدمات پیش کرر ہے ہیں۔ آپکا شعری مجموعہ" کاسہ" زیرِ طباعت ہے۔

سید نوید جعفری کی ایک غزل کے چند اشعار دیکھئے۔

ضبط کو آزما کے دیکھیں گے
درد میں مسکرا کے دیکھیں گے
عمر کیوں رائیگاں ہو شکوؤں میں
شکر میں سر جھکا کے دیکھیں گے
جس کو جلوت میں کھو دیا ہم نے
اس کو خلوت میں پا کے دیکھیں گے
حسرتیں بجھ رہی ہیں آنکھوں میں
خوں کی شمعیں جلا کے دیکھیں گے
جس کی تصویر کن ہیں یہ عالم
اس مصور کے خاکے دیکھیں گے

سید ابوبکر مالکی

آپکا تعلق بھٹکل سے ہے۔ طویل عرصہ متحدہ عرب امارات میں مقیم تھے۔ فی الوقت آپ بھٹکل مقیم ہیں۔

سید ابوبکر مالکی کی ایک غزل کے چند اشعار دیکھئے۔

زخم دل پر جو لگا یار کا مطلب سمجھے
اس نے ٹھکرایا تو ہم پیار کا مطلب سمجھے
زندگی بھر ہمیں تلوار سے نفرت ہی رہی

ہاتھ جب کٹ گئے تلوار کا مطلب سمجھے
ہم وفا کرتے رہے ان کی جفاوں کے عوض
ہوا انکار تو اقرار کا مطلب سمجھے
باپ کے مرتے ہی گھر بٹ گیا حصوں میں کئی
جب کھڑی ہو گئی، دیوار کا مطلب سمجھے
ہم نہ سمجھا سکے اس دل کی حقیقت ان کو
کوئی ہو ایسا جو گفتار کا مطلب سمجھے

انکے علاوہ سلامت نجمی، ندرت عابدی، رشید منظر، نور لکھنوی، سلیم منظر، شکیل آزادؔ، رمز مہدی،، لبنیٰ زبیری، عطیہ اویس، محمد عبدالقدوس، پروفیسر وحید الزماں طارقؔ، تر شاہ، یوسف ثمر، علی امام، سجاد بابر، ابو طالب نقوی، اسدارحمنٰ ظفر، حنا سامی، فاطمہ زہرا جبیں، فرزانہ صاحب مرزا ، طالب، ہلال جعفری، حسین، ع م ساجد، انور عثمانی، باغیؔ، اعظمؔ، راہی جہانگیر آبادی، اکرام شوقؔ، علی متقی، محمد سلیم احمد، سجاد بابر، سلیم نظر، نورؔ ملک، طارق حسین بٹ، ارسلان طارق بٹ، محمد افراہیم بٹ، ریاض منصفؔ، عزیز قریشی ، سید پسوری، خالد نسیم، فقیر سائیں ناظر وحید، یہ وہ نام ہیں جو امارات کے ادبی حلقوں میں اپنے نشانات چھوڑ گئے ہیں۔ جی توڑ کوشش کے باوجود بھی انکے تفصیلات حاصل نہ ہو سکے۔

باب ۔ دوم

دور حاضر

چند شاعر ہیں جو اس شہر میں مل بیٹھتے ہیں
ورنہ لوگوں میں وہ نفرت ہے کہ دل بیٹھتے ہیں

۔جاوید احمد

اس باب میں ہم ان شعراء و ادباء کا ذکر کریں گے جو دور حاضر میں یہاں موجود ہیں اور سنجیدہ ادب تخلیق کرتے ہوئے یہاں کی ادبی فضا میں عطر گھول رہے ہیں۔ ان میں سے کچھ نام ایسے ہیں جو اردو کے عالمی منظرنامے پر اپنے فن کی بنا پر خاص مقام حاصل کر چکے ہیں، کچھ نام ایسے ہیں جو اس عمل کے اثنا میں ہیں اور کچھ آغاز میں۔ اس باب میں ہم اول الذکر دو کے بارے میں بات کرینگے۔ یہاں دورِ حاضر کے شعراء اور ادباء کی صف بندی کی گئی ہے جو اس لئے ضروری ہے کہ اس دور میں اساتذہ اور شاگرد دونوں بیک وقت ایک ہی دور کی نمائندگی کر رہے ہیں، محمود و ایاز والی مثال اپنی جگہ مگر استاد اور شاگرد میں ایک تعظیمی امتیاز، راوی ضروری سمجھتا ہے۔ متحدہ عرب امارات میں سنجیدہ ادب تخلیق کرنے والوں کو دو صفوں میں دیکھنا چاہیئے،

صفِ اوّل

صف، اوّل میں وہ شعراء اور ادباء ہیں جو خود میں ایک ادارے کی حیثیت رکھتے ہیں۔ یہ وہ لوگ ہیں جو نہ ہی خود معیاری ادب تخلیق کر کے متحدہ عرب امارات کو ایک دبستانِ اردو بنانے میں اہم کردار ادا کر رہے ہیں بلکہ یہ لوگ آنے والے دور کے لئے، لکھنے والوں کی نئی نسل کو پروان چڑھانے میں اپنا وقت اور صلاحیتیں صرف کر رہے ہیں۔ ان حضرات کی تخلیقات اور تصنیفات اردو کے عالمی منظرنامے پر مقبول ہیں اور ادب میں اہمیت کی حامل ہیں۔

ظہور الاسلام جاوید

آپکی جائے پیدائش گوالیار ہے۔ آپکے اجداد گوالیار سے ہجرت کر کے کراچی جا بسے

تھے۔40 برس سے زاید سے امارات میں مقیم ،آپ وہ شخصیت ہیں جوامارات کے ادبی منظر نامے کی تشکیل کی تاریخ کے نہ فقط گواہ ہیں بلکہ اس تاریخ سازی کے ایک اہم اور نمایاں کردار بھی ہیں۔آپ ایک پختہ کار شاعر بھی ہیں اور تبصرہ نگار بھی۔آپنے متعدد کتابوں پر نقد بھی لکھے ہیں،آپکی رائے عالمی اردو ادب میں اہمیت کی حامل مانی جاتی ہے۔آپنے ابوظبی میں 15 برس سے زاید تسلسل سے عالمی مشاعرے برپا کئے اور ہندوستان اور پاکستان کے مشہور ومعروف شعراء کوان میں مدعو کیا،ساتھ ہی ان مشاعروں میں امارات اور دیگر مما لک میں مقیم نئے لکھنے والوں کو بھی عالمی اسٹیج مہیّا کیا۔آپکا شعری مجموعہ "موسم کا اعتبار نہیں" کے نام سے 2002 میں شائع ہوا۔امارات میں آپکی حیثیت ایک استادشاعر کی ہے،کہ آپنے ایک نسل کی آبیاری کی ہے اور اب بھی اس میں مشغول ہیں۔

آپکے چند اشعار جومقبول عام ہیں ملاحظہ کیجیئے۔

میں یہ سمجھا کہ کوئی نرم زمیں آپہنچی
غور سے دیکھا تو وہ پاؤں کے چھالے نکلے

❖❖❖

یوں دوستوں نے ختم کیا ہے یقین کو
میں چہرا دیکھتا ہوں کبھی آستین کو

❖❖❖

ہمیں جو رزق دیا اس میں وسعتیں لکھ دیں
مگر حصول میں صحرا کی شدتیں لکھ دیں

مرے نصیب کے خانے میں لوٹنا لکھ کر
پھر اسکے ساتھ کے خانے میں مدتیں لکھ دیں

یوں تو دور حاضر کا تقریباً ہر شاعر ظہور الاسلام جاوید کی شخصیت اور انکے فن سے واقف ہی نہیں اسکا مداح بھی ہے، یہاں کچھ مشاہیر اور اساتذہ کی آراء سے اقتباس پیش کئے جا رہے ہیں تا کہ آپکو اندازہ ہو کہ ان سطور میں ہم کس عظیم شخصیت سے رو بہ رو ہیں:۔

ہمارے عہد حاضر کے ایک نمایاں شاعر اور عالمی مشاعروں کے ایک اعلیٰ منتظم کے طور پر ظہور الاسلام جاوید اپنی پہچان بنا چکے ہیں۔ظہور الاسلام جاوید کی شاعری روایت کی پاسداری کے ساتھ امکانات سے آشنا شاعری ہے۔پھر یہ بھی کہ لمحہء موجود میں موجود رہنے کی اہمیت بھی ظہور الاسلام جاوید کے فکری نصاب کا حصہ رہی ہے۔معاشرے میں جاری تعلیمات بھی اس کی نظر سے اوجھل نہیں رہتے اور ظہور کی تخلیقانہ صلاحیتیں بڑی خوبی سے اظہارِ طلب بن کر معنی آفریں اشعار میں ڈھل جاتی ہیں:

سروں کی فصل کٹنے کا یہ موسم تو نہیں لیکن
سروں کی فصل کٹنے کا کوئی موسم نہیں ہوتا
ہمارے دور میں اب نفسا نفسی کا یہ عالم ہے
جنازے روز اٹھتے ہیں مگر ماتم نہیں ہوتا

❖❖❖

مجھ سے ہی عبارت ہے یہ تنظیم گلستاں
میں خندہء گل ہی نہیں کانٹوں کی زباں ہوں

❖❖❖

ہے حرف شناسی کسی آئینے کی مانند
پتھر کوئی پڑ جائے تو سب حرف بکھر جائیں

❖❖❖

آئینہ میں نے سرراہ گزر رکھا ہے
تا کہ احباب کی کچھ خام خیالی جائے

❖❖❖

شاید اسی میں سارے مسائل کا حل ملے
سردار ہے جو اس کو سرِدار کر کے دیکھ

❖❖❖

یہ خرقہء در ویشی ہمیں راس ہے جاویدؔ
دستار و قبا پہن لیں ہم لوگ تو مر جائیں

میری بات کی تصدیق ان اشعار سے ہو سکتی ہے جو درج بالا تحریر میں آئے ہیں۔سو طے پایا کہ تخلیقی جوہر سے مالا مال ظہور الاسلام جاوید عہد حاضر اور لمحہء موجود کے حاضر و ناظر کے طور پر اپنے ماحول کی جائزہ گری بہت پر تاثیر انداز میں کر رہے ہیں۔ان کی سر براہی میں جاری سالانہ عالمی مشاعرہ اعتبار کے درجوں میں آ چکا ہے۔"

۔ڈاکٹر پیرزادہ قاسمؔ

آیئے ظہور الاسلام جاوید کے چند اشعار سے لطف اندوز ہوتے ہیں۔

میں یہ سمجھا کہ کوئی نرم زمیں آ پہنچی
غور سے دیکھا تو وہ پاؤں کے چھالے نکلے

❖❖❖

سروں کی فصل کٹنے کا یہ موسم تو نہیں لیکن
سروں کی فصل کٹنے کا کوئی موسم نہیں ہوتا
ہمارے دور میں اب نفسا نفسی کا یہ عالم ہے
جنازے روز اٹھتے ہیں مگر ماتم نہیں ہوتا

ان اشعار کو پڑھ کر صاف اندازہ لگایا جاسکتا ہے کہ ان میں سماجی شعور کی گہری معنویت کے ساتھ ساتھ ذاتی کرب کا احساس بھرپور طریقے سے موجود ہے۔ یہ وہ شاعری ہے جو دن، مہینے اور سال گزرنے کے بعد بھی پرانی نہیں پڑتی، بلکہ نئے آب و تاب دکھانے لگتی ہے۔" -ابراہیم اشکؔ

جناب ظہور الاسلام جاویدؔ نے شاعری سے اپنی بے پناہ دلچسپی اور خصوصی مشق مزاولت کے ذریعے سے اپنے وطن پاکستان میں بھی شہرت و ناموری حاصل کرلی ہے اور متحدہ عرب امارات میں بھی۔ جب ہم ان کی شاعری کو کسی کتاب یا رسالے میں دیکھتے ہیں یا خود ان کی زبان سے کسی چھوٹی بڑی مجلس میں سنتے ہیں تو یہ اندازہ کرنے میں دیر نہیں لگتی کہ ان کی شاعری کا رنگ مقصدی اور تعمیری ہے۔ وہ جو کچھ کہتے ہیں، یہ سوچ کر کہتے ہیں کہ ہم جو کچھ کہہ رہے ہیں، یہ ہمیں تک یا کسی مشاعرے تک محدود نہیں رہیگا، بلکہ دوسرے لوگ بھی اسے پڑھیں گے اور اس کے اچھے یا برے اثرات ان کے ذہن وفکر پر بھی مرتب ہوں گے۔ صاف اور دوٹوک الفاظ میں ہم یہ کہہ سکتے ہیں کہ ان کی شاعری ہوائی یا خالص خیال نہیں ہے، بلکہ اس کا کا تعلق اس مٹی سے جڑا ہوا ہے جس سے ان کا اور تمام انسانوں کا گہرا رشتہ ہے۔ شاعر ہو یا ادیب

یا خطیب و مقرر یا کوئی دوسرا فنکار، اس کی شاعری، ادب یا خطابت و تقریر میں اسی وقت تاثیر پیدا ہوگی یا اسے مقبولیت و ہر دل عزیزی حاصل ہوگی، جب اس کی جڑیں سننے یا پڑھنے والوں کی زندگی سے قریب ہوں۔ وہ اس کی ہر بات کو اپنی بات سمجھ رہے ہوں۔ اس میں شاعری کی اپنی آپ بیتی کے ساتھ ساتھ جگ بیتی بھی ہو۔ ایک اچھی اور بڑی شاعری کی یہی پہچان ہے۔ اس میں کوئی شک نہیں کہ ظہور الاسلام جاوید کی شاعری میں یہ خوبی بدرجہ اتم موجود ہے۔"

۔ڈاکٹر تابش مہدی

ظہور الاسلام جاوید کے موضوعات سخن متعدد اور متنوع ہیں۔ جہاں وہ ایک کھرے غزل گو ہیں اور غزل کی مثبت روایات سے اپنے کلام کو سجاتے ہیں، وہیں وہ ان حالات سے چشم پوشی نہیں کرتے جنہوں نے ان کے اہل وطن کو ایک مسلسل آزمائش میں مبتلا کر رکھا ہے۔ کہیں کہیں وہ حسن اخلاق کا بھی درس دینے لگتے ہیں مگر یہ درس غزل کی زبان میں ہوتا ہے اس لیے غزل کا ناگزیر حصہ بن جاتا ہے۔ انہوں نے جو نظمیں کہی ہیں وہ ان کی حقیقت پسندی کی آئینہ دار ہیں۔ ساتھ ہی ان کے اشعار میں سے حوصلہ مندی، جرات اور صدق و صفا کی جو کرنیں پھوٹتی رہتی ہیں وہ ان کے ایک سچے اور دردمند مسلمان ہونے کی دلالت کرتے ہیں۔ ان کی نعت نگاری میں عقیدت کے علاوہ ایمان افروزی کی لگن بھی ہے۔ ان کے پورے کلام کو سمجھنے کے لئے ان کی وہ غزل بطور مثال پیش کی جا سکتی ہے جس کے مطلع کا پہلا مصرع ہے۔

فرزانہ ہوں اور نبضِ شناسِ دو جہاں ہوں"

۔احمد ندیم قاسمی

ظہور الاسلام جاویدؔ کی غزل روایت کی تمام تر خوبیوں کے علاوہ جدید غزل کے تقاضوں سے بھی ہم آہنگ ہے۔ یہاں اس حقیقت کا بھی اظہار ضروری سمجھتا ہوں کہ جاویدؔ کے والد محترم اور میرے بزرگ دوست انعام گوالیاری صاحب کا شمار بھی اپنے عہد کے نعت اور غزل کے نامور شعراء میں کیا جاتا تھا، چنانچہ زبان و بیان کی پاسداری کے ساتھ ساتھ فن کی پابندیوں سے عہدہ برآ ہونے کا سلیقہ بھی انھیں گھر سے ملا ہے۔ مجھے یقین ہے کہ جاویدؔ کی ایک عمر کے حاصل اس مجموعہ "موسم کا اعتبار نہیں" کو ادبی حلقوں میں اس سطح پر سراہا جائے گا جس کا یہ مستحق ہے۔"

محسن بھوپالی

ظہور السلام جاویدؔ کی دو غزلیں ملاحظہ ہوں۔

فرزانہ ہوں اور نبضِ شناسِ دو جہاں ہوں
دیوانہ ہوں اور بے خبرِ سود و زیاں ہوں
حالانکہ میں ہر وقت وہیں ہوں وہ جہاں ہیں
وہ سوچتے رہتے ہیں میں کیا جانے کہاں ہوں
میری ہی طرف ہے نگراں وقت کی دیوی
ہر عہد میں ہر دور میں تقدیر جہاں ہوں
محتاجِ توجہ مری ہر نرگس مخمور
اے دوست جواں ہوں میں جواں ہوں میں جواں ہوں
مجھ ہی سے عبارت ہے یہ تنظیم گلستاں
میں خندۂ گل ہی نہیں کانٹوں کی زباں ہوں

قائم ہے مجھی سے مرے اسلاف کی عظمت
میں اپنے بزرگوں کی صداقت کا نشاں ہوں
نغموں نے مرے دھوم مچا دی ہے چمن میں
جاویدؔ میں اک طنز پئے نوحہ گراں ہوں

❖❖❖

جتنی بھی تیز ہو سکے رفتار کر کے دیکھ
پھر اپنی خواہشوں کو گرفتار کر کے دیکھ
دیوانہ ہے جنوں میں گزرتا ہی جائے گا
تو راستوں کو چاہے تو دیوار کر کے دیکھ
یوسف بھی ہے یہاں پہ زلیخائے وقت بھی
بس مصر کی سی گرمئ بازار کر کے دیکھ
اے محتسب روایت کہنہ کے نقش میں
تعمیر کرتا جاؤں گا مسمار کر کے دیکھ
شاید اسی میں سارے مسائل کا حل ملے
سردار ہے جو اس کو سر دار کر کے دیکھ
جاویدؔ گر ہے خواہش تسکین قلب و جاں
رخ اپنا جانب شہ ابرار کر کے دیکھ

جاویدؔ صاحب کا ایک دعائیہ کلام جو راقم الحروف کو بے حد پسند ہے، ملاحظہ فرمائیں۔

یارب فراز فکر رسا کا وقار دے
الفاظ کو جلا دے بیاں کو نکھار دے

فیضِ شعورِ حکمت و دانش کا ذہن کے
غار حرا میں ایک فرشتہ اتارردے

درپیش ہو جو مرحلہ ء خیبرِ سخن
نوکِ قلم کو مرتبہ ء ذوالفقار دے

لات و منات جہلِ تخیل ہوں پاش پاش
یوں کعبہء شعور کو مولا سنوار دے

جب بھی قلم پہ حملہء سفیانِ شہر ہو
مجھ کواُحد کا حوصلہ اے کردگار دے

پھر طیبیء، حروف کا مجھ کو غنی بنا
اے بدرِ آ گہی مرے دشمن کو ہار دے

لفظ و بیاں کے کوہِ صفا پہ کھڑا رہوں
یوں مکہء سخن کا مجھے اعتبار دے

جب طائفِ خیال میں بارش ہو سنگ کی
پھر صبر بھی مجھے میرے پروردگار دے

جاویدؔ فتح مکہء اسلوب ہو عطا
میرے قلم کو ایسے کئی شاہکار دے

یعقوب تصور

آپکا اصل نام یعقوب محمد اور تصور تخلص ہے۔آپ متحدہ عرب امارات کا ہی نہیں اردو ادب کے عالمی منظرنامے کا ایک اہم نام ہیں۔آپکی جائے پیدائش لکھنو ہے،آپکے اجداد تقسیم ہند کے بعد کراچی جا بسے جہاں یعقوب صاحب نے تعلم و تربیت حاصل کی۔پیشے سے آپ ایک انجیئر ہیں۔ فارغ التحصیل ہونے کے بعد آپ کراچی میں ہی متعدد اداروں میں اپنے پیشاورانہ فرائض سرانجام دیتے رہے۔ 1975 میں امارات کی ریاست ابوظبی چلے آئے اور تب سے یہیں مقیم ہیں اور سنجیدہ ادب کی تخلیق میں مشغول ہیں۔آپ غزل،حمد و نعت و منقبت،ہائیکو،نظمیں،قطعات میں اپنی شعری صلاحیتوں کا لوہا منوا چکے ہیں،علاوہ ازیں آپ افسانہ نگار بھی ہیں اور ناقد و مبصر بھی۔آپکا پہلا شعری مجموعہ" پیش رفت" کے نام سے 1996 میں شائع ہوا جس میں آپکی غزلیں اور نظمیں شامل کی گئیں تھیں۔اسکے بعد ہائیکو کا مجموعہ" صحرا میں جگنو"،غزلوں اور نظموں کا دوسرا مجموعہ" سپنوں کی قید میں"،مجموعہ حمد و نعت "صراطِ مستقیم"،قطعات کا مجموعہ" انحراف"، دوسرا مجموعہ حمد و نعت" ارتقاع"،قطعات کا دوسرا مجموعہ" اعتراف"، دوہوں کا مجموعہ" سوغات" مسلسل شائع ہوتے رہے۔رباعیات پر مشتمل آپکا تازہ مجموعہ" کلام سخن رقص میں ہے" کے نام سے شائع ہو رہا ہے۔آپکے فن اور ادبی خدمات کا تحقیقی اور تنقیدی جائزہ کے عنوان سے جامعہ بہاؤالدین ذکریا، ملتان میں M.Phil کا تحقیقی مقالا لکھا جا چکا ہے۔آپکے فنِ سخن پر مشاہیر ہندو پاک کے ۵۵ مضامینِ نقد و نظر پر مشتمل ایک کتاب شائع ہو چکی ہے۔

آیئے یعقوب تصورؔ کے کچھ کلام سے لطف اندوز ہوتے ہیں:-

پہلے دوغزلیں۔

حصول رزق کے ارماں نکالتے گزری
حیات ریت سے سکے ہی ڈھالتے گزری
مسافرت کی صعوبت میں عمر بیت گئی
بچی تو پاؤں سے کانٹے نکالتے گزری
ہوا نے جشن منائے وہ انتظار کی رات
چراغ حجرۂ فرقت سنبھالتے گزری
وہ تیز لہر تو ہاتھوں سے لے گئی کشتی
پھر اس کے بعد سمندر کھنگالتے گزری
رسائی جس کی نہ تھی بے کراں سمندر تک
وہ موج نہر بھی چھینٹے اچھالتے گزری
یہی نہیں کہ ستارے تھے دسترس سے بعید
ذرا ذرا سے تمنا بھی ٹالتے گزری
تمام عمر تصورؔ ردائے بخت سیاہ
مشقتوں کے لہو سے اجالتے گزری

❖❖❖

مرے چاروں طرف ایک آہنی دیوار کیوں ہے
اگر سچا ہوں میں سچ کا مقدر ہار کیوں ہے
نشاط و انبساط و شادمانی زیست ٹھہری
تو بتلائے کوئی جینا مجھے آزار کیوں ہے

مسافت زندگی ہے اور دنیا اک سرائے
تو اس تمثیل میں طوفان کا کردار کیوں ہے
جہاں سچ کی پذیرائی کے دعویدار ہیں سب
اسی بزم سخن میں بولنا دشوار کیوں ہے
یقیناً حادثے بھی جزو خاص زندگی ہیں
ہمارا شہر ہی ان سے مگر دو چار کیوں ہے
مری راہوں میں جب ہوتے نہیں کانٹے تصور
میں ڈر کر سوچتا ہوں راستہ ہموار کیوں ہے

❖❖❖

ایک نظم بہ عنوان "امتحان"

ہجوم رنج و الم کئی پیکروں میں ڈھل کر
چہار جانب پہ چھا رہا ہے
زمین آتش فشاں ہے اور آسمان سے بارش ستم ہے
سمندروں میں غضب کے طوفاں
سلگتے جلتے ہوئے کٹھن راستوں میں پتھر
ہم ان کے نرغے میں
استقامت سے چل رہے ہیں
قدم قدم گر رہے ہیں گر کر سنبھل رہے ہیں
یہ اس کی چاہت کی آزمائش ہے
اور بے لوث و بے غرض جذبۂ وفا کا حسین تحفہ

یہ اس کی چاہت کی اک سند ہے
یہ اس کی نظروں میں امتحاں ہے

چند قطعات ملاحظہ ہوں:۔

نئے شالے ودشالے دیکھ لینا
یہ جھومر اور جھالے دیکھ لینا
تحائف جب نرالے دیکھ لینا
مرے ہاتھوں کے چھالے دیکھ لینا

❖❖❖

لمحہ لمحہ صرف فن تدبیر کیا
سامان تزئین رخ تقدیر کیا
صحراؤں میں عمر ہماری ریت ہوئی
گھر والوں نے تاج محل تعمیر کیا

❖❖❖

عرش سے فرش زمیں تک کا سفر
عین فطرت تھا فسانہ بن گیا
اپنی منزل تو تصوّر تھی یہی
دانہ ء گندم بہانا بن گیا

❖❖❖

مصائب جھیلنے سے میں نہیں ڈرتا محبت میں
جواں عظم مصمم ہے بدن میں جان باقی ہے
بہت کچھ کر چکا ہوں میں تصوؔر زندگانی میں
بہت کچھ کر گزرنے کا ابھی امکان باقی ہے

آپکاایک مشہورِ زمانہ شعر۔

اڑی ہے جب سے پرندوں کی واپسی کی خبر
ہر ایک شخص نے پنجرہ خرید رکھا ہے

اردو ادب کے اس عظیم تخلیقار کے بارے مشاہیر اور اساتذہ کی آراء میں سے کچھ اقتسابات مندرجہ ذیل پیش کئے جاتے ہیں۔

قطعات پر مشتمل آپکے شعری مجموعہ "انحراف" کے بارے اپنی رائے دیتے ہوئے شمس الرحمن فاروقی لکھتے ہیں۔" یعقوب تصور نے اس مجموعے میں تازہ کاری کی دومنزلیں طے کی ہیں۔ ایک تو یہ کہ انہوں نے چار مصرعے والی نظموں کو قطعہ کہا ہے، حالانکہ اصولی اعتبار سے وہ قطعہ نہیں ہیں کیونکہ ان میں مطلع موجود ہے۔ واقعہ یہ ہے کہ صنف قطعہ کا جواز ہی ایک تھا کہ اسے قصیدے سے کاٹ کر نکالا گیا تھا، لہذا اس میں مطلع نہیں ہوتا تھا۔ لیکن یعقوب تصوؔر نے اس قید کو ختم کر دیا ہے اور مطلع والی چار مصرعی نظموں کو بھی قطعہ کہا ہے۔ عربی شاعری میں قطعہ عام طور پر عشقیہ مضامین پر مبنی ہوتا تھا۔ بعد کے لوگوں نے مضمون کی قید اٹھا دی لیکن ہمارے زمانے میں یعقوب تصوؔر پہلے شاعر ہیں جنہوں نے قطعہ کے مضامین کو وسیع سے وسیع تر کیا ہے۔ ان کے

یہاں معاصر زندگی کے مسائل اور ذاتی باطنی وارداتوں کا تذکرہ بیش از پیش ہے۔اسی طرح انہوں نے مضمون میں وسعت پیدا کرنے کا تازہ کار قدم اٹھایا ہے۔دوسری تازہ کاری زیر نظر مجموعے کے اشعار میں یہ ہے کہ بہت سی نظمیں صحیح معنیٰ میں چار مصرعوں پر مبنی قطعہ کی شکل رکھتی ہیں اور ان نظموں یا ان قطعوں میں خوبی یہ ہے کہ عام طور پر چوتھا مصرعہ اتنا نوکیلا اور برجستہ ہوتا ہے کہ قطعہ میں رباعی کا لطف آنے لگتا ہے۔

کہیں کہیں پر عشقیہ مضامین کی جھلک نظر آتی ہے لیکن ان مضامین میں بھی شاعر کی طبیعت کا بانکپن خوب جھلکتا ہے۔مجھے یقین ہے کہ یہ مجموعہ بہت کامیاب ہوگا"

آپکے دوسرے شعری مجموعہ پر رائے دیتے ہوئے احمد ندیم قاسمی لکھتے ہیں،"میں عرصہ سے یعقوب تصور سے متعارف ہوں اور جانتا ہوں کہ وہ ہمارے کئی دوسرے ذہین اور حساس شعراء کی طرح متحدہ امارات کے ویران صحراؤں میں اور بھرپور شہروں کے پس منظر میں جب شعر کہتا ہے تو وطن سے دوری اور معاش کی مجبوری اس کا خاص موضوع ہوتا ہے۔چنانچہ اگر مذکورہ شعر کو اس تناظر میں دیکھا جائے تو اس کے مفاہیم افق تا افق پھیلتے چلے جاتے ہیں۔یہ موضوع ان سب شاعروں کا خاص موضوع ہے جو بسلسلۂ معاش ہجرت کر گئے ہیں۔یعقوب تصوؔر نے اس موضوع کو ایک سے زیادہ معنوں میں فن بلاغت کے ساتھ پیش کیا ہے۔''

ابراہیم اشکؔ آپکی دوہا نگاری پر بات کرتے ہوئے لکھتے ہیں،" یعقوب تصور دوہا نگاری میں حضرت امیر خسرو، کبیرداس، رحیم، گرونانک، میرابائی تلسی داس، سورداس اور ملک محمد جائسی کے پیرو کار نہیں ہیں بلکہ وہ جمیل الدین عالی کے پیروکار ہیں۔ان کے دوہے ہری پد، سری

چند میں ہیں جسے '' عالی چال'' کہتے ہیں۔ پاکستان کے زیادہ تر دوہا نگار اسی طرز پر دوہا کہتے ہیں ۔اور'' عالی چال'' اب عام دوہا نگاروں کی چال بنتی جارہی ہے۔ جہاں دوہے کا روپ سروپ، رنگ و آہنگ سب کچھ بدلنے لگا ہے۔ دوہے کی فکر، موضوعات اور خیال ہر اعتبار سے دیکھا جائے تو سری چند کی وجہ سے اس میں بڑی تبدیلیاں رونما ہوئی ہیں جو یعقوب تصور کے دوہوں میں بھی صاف دکھائی دیتی ہیں۔ چند مثالیں ملاحظہ ہوں:۔"

دھوپ تھکن، تنہائی ، وحشت، صحرا کی سوغات
دن گزرے ہے محنت کرتے ، رو گزرے ہے رات

❖❖❖

میری قسمت میں لکھی ہے، نٹ کھٹ سی وہ نار
پیار کی بات کرو تو لڑنے مرنے کو تیار

❖❖❖

سارے جگ میں رسوا ہو کر ،راز ہوا یہ فاش
اس کا زانو میری دھرتی آنچل ہے آکاش

❖❖❖

ہونٹ گلابی آنکھیں نیلی سونے جیسا انگ
اس مورت میں قوسِ قزح کے ہیں سارے ہی رنگ

❖❖❖

جمیل الدین عالی آپکے پہلے شعری مجموعہ "پیش رفت" کے بارے میں لکھتے ہیں،"
یعقوب تصورؔ ابوظبی میں خاموش زندگی گزارنے والے مگر ہمارے ایک خوبصورت اور منفرد شاعر

ہیں۔ان کے ہاں متبادل الفاظ ایک طرح معنی میں اضافہ کرتے ہوآتے ہیں اور شعر تو حرف وصوت کی تصویر بن جاتے ہیں۔میں نے ان کا سب کلام تو دیکھا یا سنا نہیں (وہ ایک کم آمیز اور محفلوں،مشاعروں سے گریزاں گریزاں شاعر ہیں لیکن جرائد میں کچھ نہ کچھ پڑھا اور ابوظہبی میں خود ان کے گھر جا کر سنا ہے۔اس تاثر نے مجھے انہیں مجبور کرنے پر آمادہ کیا کہ اپنے خاصے بڑے ذخیرے سے ایک مجموعہ ہی مرتب کر دیں ان کا مجموعہ بہت پہلے چھپ جانا چاہیے تھا۔بیشتر زمینیں ان کی اپنی ہوتی ہیں مشکل بھی اور دل لبھانے والی بھی۔میں اپنا شمار یعقوب تصور کے مداحوں میں کرتا ہوں۔میرا خیال ہے کہ انکی انفرادیت خواہ دیر سے ظاہر ہو رہی ہو اہل نظر کو چونکاتے ہوئے انہیں ایک جمالیاتی سرشاری کا تحفہ پیش کرے گی۔یہ تحفہ آج کا ہر شعری مجموعہ نہیں دیتا جب کہ ہمیں اس کی ضرورت پہلے کی نسبت آج زیادہ ہے۔"

آپکے فن پر تبصرہ کرتے ہوئے ڈاکٹر سید محمد قاسم پیرزادہ لکھتے ہیں،"یعقوب تصور نے میٹھے اور رسیلے جذبوں کی کچی پکی عمر میں بس کچھ ہی رس بھری سانسیں کھینچیں تھیں کہ وقت کی آندھی اسے اڑا لے گئی اور ایک پر ہجوم،افراتفری زدہ چوراہے میں لا پھینکا۔پھر وہ بھی آنکھیں ملتا رہا اور کپڑوں سے گرد جھاڑتا زندگی کی اس بھیڑ میں گم ہو گیا جس میں جوہر و جوہر شناس دونوں ہی رلتے پھرتے ہیں۔بھیڑ میں راستہ ملتا کہاں ہے،بنانا پڑتا ہے۔یعقوب تصور نے بھی راستہ بنالیا۔اپنے لیے بھی اور اپنی شاعری کے لیے بھی اور اب یعقوب تصور کی شاعری اور اس کا احوال ''پیش رفت'' کی صورت میں آپ کے سامنے ہے۔جن حالات میں ہم زندہ ہیں اور زندگی کی جو کڑی ریاضتیں ہمارا مقدر ٹھہری ہیں یعقوب تصور ان سب سے سرخرو اور کامران

گزرتا نظر آتا ہے۔اس کی زندگی اور شاعری اکھرے جذبوں کی تفسیر نہیں بلکہ بھرپور زندگی کا احوال ہے۔زندگی کے تپتے ریگزاروں اور بے سائباں وسعتوں کا وہ صرف ناظر ہی نہیں رہا۔ زندہ رہنے کے کڑے مطالبات نے بھی انہیں جھلسا دینے والی فضاؤں کا حصہ بنا دیا اور یوں عرب امارات کی وسعتیں اس کی روزی کا وسیلہ بن گئیں"

صحراؤں میں عمر ہماری ریت ہوئی
گھر والوں نے تاج محل تعمیر کیے

ڈاکٹر صباحت عاصمؔ واسطی

امرتسر کا ایک گھرانا جو تقسیم ہند سے پہلے پیشاور جا بسا، اسی گھرانے کے فرد برطانیہ کی شہریت رکھنے والے ڈاکٹر صباحت عاصمؔ واسطی 2007 سے امارات میں مقیم ہیں، اپنے پیشاورانہ فرائض کو سر انجام دینے کے ساتھ ساتھ آپ امارات کے ادبی آسمان پر روشن وہ ستارہ ہیں جو پوری دنیا میں اپنے فن شاعری کی روشنی سے پہچانے جاتے ہیں۔آپ پوری دنیا میں با الخصوص مغربی دنیا میں جہاں جہاں بھی اردو بولی جاتی ہے عالمی مشاعروں میں متحدہ عرب امارات کی نمائندگی کرتے ہیں۔آپ امارات کے کئی نئے لکھنے والوں کے استاد بھی ہیں، آپ کھلے دل سے نئے لکھنے والوں کا استقبال اور حوصلہ افزائی کرتے ہیں،جس سے مستقبل کے لئے فضا ہموار ہو رہی ہے۔ آپکے 5 شعری مجموعے، 4 اردو میں" کرن کرن اندھیرا"،" آگ کی صلیب"،" تیرا احسان غزل ہے"،"توسل" اور ایک انتخاب دیوناگری میں"لفظ محفوظ کر لئے جائیں" کے نام سے شائع ہو چکے ہیں۔

ڈاکٹر صاحب کی چند غزلیں ملاحظہ کیجئے:۔

تم انتظار کے لمحے شمار مت کرنا
دیئے جلائے نہ رکھنا سنگار مت کرنا
مری زبان کے موسم بدلتے رہتے ہیں
میں آدمی ہوں مرا اعتبار مت کرنا
کرن سے بھی ہے زیادہ ذرا مری رفتار
نہیں ہے آنکھ سے ممکن شکار مت کرنا
تمہیں خبر ہے کہ طاقت مرا وسیلہ ہے
تم اپنے آپ کو بے اختیار مت کرنا
تمہارے ساتھ مرے مختلف مراسم ہیں
مری وفا پہ کبھی انحصار مت کرنا
تمہیں بتاؤں یہ دنیا غرض کی دنیا ہے
خلوص دل میں اگر ہے تو پیار مت کرنا
ملیں گے راہ میں عاصمؔ کو ہم سفر کئی اور
وہ آ رہا ہے مگر انتظار مت کرنا

❖❖❖

اگر چبھتی ہوئی باتوں سے ڈرنا پڑ گیا تو
محبت سے کبھی تم کو مکرنا پڑ گیا تو
تری بکھری ہوئی دنیا سمیٹے جا رہا ہوں

اگر مجھ کو کسی دن خود بکھرنا پڑ گیا تو
ذخیرہ پشت پر باندھا نہیں تم نے ہوا کا
کہیں گہرے سمندر میں اترنا پڑ گیا تو
وہ مجھ سے دور ہوتا جا رہا ہے رفتہ رفتہ
اگر اس کو کبھی محسوس کرنا پڑ گیا تو
تم اس رستے میں کیوں بارود بوئے جا رہے ہو
کسی دن اس طرف سے خود گزرنا پڑ گیا تو
بنا رکھا ہے منصوبہ کئی برسوں کا تو نے
اگر اک دن اچانک تجھ کو مرنا پڑ گیا تو
تمہاری ضد ہے عاصمؔ وہ نکھارے حسن اپنا
اگر اس کے لیے تم کو سنورنا پڑ گیا تو

❖❖❖

مانا کسی ظالم کی حمایت نہیں کرتے
ہم لوگ مگر کھل کے بغاوت نہیں کرتے
کرتے ہیں مسلسل مرے ایمان پہ تنقید
خود اپنے عقیدوں کی وضاحت نہیں کرتے
کچھ وہ بھی طبیعت کا سکھی ایسا نہیں ہے

کچھ ہم بھی محبت میں قناعت نہیں کرتے
جو زخم دیے آپ نے محفوظ ہیں اب تک
عادت ہے امانت میں خیانت نہیں کرتے
کیوں ان کو ملا منصب افزائش گیتی
یہ لوگ تو مٹی سے محبت نہیں کرتے
کچھ ایسی بغاوت ہے طبیعت میں ہماری
جس بات کی ہوتی ہے اجازت نہیں کرتے
تنظیم کا یہ حال ہے اس شہر میں عاصمؔ
بے ساختہ بچے بھی شرارت نہیں کرتے

آپکی ایک نظم بہ عنوان "توسل"،

وادی تخیل کی
انتہائی گہرائی
رفعتِ نہایت میں
اک خیال سرگرداں،
رفعتِ نہایت کا وادیِ تخیل سے
رابطہ نہیں پھر بھی
اک خیال سر گرداں
جانے کس توسل سے
اتنی سخت پستی تک

اِسقدر بلندی سے
راستہ بناتا ہے

آپکا ایک مشہور زمانہ شعر۔

وقت اظہار کا نہیں ہے ابھی
لفظ محفوظ کر لئے جائیں

پروفیسر ڈاکٹر ضیاالحسن، آپکے ایک شعری مجموعہ کے دیباچے کا آغاز کرتے ہوئے لکھتے ہیں، "میں صباحت عاصم واسطی صاحب سے ذاتی طور پر واقف نہیں ہوں۔ مجھے ان کا مسودہ عباس تابش صاحب سے ملا کہ دیباچہ لکھ دو۔ میں نے بے دلی سے مسودے کا مطالعہ شروع کیا لیکن جوں جوں پڑھتا گیا، شاعر سے میرا تعلق استوار ہوتا گیا۔ مجھے لگا یہ نظمیں عاصم صاحب نے نہیں کہیں بلکہ میں نے کہیں ہیں۔ اتنی فکری ہم آہنگی کم ہی کسی شاعر سے ہوتی ہے جتنی مجھے اس شاعر سے محسوس ہوئی۔ مجھے محسوس ہوا کہ یہ شاعر نظم اس لیے نہیں لکھتا کہ شاعر کہلوائے بلکہ اس کے اندر کوئی مسئلہ ہے، کوئی درد ہے جو اپنا اظہار چاہتا ہے۔ یہ درد موجودہ دنیا میں ہر حساس انسان کو بے چین رکھتا ہے، عاصم صاحب نے اس درد کو لفظوں کی زبان دے دی ہے۔"

آپکا ایک شعر جسکا سحر راوی پر سے نہیں ٹوٹتا۔

وہ یوں ہوا کہ مرے ہاتھ لگ گیا سورج
سیاہ شب میں ستارہ شکار کرتے ہوئے

ڈاکٹر زبیر فاروق

پیشے سے ڈاکٹر ہیں، جن کی مادری زبان اردو نہیں ہے، مگر اردو کے عشق میں تب گرفتار

ہوئے جب ڈاکٹری پڑھنے کراچی گئے۔آپکی مادری زبان عربی ہے،آپ متحدہ امارات کے شہری ہیں۔آپ عربی میں بھی شاعری کرتے ہیں۔آپکو اردو شاعری سے شغف شفیق سلیمی اور اسلام عظمی کی صحبت میں ہوا۔آپ غزل، نظم اور گیت جیسی اصناف میں طبع آزمائی کرر ہے ہیں۔آپ مزاحیہ شاعری بھی کرتے ہیں۔اردو شاعری کے 102 مجموعے مختلف عنوانان کے تحت شائع ہو چکے ہیں۔ ہندوستان، پاکستان کے علاوہ جہاں جہاں بھی عالمی مشاعرے ہوتے ہیں، ڈاکٹر زبیر فاروق اپنی شاعری کے پھول بکھیر چکے ہیں۔

آیئے انکی کچھ غزلیں دیکھتے ہیں۔

آنکھوں میں ہے بسا ہوا طوفان دیکھنا
نکلے ہیں دل سے یوں مرے ارمان دیکھنا
بھولا ہوں جس کے واسطے میں اپنے آپ کو
وہ بھی ہے میرے حال سے انجان دیکھنا
دیکھا جو مسکراتے ہوئے آج ان کو پھر
روشن ہوا ہے جینے کا امکان دیکھنا
ہے حرف حرف زخم کی صورت کھلا ہوا
فرصت ملے تو تم مرا دیوان دیکھنا
چاروں طرف ہے پھیلا ہوا سبزہ زار سا
بادل کا ہے زمین پر احسان دیکھنا
آنکھوں میں اشک لب پہ فغاں دل فگار سا

راہ وفا میں جینے کا سامان دیکھنا
چلتا ہوں احتیاط سے فاروقؔ اس لیے
کر لوں نہ پھر کہیں کوئی نقصان دیکھنا

❖❖❖

دل کا غم سے غم کا نم سے رابطہ بنتا گیا
دھیرے دھیرے بارشوں کا سلسلہ بنتا گیا
درد و غم سہنے کی عادت اس قدر پختہ ہوئی
ہارنا آخر ہمارا مشغلہ بنتا گیا
ایک اک کر کے بہت دکھ ساتھ میرے ہو لیے
مرحلہ در مرحلہ اک قافلہ بنتا گیا
ضبط کا دامن جو چھوٹا ہاتھ سے میرے تو پھر
میرا چہرہ کرب کا اک آئنہ بنتا گیا
ہر طرف پھیلا ہوا تھا بے یقینی کا دھواں
خود بخود فاروقؔ پھر اک راستہ بنتا گیا

بنارس سے 2009 میں "اردو کا پہلا صاحبِ دیوان شاعر۔ڈاکٹر زبیر فاروقؔ" کے عنوان سے جاوید انور نے ڈاکٹر زبیر فاروق کے فن اور شخصیت کا ایک مطالعہ کتابی شکل میں مترب کیا تھا، اسکے مقدمے میں انہوں نے ڈاکٹر صاحب کے بارے میں جو لکھا اس سے ایک اقتباس ملاحظہ فرمائیں؛

متحدہ عرب امارات میں ڈاکٹر زبیر فاروق پہلی شخصیت ہیں جنھوں نے متعدد ادبی تقاریب کے حوالے سے اور اس سے الگ بھی ادب اور ادیب کی فلاح کے لیے ہمیشہ ''دامے درے'' کا رویہ استوار رکھا۔ متحدہ عرب امارات کی علمی اور ادبی فضا کو اپنے اس نظریے سے متاثر کرتے ہوئے ایک بہترین سمت عطا کرنے کی کوشش کی۔ ان کے ادبی رویوں سے اندازہ ہوتا ہے کہ اگر وہ لکھنے کی کوشش کرتے تو ایک بہترین نثر نگار بھی ہو سکتے تھے۔ میرے اس خیال کی اساس ان کے وہ ادبی موقف ہیں جس کا اظہار وہ اپنی روزمرہ کی ادبی گفتگو میں کرتے رہتے ہیں۔ لیکن جہاں تک مجھے علم ہے انہوں نے اس طرح کی شعوری کوشش نہیں کی۔ ممکن ہے اس جانب ان کی توجہ نہ گئی ہو یا انہوں نے اس ادبی عمل کو آنے والے وقتوں کے لیے اٹھا رکھا ہو۔

ڈاکٹر زبیر فاروق کی شاعری میں زندگی کے تاریک اور روشن پہلوؤں کو نظر انداز کرنے کا نہیں بلکہ ان کی حقیقت بیانی کا عمل نظر آتا ہے۔ برصغیر کے علمی و ادبی معاشرے کا جائزہ لیا جائے تو غیر علمی اور غیر ادبی بنیادوں کو استوار کر عزت اور مقام حاصل کرنے کے لیے کئی ترکیبیں استعمال کی جاتی رہی ہیں، ان کو زبیر فاروق جیسا باشعور تخلیق کار نظر انداز نہیں کر سکتا۔ ان کی شاعرانہ حیثیت کا مضطرب ہونا لازمی ہے۔ جو بھی ادیب و شاعر یہ تصور کرتا ہے کہ ادب میں دوست داریاں نہیں چلتیں۔ اس کا ضمیر اسے ادبی اصولوں سے بھٹکنے کی اجازت بھی نہیں دے گا۔ ادبی علم جہاں انسانی اعتبار سے علم حاصل کرنے کے مزید امکانات کو روشن کرتا ہے۔ وہیں خود کے لاعلم ہونے کے احساس کو بھی زندہ رکھتا ہے۔ اور مزید کسب فیض کا رجحان دوسری طرف خود اعتمادی

میں بھی اضافہ کرتا ہے۔اس سے بڑھ کر یہ کہ دل میں عاجزی اور انکساری کا جذبہ بھی ساتھ ساتھ متحرک رہتا ہے۔"

واحد سحری صدر، بزم ساز و ادب نئی دہلی ڈاکٹر صاحب کے ایک شعری مجموعہ" آیت کرب" پر اپنے تاثرات بیان کرتے ہوئے لکھتے ہیں،" زبیر فاروق کے ان اشعار کے مطالعہ سے ظاہر ہوتا ہے کہ وہ عصر حاضر کے شعری تقاضوں سے بھرپور واقفیت رکھتے ہیں اور اپنے احساسات کے اظہار پر قدرت رکھتے ہیں۔ یہ بات اس لئے اور بھی باعثِ مسرت و شادمانی ہے کہ ان کا تعلق سرزمین عرب سے ہونے کے باوجود وہ اردو شاعری اہل زبان کی طرح کرتے ہیں۔ہمیں امید ہے کہ اس مجموعے کے بعد مزید بہتر کی تلاش میں انکا ادبی و شعری سفر جاری رہے گا اور ایک دن ان کا شمار فلکِ سخن کے درخشندہ ستاروں میں ہوگا۔"

ڈاکٹر زبیر فارقؔ کے فن شاعری پر اپنے خیالات کے بیان میں احمد ندیم قاسمی جو لکھا ہے اس سے ایک اقتباس ملاحظہ فرمائیں۔

جب میں نے ڈاکٹر زبیر فاروق کے بارے میں سنا کہ عرب ہیں اور اردو میں شعر کہتے ہیں تو مجھے یقین نہیں آیا۔ اردو میں انگریزوں، فرانسیسیوں، امریکیوں اور چینیوں نے تو یقیناً شاعری کی ہے مگر کسی عرب کا اردو میں شعر کہنا اب تک سننے میں نہیں آیا تھا۔آخر ایک عرب ایک عجمی زبان کو ذریعہ اظہار کیسے بنا سکتا ہے! پھر جب میں نے ایک دو شعری نشستوں میں ڈاکٹر فاروق کی زبانی ان کا کلام سنا تو حیرت اور مسرت ہوئی کہ اس عرب نے تو اردو کو باقاعدہ سینے سے لگا رکھا ہے۔اور پھر جب فاروق نے مجھے اپنا پہلا اردو مجموعہ کلام" لپس کہسار" عنایت کیا تو

مزید حیرت و مسرت ہوئی کہ ایک عرب نے اپنے اردو مجموعہ کلام کے لیے جو نام پسند کیا ہے، وہ خالصتاً فارسی ہے۔ میں سمجھتا ہوں کہ ڈاکٹر زبیر فاروق اردو کے پہلے عرب شاعر ہیں۔ صرف یہی خصوصیت تاریخ ادب اردو میں ان کا نام زندہ رکھنے کے لیے کافی ہے۔

ان کے اردو کلام کے مطالعے سے پہلے مجھے یقین نہیں تو شک ضرور تھا کہ عرب ہونے کی رعایت سے فاروق کی اردو شاعری پر عربیت پوری طرح قابض ہوگی، مگر حمد باری تعالیٰ'' کا مطالعہ کرتے ہوئے اس شعر نے مجھے خالص اردو لہجے، بلکہ اردو غزل کے سلیس اور رواں کا لطف دیا"

تو نے ہر بار مصیبت سے نکالا ہم کو
ہم نہ بن پائے ترے، پھر بھی ہمارا تو ہے

ڈاکٹر سلیم احمد خان

ڈاکٹر سلیم احمد خاں 2006 سے ابوظبی میں مقیم ہیں، جو کہ پیشے سے ایک ڈاکٹر ہیں۔ آپکا تعلق ممبئ سے ہے۔ آپ ایک ناول نگار، افسانہ نگار اور مضمون نگار کی حیثیت سے عالمِ اردو ادب میں اپنا ایک خاص مقام بنا چکے ہیں۔ سیاسی اور سماجی معاملات پر مبنی آپکے مضامین اردو اخبارات میں شائع ہوتے رہتے ہیں۔ آپکا پہلا ناول" سکندر کا مقدر" ۲۰۱۱ میں، پہلا افسانوی مجموعہ" بولتی ناگن" (ہندی) ۲۰۱۲ میں اور مضامین کا پہلا مجموعہ" سلسلہء روز و شب" شائع ہوئے۔ آپکی دیگر تصانیف کی فہرست طویل ہے، ناول: زر پرست سر پرست، بھیڑ یا بھڑیا، قلندر نما بندر، وہم زاد: جیتو جلاد، رشتے ناطے، تابوت، آتش صلیب، راجدھانی

ایکسپریس، بھیکو کسان کا بھات مہان، ناول گھر سنسار سیریز: حصہ اول مہر و وفا، حصہ دوم فقر و غنا، حصہ سوم بیم و رجا، حصہ چہارم صدق و صفا، حصہ پنجم قدر وقضا، حصہ ششم جرم وسزا، افسانوی مجموعہ: حصار، چوسر کا محور، مضامین کے مجموعہ: گردش ایام، حکمت ومعرفت۔ آپکا ایک ناول قلندر نما بندر طنز ومزاح کے حوالے سے جانا جاتا ہے۔

آپکے افسانوی مجموعہ" حصار" پر چند ماہرین فن کے تاثرات مندرجہ ذیل ہیں،

ایک نظر ڈاکٹر سلیم خان کے افسانوں کا بنیادی وصف انکی دلچسپی کے ساتھ قابل مطالعہ ہونے میں ہے۔ ہر افسانے میں کسی نہ کسی حد تک قصے کا ساچنارہ ہم آمیز کردیا گیا ہے۔ افسانہ شروع ہی کسی واقعے کا تصویری پس منظر بیان کرنے سے ہوا ہے۔ واقعے کی باطنی کیفیت کے مطابق فضا سازی کی گئی ہے اور جو ماحول تخلیق کیا گیا ہے، اس میں سکوت نہیں بلکہ حرکت اور عمل کی کارفرمائی ہے۔" ۔انور قمر

" حصار کے بیشتر افسانے اظہاراتی اور تاثراتی اسلوب میں لکھے گئے ہیں۔ افسانہ نگار کا بیانیہ تجریدیت کی ژولیدگی اور ابہام کی پیچیدگی سے پاک ہے۔ بعض کہانیوں میں تمثیل نگاری سے کام لیا گیا ہے جو کہانی کو تہہ دار بنادیتی ہے۔ ان کہانیوں میں پلاٹ، کردار اور مکالمے یعنی روایتی کہانی کے سارے عناصر بدرجہ اتم موجود ہیں" ۔ ۔سلام بن رزاق

" بال جبریل، بانگ درا" اور" کار جہاں دراز ہے سے" حصار" تک ہر کتاب میں ایک ہی روح کارفرما ہے۔ ہم اب تک قدرت اللہ شہاب، سردار جوہر، انجم فوقی بدایونی، ممتاز مفتی، مختار مسعود، ادا جعفری اور شاہنواز فاروقی کی نثر کے معترف تھے۔ لیکن اب پتہ چلا کہ

ڈاکٹر سلیم خان بھی اسی میدان کے شہسواروں میں سے ہیں"۔

۔عالم نقوی، مدیر اعلی اردو ٹائم

آپکے افسانوں کے ایک اور مجموعہ ''چوسر کا محور'' پر انیس امروہوی اپنے تاثرات بیان کرتے ہوئے لکھتے ہیں۔

ڈاکٹر سلیم خان کی افسانہ نگاری میں نہ صرف واقعات دلچسپ اور آپس میں اس طرح گندھے ہوئے ہوتے ہیں کہ افسانہ ایک مخصوص رفتار سے آگے بڑھتا رہتا ہے، بلکہ کردار سازی بھی اس ڈھب سے کی گئی ہوتی ہے کہ وہ کہانی کے فریم سے بھی باہر نہیں نکل پاتے اور انگوٹھی میں نگینے کی طرح جڑے ہوئے محسوس ہوتے ہیں۔ ڈاکٹر سلیم خان کے افسانوں کے کردار آپ کو اپنے ساتھ کے عام لوگوں میں ہی کہیں بھی چلتے پھرتے مل سکتے ہیں۔ وہ آپ کو اپنے اطراف ہی کے کردار محسوس ہوتے ہیں، جو زندگی کی حقیقتوں سے نبرد آزما ہیں۔ ڈاکٹر سلیم خان کے افسانوں کی زبان نہایت سلیس اور صاف ستھری زبان ہے۔ وہ کہیں بھی نریشن کو بوجھل نہیں ہونے دیتے اور نہ بھاری بھرکم تشبیہات یا استعاروں کا سہارا لیتے ہیں۔ ان کا بیانیہ بے حد رواں دواں ہونے کی وجہ سے قاری کے لیے کہانی کا مطالعہ کرنا آسان ہو جاتا ہے اور طویل کہانی بھی اپنے آپ کو آخر تک پڑھوا لیتی ہے۔ افسانوں کا منظر نامہ اتنا گتھا ہوا ہوتا ہے کہ واقعات ایک کے بعد ایک سلسلے وار سی فلم کی طرح آنکھوں کے سامنے سے گزرتے ہوئے محسوس ہوتے ہیں۔ بیانیہ پر ڈاکٹر سلیم خان کی گرفت اتنی مضبوط ہوتی ہے کہ قاری کو کہانی پڑھتے وقت اس کی طوالت کا احساس قطعی نہیں ہوتا اور وہ پے در پے واقعات کے تسلسل میں غلطاں رہتا ہے۔ کہانی بُننے کا فن

ڈاکٹر سلیم خان کو بخوبی آتا ہے۔ایک ماہر قصہ گو کی طرح وہ نہ صرف جزئیات کے ساتھ واقعات بیان کرتے ہیں بلکہ کردار نگاری اور کردار سازی بھی ساتھ ساتھ کرتے جاتے ہیں۔ان کے افسانوں میں ڈرامائیت کا فقدان ہوتے ہوئے بھی تجسس کی ایک لہر کہانی کے ساتھ ساتھ چلتی ہے۔ان کی کہانیوں میں ایک خاص چیز ان کے مکالمے ہوتے ہیں۔ڈاکٹر سلیم خان کے مکالمے نہایت چست، برجستہ اور کردار کے مزاج کے عین مطابق ہوتے ہیں۔ڈاکٹر سلیم خان کی نثر اور ان کا بیانیہ پڑھ کر اندازہ ہوتا ہے کہ ان کے اندر بہت کچھ لاوا باہر آنے کے لیے مچل رہا ہے اور ان میں بے پناہ تخلیقی صلاحیت ہمہ وقت کچھ کہلوانے اور لکھوانے کے لیے بے قرار ہے۔زیر نظر کہانیوں کا مجموعہ ''چوسر کا محور'' میں کئی کہانیاں ڈاکٹر سلیم خان کی ندرت پسندی کی طرف اشارہ کرتی ہیں۔۔مجھے یقین ہے کہ ان کا یہ انداز بھی قارئین پسند فرمائیں گے۔"

۔انیس امروہوی، تخلیق کار پبلکیشن کے روح رواں اور قصّے سہ ماہی جریدے کے مدیر و ایڈیٹر ہیں۔

ڈاکٹر سلیم خان کے ایک افسانے "لیل و نہار" سے ایک ٹکڑا۔

لوگ سوتے سوتے تھک گئے تھے اور سورج دن کے انتظار میں کھڑا کھڑا تھک گیا تھا۔ ایسے میں سندھیا نے لب کشائی کی ، وہ بولی۔ ''بیٹی تمہارے ابو تو موجود نہیں ہیں لیکن ان کا فرض منصبی تو قائم و دائم ہے۔اب اس فرض کی ادائیگی کے لیے تمھیں کمر بستہ ہونا پڑے گا۔'' ماں کی اس دردانگیز التجا کو سن کر سحر تیار ہوگئی۔ سندھیا بوجھل قدموں کے ساتھ سحر کے ہمراہ دروازے تک آئی۔ اسے سینے سے لگا کر پیشانی پر محبت کا بوسہ دیا اور الوداع کر دیا۔جیسے ہی کرن نے آنگن سے باہر

قدم رکھا، سورج نے اپنی جگہ سے حرکت کی۔ مؤذن صبح کاذب کا اشارہ پا کر محراب کی جانب بڑھا اور پھر جب نمازی مسجد سے لوٹ رہے تھے۔ ایک نئی صبح جلوہ نمائی کے لیے بیتاب تھی۔ دن کی روشنی سحر بن کر کائنات کو منور کر رہی تھی اور شام لمحات کی تسبیح کو ہاتھوں میں تھامے اپنی نئی سحر کی واپسی کا انتظار کر رہی تھی۔

''چوسر کا محور''، اپنے افسانوں کے مجموعہ، میں ڈاکٹر صاحب اپنا مقدمہ کچھ یوں لکھتے ہیں۔" اپنی بات۔ کائنات ہستی کا حقیقی خالق تو رب ذوالجلال ہے کہ جس کا کوئی شریک نہیں۔ اس نے انسان کے جسد خاکی میں اپنی روح پھونک کر اسے پروازِ تخیل سے نواز دیا۔ یہ ایسی عظیم نعمت ہے کہ جس کی مدد سے حضرت انسان نت نئی دنیا کی سیر کرتا ہے۔ تصور خیال میں ان چیزوں کو دیکھتا ہے جو موجود نہیں ہوتیں۔ ان لوگوں سے ملاقات کرتا جو عالم موجودات سے پرے ہوتے ہیں۔ یہ مشاہدات جب افکار سے نکل کر الفاظ کا جامہ پہنتے ہیں تو کہانی جنم لیتی ہے۔ خلیفہ ارض کی خامہ فرسائی ایک مجازی کائنات تخلیق کرتی ہے اور ایسا بھی ہوتا ہے کارساز ہستی اس کے خوابوں کو شرمندہ تعبیر کر دیتا ہے۔ انسانی معاشرے کا تمدنی ارتقاء اس حقیقت کا شاہد ہے کہ ماضی کی طلسمی دنیا آج حقیقت میں ڈھل گئی ہے اور بعید نہیں کہ آج کے افسانے کل سچ ہو جائیں۔ کہانی سچ نہیں ہوتی مگر جھوٹ بھی نہیں ہوتی اس لیے کہ کہانی ہوتی ہے۔ یہ اپنے قاری کو دھوکا نہیں دیتی بلکہ فریب کے مایا جال سے نکال زندگی کے تلخ حقائق سے روشناس کراتی ہے۔ زندہ افسانے حقیقت کا وہ سامیہ ہوتے ہیں جو بیک وقت موجود بھی ہوتے ہیں اور مفقود بھی ہوتے ہیں۔ جن کو دیکھا تو جا سکتا لیکن پکڑا نہیں جا سکتا۔ وہ کبھی آگے نکل جاتے ہیں تو کبھی

تعاقب کرنے لگتے ہیں۔ کبھی طویل ہو جاتے ہیں تو کبھی سمٹ جاتے ہیں۔ پرچھائیں کی ہیت و کیفیت میں تبدیلی اس کے سورج یعنی افسانہ نگار کی مرہون منت ہوتی ہے۔ صاحب سامیہ کا اس پر کوئی اختیار نہیں ہوتا۔ بفضل تعالی میرا پہلا افسانوی مجموعہ 'حصار'' 2002 میں شائع ہوا۔ وقت کے ساتھ اس کتاب کے سارے نسخے ختم ہو گئے لیکن تقاضا باقی رہا۔ ''حصار'' کی دوسری طباعت کے بجائے میں نے کچھ نئے افسانوں کے ساتھ چند پرانی کہانیاں یکجا کر کے ''محمود و ایاز" ترتیب دی اور باقی ماندہ کہانیوں کے ساتھ اتنے ہی نئے افسانے ''چوسر کا محور'' میں سجا دیے۔ چوسر کی اس بساط پر ہر پرانے مہرے کے آگے پیچھے ایک نیا مہرہ یعنی نیا افسانہ موجود ہے۔ اب اس چوسر کا محور آپ ہیں۔ ان مہروں سے کھیلئے اور مجھے اجازت دیجیے۔"

مقصود احمد تبسم

مقصود احمد تبسم کا تعلق کراچی سے ہے۔ آپ 1985 سے متحدہ عرب امارات کی ریاست دبئ میں مقیم ہیں۔ آپ ایک نعت گو شاعر کی حیثیت سے یہاں کے ادبی منظر نامے پر اپنی ایک خاص پہچان رکھتے ہیں۔ پاکستان کے مختلف ٹی وی چینلوں پر آپکی نعت خوانی کے پروگرام نشر ہوتے رہتے ہیں۔

تبسم صاحب کے قلم کی مدحت کے چند پھولوں کی خوشبو محسوس کیجیئے :۔

لوح و قلم سے ہمکنار آنکھیں مرے حُضور صلی اللہ علیہ وآلہ وسلم کی
پردہ نشیں کی رازدار آنکھیں مرے حُضور صلی اللہ علیہ وآلہ وسلم کی

روضے پہ آئیں اُمّتی عفوِ گُنہ کے واسطے
کرتی ہیں اب بھی انتظار آنکھیں مرے حُضور ﷺ کی

❖❖❖

زبان ذاکرِ حُسن تلاوتِ توحید
ہیں رحلِ مُصحفِ مدحت حضور ﷺ کے شَفَتَین
اگر حضور ﷺ کے دندان موتیوں سے حسیں
صدف کا حُسنِ رعایت حُضور ﷺ کے شَفَتَین
نزولِ آیۂ مَا یَنطِقُ ہے شان اِن کی
ہیں ترجمانِ حقیقت حُضور ﷺ کے شَفَتَین

❖❖❖

جنابِ عائشہ اب آخری دیدار بھی کر لو
کہ زیبِ رِحلِ آغوشِ محبت ہے سرِ اقدس

❖❖❖

فقط اِس واسطے خالد (رضی اللہ) نے ہر اِک معرکہ جیتا
کہ وہ ٹوپی میں رکھتے تھے مِرے سرکار ﷺ کے گیسُو
عُمر (بن عبدالعزیز) سے عالمِ برزخ میں ملنے پر یہ پوچھوں گا
کفن میں کس لئے رکھّے مِرے سرکار ﷺ کے گیسُو

❖❖❖

اُن کے پسینے کے قطروں پر قُدرت نے جب لکھ دی خُوشبُو
دوشِ ہوا کی زینت بن کر گلشنِ وقت میں اُتری خُوشبُو
شہرِ نبی ﷺ کو طیبہ کہنا راز ہے کیا مقصود بتا دے
لفظِ طیبہ طیب سے مُشتق اور ہیں طیب کے معنی خُوشبُو

❖❖❖

اِمام مالکؒ کنارے چلتے قدم کی جا پر قدم نہ آئے
یہ راہیں وہ تھیں جہاں لگے تھے مرے نبی ﷺ کے حسین تلوے
جگہ تھی منبر سے تا بہ حُجرہ ریاضِ جنّت وہ کیوں نہ بنتی
وہاں پہ کثرت سے مَس ہوئے تھے مرے نبی ﷺ کے حسین تلوے

اعجاز شاہین

سید اعجاز شاہین، جن کا تعلق حیدر آباد دکن سے ہے، 1991 سے امارات میں مقیم ہیں۔ اپنی پختہ شاعری اور تنقید کے حوالے سے امارات میں اپنی الگ پہچان رکھتے ہیں، اور نئی نسل کی آبیاری کا کام ذوق وشوق سے انجام دے رہے ہیں۔ آپنے اپنی کوئی کتاب تو شائع نہیں کرائی ہے مگر کئی کتابوں پر تبصرے اور تقریظ لکھ چکے ہیں۔ آپ پٹنا سے نکلنے والے سہ ماہی ادبی پرچے کسوٹی جدید کے ایڈیٹر ہیں۔ گزشتہ کچھ برسوں میں کسوٹی جدید کے زیر اہتمام شارجہ میں ہونے والے ماہانہ ادبی اجلاس کو ترتیب دینے اور انکے ذریعہ نئے لکھنے والوں کی تربیت میں شاہین صاحب مسلسل ایک خاص اور کلیدی کردار ادا کر رہے ہیں۔

آیئے حضرت کے کچھ غزلیں ملاحظہ کیجیے:۔

اوج کمال پر رہے ، برج زوال میں رہے
ٹھہرے ایک حال پر ہر ایک حال میں رہے
عیش میں ہم بکھر گئے پیش میں پاؤں اکھڑ گئے
ہم لال قیل وقال تھے سو قیل و قال میں رہے
کوئی ہوا نہ سرنگوں ، کوئی رہا نہ سر بلندد
دونوں ملول ہور ہے، دونوں ملال میں رہے
میری بھی اک ترنگ ہے مجھ میں بھی اک ملنگ ہے
کتنے ہی رمز جذب شوق میری حال میں رہے
میری نہ پوچھیئے کہ میں اپنی مثال آپ ہوں
یعنی مری طرح کے لوگ ضرب المثال میں رہے

❖❖❖

تا ہاتھ نہ کچھ آ سکے حیرت سے زیاد ہ
پردوں میں ہے آفاق ضرورت سے زیاد ہ
منظر کی نہیں یہ تو بصارت کی کمی ہے
منظر تو ہے موجود بصارت سے زیادہ
اک بحر تو ہوتا میری ذخّاری کے قا بل
اک دشت تو وسعت میں ہو دحشت سے زیادہ
تفہیم کی صورت ہے نہ تعبیر کا امکاں
مفہوم ہے پابند عبارت سے زیادہ

اہل تقرب تمھی بتلاؤ کہ ہے کون
نزدیک جو دوری میں ہے قربت سے زیادہ

❖❖❖

میری خلوت سے ماسوا ہے کیا
خلاء واقعی خلاء ہے کیا
وہ جو سسکی تھی مر چکی کب کی
اب سے سینہ میں گونجتا ہے کیا
قلب لشکر میں ڈھیر ہوں میں ادھر
میمنہ کیا ہے میسرہ ہے کیا
نسل درنسل ہوں میں سرگرداں
تیری پہنائی کا سرا ہے کیا
بحرو بر ہو چکے ہیں زیرو زبر
آفرینش کی انتہا ہے کیا
اور ادھر جو غبار اٹھتا ہے
پھر سے مٹی کا ارتقاء ہے کیا

اخترؔ ملک

اخترؔ ملک کا تعلق چکوال سے ہے، تعلیم وتربیت وہیں سے پائی۔ گزشتہ 12 برس سے امارات میں مقیم ہیں، آپکے ۲ شعری مجموعے، "بساط میں ہوتو بھول جانا"، "دل بہت اداس

ہے" ، " اتنے گم صم کیوں رہتے ہو" ، " ساری بات محبت کی ہے" شائع ہو چکے ہیں ۔" اختر ملک کی غزل گوئی کا مجموعی جائزہ" کے عنوان سے ایک ایم فِل مقالہ بھی لکھا جا چکا ہے۔ آپ ادبی محفلوں میں کم کم نظر آتے ہیں مگر اپنی تخلیقی ذہانت سے یہاں کی ادبی فضا کو معطر کرنے میں اہم کردار نبھا رہے ہیں۔

آپکی چند غزلیں دیکھئے۔

قرب کے نہ وفا کے ہوتے ہیں
جھگڑے سارے انا کے ہوتے ہیں

بات نیت کی صرف ہے ورنہ
وقت سارے دعا کے ہوتے ہیں

بھول جاتے ہیں مت برا کہنا
لوگ پتلے خطا کے ہوتے ہیں

وہ بظاہر جو کچھ نہیں لگتے
ان سے رشتے بلا کے ہوتے ہیں

وہ ہمارا ہے اس طرح شاید
جیسے بندے خدا کے ہوتے ہیں

بخش دینا بھی ٹھیک ہے لیکن
کچھ سلیقے عطا کے ہوتے ہیں

کچھ کو دنیا بکھیر دیتی ہے

کچھ پریشاں سدا کے ہوتے ہیں
اس کی فطرت ہی ایسی ہے اخترؔ
جیسے تیور ہوا کے ہوتے ہیں

❖❖❖

بنتے کھیل بگڑ جاتے ہیں دھیرے دھیرے
سارے لوگ بچھڑ جاتے ہیں دھیرے دھیرے
سپنوں سے مت جی بہلاؤ دیکھو لوگو
سپنے پیچھے پڑ جاتے ہیں دھیرے دھیرے
ضبط کرو تو بہتر ہے دیوانو ورنہ
آنسو زور پکڑ جاتے ہیں دھیرے دھیرے
جتنا ہوتا ہے اخترؔ کوئی کسی کے پاس
اتنے فاصلے بڑھ جاتے ہیں دھیرے دھیرے

❖❖❖

اک بار جو بچھڑے وہ دوبارہ نہیں ملتا
مل جائے کوئی شخص تو سارا نہیں ملتا
اس کی بھی نکل آتی ہے اظہار کی صورت
جس شخص کو لفظوں کا سہارا نہیں ملتا
پھر ڈوبنا یہ بات بہت سوچ لو پہلے
ہر لاش کو دریا کا کنارا نہیں ملتا

یہ سوچ کے دل پھر سے ہے آمادۂ الفت
ہر بار محبت میں خسارہ نہیں ملتا
کیوں لوگ بلائیں گے ہمیں بزم سخن میں
اپنا تو کسی سے بھی ستارہ نہیں ملتا
وہ شہر بھلا کیسے لگے اپنا جہاں پر
اک شخص بھی ڈھونڈے سے ہمارا نہیں ملتا

ڈاکٹر اکرم شہزاد

محمد اکرم شہزاد آپکا حقیقی نام ہے اور قلمی نام ڈاکٹر اکرم شہزاد۔ آپکا تعلق کراچی سے ہے۔ ایک طویل مدت سے امارات میں مقیم ہیں اور درس وتدریس میں مصروف ہیں۔ آپ اپنی نعت گوئی کے حوالے سے اپنی شناخت رکھتے ہیں۔ آپنے ۲ جلدوں میں سیرۃ النبی ؐ" اوراق محبت" کے عنوان سے لکھی۔ آپنے تصوّف پر ایک بہت خاص تحقیقی مقالہ" غوث العاظم کے معاشرتی خیالات" لکھا جو کتابی شکل میں شائع ہو چکا ہے۔

ڈاکٹر صاحب کی ایک نعت پاک کی چند اشعار ملاحظہ ہوں۔

جو بھی دنیا کے تھے انداز پرانے بدلے
آپ عنواں جو بنے سارے فسانے بدلے
یوں بدلنے کو کئی بار زمانے بدلے
تیرے مستوں کے نہ انداز پرانے بدلے
ریگزاروں میں مہک اٹھے ہزاروں گلشن
آپ صلی اللہ علیہ وآلہ وسلم آئے تو بہاروں کے ٹھکانے بدلے

تیرے نسبت کی تصدق کہ بچاتی ہی رہی
ورنہ دنیا نے کہاں اپنے نشانے بدلے
چین آیا نہ کسی در پہ تیرے در کے سوا
ہم نے تسکیں کے لئے لاکھ ٹھکانے بدلے
عشق سرکار صلی اللہ علیہ وآلہ وسلم کے انداز میں شہزاد وہی
اپنے اطوار کہاں اہل وفا نے بدلے

پروفیسر پیر محمد کیلاش

آپ ۱۵ برس سے یہاں مقیم ہیں اور ایک مقالہ نگار، تنقید نگار اور افسانہ نگار کی حیثیت سے امارات میں اپنی استادانا پہچان رکھتے ہیں۔

صفِ ثانی

اس حصہ میں وہ تخلیق کار مندرج ہیں جو امارات میں سنجیدہ ادب کی تخلیق میں حسب توفیقِ رب واجازتِ مشقتِ چکّی لگے ہوئے ہیں اور ان حضرات کے زیرِ سایا پروان چڑھ رہے ہیں جن کا ذکر صفِ اوّل میں ہوا۔ یہاں درج حضرات میں سے اکثر دنیاء ادب کے علمی منظر نامے پر پہچان بنا رہے ہیں۔

فرہاد جبریل

فرہاد جبریل جنکا اصل نام بلال نظیر خاں ہے جنکا تعلق بہاول پور سے ہے۔تقریباً 12 برس سے امارات کے دار الحکومت ابوظبی میں کے ایک اسکول میں درو تدریس میں مصروف ہیں۔امارات کے اردو حلقوں میں بحیثیت شاعر معروف ومشہور ہیں۔آپکے دوشعری مجموعہ" چاند

پہ جا کے آنکھیں کھولیں" اور" تم بھی حد کرتے ہو" کے نام سے شائع ہو چکے ہیں۔آپکے افسانوں کا مجموعہ "قتلِ عکس" کے عنوان سے زیر طباعت ہے۔مندرجہ ذیل آپکے چند نمائندہ اشعار ملاحظہ فرمائیں۔

دیکھئے کیا زمیں نکالی ہے
آسماں انتہا کا شاعر ہے

❖❖❖

جنہیں چمن کے تقدّس کا فرض سونپا گیا
وہ پھول پکڑے گئے تتلیاں نچاتے ہوئے

❖❖❖

منزل ہے نہ کوئی رستہ ہے ریوڑ ہے کہ چلتا جاتا ہے
رواہا بھی نابینا ہے اور ساری بھیڑیں کالی ہیں

❖❖❖

جب وہ نزدیک سے دکھائی دیا
تب مجھے ٹھیک سے دکھائی دیا

❖❖❖

ہے وقتِ شام سرخ ہے پانی کا رنگ دیکھ
سورج سے ہو رہی ہے سمندر کی جنگ دیکھ
جب تجھ کو دیکھتا ہو کوئی اور غور سے
اُس وقت غور سے میری آنکھوں کا رنگ دیکھ

❖❖❖

کوئی اونچائی سے گرتا ہے کوئی نظروں سے
صرف گہرائی کا مفہوم بدل جاتا ہے

❖❖❖

دل میں بیٹھے چور کو پکڑا جا سکتا ہے
جیسے ہر کمزور کو پکڑا جا سکتا ہے
غم کو بھرے بازار میں پھانسی دے دی جائے
کیا اِس آدم خور کو پکڑا جا سکتا ہے

❖❖❖

راکھ ہو جائیں گے تمہارے چراغ
تم نے دیکھے نہیں ہمارے چراغ
میرے حاسد اکیلا تُو ہی نہیں
مجھ سے جلتے ہیں تیرے سارے چراغ

ایک غزل:۔

پھول سے دوستی جو کی میں نے
چند کانوں کی رائے لی میں نے
جیسے گزرا تیری گلی سے میں
یوں گزاری ہے زندگی میں نے
آپ بھی سوچ کو بڑا کیجئے
بات کر دی اگر بڑی میں نے

جانور بیچتے ہوئے اکثر
لڑتے دیکھے ہیں آدمی میں نے
اس کو بے درد بھی لکھا برسوں
اورفرمایا عشق بھی میں نے
اسکی آنکھوں نے کھل کے دعوت دی
اور فرہادؔ کھل کے پی میں نے

آصف رشید اسجدؔ

آپکا اصل نام آصف رشید اور قلمی نام اسجدؔ ہے، انکا تعلق گوجرانوالہ سے ہے، 12 برس سے ابوظبی میں مقیم ہیں۔ دور حاضر میں آپکا نام متحدہ عرب امارات کے اردو حلقوں میں بحیثیت شاعر عزت اور احترام سے لیا جاتا ہے۔

انکا یہ شعر مقبول زمانہ ہے اور انکی پہچان ہے۔

یہ مری سانس جو چاہے خرید سکتا ہے
میں بھر کے بیچ رہا ہوں اسے غبارے میں

اسجدؔ کی چند غزلیں ملاحظہ ہوں:۔

خدا سے مشورہ مانگا ہے تیرے بارے میں
کوئی اشارہ تو اب ہوگا استخارے میں
یہ میری سانس جو چاہے خرید سکتا ہے
میں بھر کے بیچ رہا ہوں اسے غبارے میں

جو بات بات پہ دیوار رونے لگتی ہے
کسی کا خون ملایا ہے تو نے گارے میں
وہ اک چراغ جو آیا ہے میرے حصے میں
وہ جل رہا ہے کسی دوسرے ستارے میں
پتا نہیں ہے جو عشق و ہوس کا فرق تجھے
بتاؤں سورۂ یوسف ہے کس سپارے میں

❖❖❖

نہیں ہے یوں کے دما دم ہوا نے رقص کیا
شدید حبس تھا کم کم ہوا نے رقص کیا
بس ایک میں ہی وہاں پر طواف میں تو نہ تھا
درون شہر مکرم ہوا نے رقص کیا
چراغ قتل ہوا تو خوشی سے مقتل میں
لگا کے نعرۂ رقصم ہوا نے رقص کیا
تمام دن کی تمازت کے بعد رات گئے
گری جو پھول پہ شبنم ہوا نے رقص کیا
سمندروں کے سفر سے پلٹ کے آئی تو
ذرا ذرا سی ہوئی نم ہوا نے رقص کیا

❖❖❖

حدودِ عشق کی معلوم انتہا سے نکل
صدائے ھُو سے گزر جا مقامِ لاَ سے نکل

یہ وقت تیرے لیے قید بن نہ جائے کہیں
دن کی خاک اُڑا لمحہء فنا سے نکل

خود اپنی انگلیاں لگنے لگی ہیں سانپ مجھے
اے میرے عجز کی طاقت مرے عصا سے نکل

ہماری روح ہے تیار رقص کرنے کو
سرودِ روزِ ازل اب کسی نوا سے نکل

نکل یقین کے پردے سے مسکراتے ہوئے
مرے گمان کی وحشت ذرا ادا سے نکل

ہوا ہے اذنِ تکلم تو نالہِ سوزاں
مرے سکوت کی دم توڑتی صدا سے نکل

خرد کو موت نہ آ جائے گر جنوں کہہ دے
حریفِ عشق تو مے خانہِ خدا سے نکل

تابش زیدی

آپکا پورا نام سید تابش زیدی ہے اور آپکا تعلق اسلام آباد سے ہے۔ آپ ایک معروف ادبی خانوادے سے تعلق رکھتے ہیں۔ آپکے دادا محترم ابوالفطرت میر زیدی ایک معروف اور معتبر شاعر تھے۔ آپ کے نانا سید امتیاز علی تاجؔ، اردو کی ایک معروف شخصیت ہیں۔ تابش زیدی

2006 سے متحدہ عرب امارات میں مقیم ہیں اور شاعر ہیں۔ بزم اردو دبئی کے فعال رکن کے طور پر آپ اردو کی ترویج کے لئے کوشاں ہیں۔

تابش زیدی کی چند غزلیں ملاحظہ ہوں:۔

فرشتوں سے محبت کر رہے ہیں
جوانی میں عبادت کر رہے ہیں
وہ اب کھل کر عنایت کر رہے ہیں
شرارت باجماعت کر رہے ہیں
فقیروں کو امیری مل گئی ہے
زمیں پر بادشاہت کر رہے ہیں
خداوندا تیرے معصوم بندے
وفا کی پھر حماقت کر رہے ہیں
ہماری راہ میں کانٹے بچھا کر
ستم وہ حسب عادت کر رہے ہیں
نظر آ کر اتر جاتے ہیں دل میں
یہ چہرے کیا قیامت کر رہے ہیں
زمانہ راہ پر آ جائے تابش
یہ خواہش ما بدولت کر رہے ہیں

❖❖❖

مری مشکل کا حل نہیں ملتا
پھول کھلتے ہیں پھل نہیں ملتا

چند روزہ حیات دنیا میں
چین کا ایک پھل نہیں ملتا

جن کے دل میں ہزار شکوے ہیں
ان کے ماتھے پہ بل نہیں ملتا

اور سب کچھ ہے تیری آنکھوں میں
ایک سوز غزل نہیں ملتا

اتفاقاً اگر بچھڑ جائے
آدمی کا بدل نہیں ملتا

میرا اپنا مزاج ہے تابشؔ
راہ لے اپنی چل نہیں ملتا

❖❖❖

ہے چمن میں زندگی کی داستاں بکھری ہوئی
پھول مرجھائے ہوئے اور پتیاں بکھری ہوئی

اک نظر کے سامنے ہے اس نظر کی اوٹ میں
زندگی ہے دو جہاں کے درمیاں بکھری ہوئی

میں سمجھتا ہوں زمیں پر انقلاب آنے کو ہے
آسماں پر ہیں شفق کی سرخیاں بکھری ہوئی

دیکھنے کی چیز تھی کل خواب گاہ ناز میں
حسرتیں سہمی ہوئی انگڑائیاں بکھری ہوئی
اپنی حالت کو جو دیکھا انقلاب آنے کے بعد
دل کے ویرانے میں تھیں خوش فہمیاں بکھری ہوئی آج
تابشؔ پھر یہاں پر بیٹھنے کے شوق میں
جمع کرنی پڑ گئیں تنہائیاں بکھری ہوئی

یعقوب عنقاؔ

محمد یعقوب جنکا قلمی نام عنقاؔ ہے، کا تعلق اٹک سے ہے۔آپ 1995 سے امارات کے شہر العین میں مقیم ہیں، اور درس وتدریس سے وابستہ ہیں۔امارات کے اردو حلقوں میں بحیثیت شاعر آپ ایک معتبر نام ہیں۔عنقاؔ صاحب کا شعری مجموعہ زیرِ طباعت ہے۔

یعقوب عنقاؔ کے چند اشعار ملاحظہ کیجئے:۔

وہ پل کہ بیٹھ کے جب ذکر یار کرتے ہیں
ہم اپنی عمر میں بس وہ شمار کرتے ہیں
جلا کے پھر سے منڈیروں پہ آؤ رکھیں چراغ
ہوا کا پھر سے چلو اعتبار کرتے ہیں

❖❖❖

نفس نفس جو تری یاد کا اجالا ہے
نظر نظر وہ مری ذات کا حوالہ ہے
ٹھہر گیا ہے نگاہوں میں ہجر کا موسم

کہاں پہ وقت نے آ کے پڑاؤ ڈالا ہے

❖❖❖

مجھے تو یوں بھی سمند ر ہی ظرف رکھنا تھا
میں جانتا تھا کہ میرا رقیب دریا ہے
مری ان آنکھوں سے جاتا ہے ایک رستہ اُدھر
جو جا سکو تو یہاں سے قریب دریا ہے

❖❖❖

وقت یادوں کے دریچوں سے یہ کیا لایا ہے
عمرِ گم گشتہ کی موہوم صدا لایا ہے
ہم محبت کو سمندر میں بہا آئے تھے
وہ صدف زاد اسے پھر سے بچا لایا ہے

حفیظ عامر

حفیظ عامر کا تعلق پرسور سے ہے اور 2012 سے شارجہ میں مقیم ہیں۔ بحیثیت شاعر، اردو حلقوں آپ ایک جانا پہچانا نام ہیں۔

آپکی چند غزلیں پیش ہیں:۔

مرے حساب سے تو اک ستارہ بنتا ہے
مگر لے جاؤ کہ جو بھی تمہارا بنتا ہے
لکیر چھوڑ کے آیا ہوں بہتے پانی میں

سو دیکھنا ہے وہاں سرخ دھارا بنتا ہے
قدیم لوگ کبھی صورتیں بناتے تھے
اب اپنے شہر کی مٹی سے گارا بنتا ہے
یہ کس سے لڑنے چلے سر پہ تم کفن باندھے
تمہارے ساتھ تو جھگڑا ہمارا بنتا ہے
اداس لوگ میرے ساتھ چلنا چاہتے ہیں
اور ایک شخص تو قسمت کا مارا بنتا ہے
کچھ اس طرح تیری دنیا کو میں نے دیکھا ہے
سو میرا لوٹ کے آنا دوبارا بنتا ہے
اب اس وجود پہ حق تو نہیں مرا لیکن
وہ ہنس کے دور سے مجھ کو پکارا بنتا ہے

❖❖❖

پسِ افلاک لگ رہی تھی مجھے
آگ تھی خاک لگ رہی تھی مجھے
تازہ تازہ جدا ہوئے ہو گئے
آنکھ نمناک لگ رہی تھی مجھے
پہلی بارش میں ہی وہ ڈوب گئی

وہ جو تیراک لگ رہی تھی مجھے
اپنی دہلیز چھوڑ آئے گی
اتنی بیباک لگ رہی تھی مجھے
آنکھ میں آگ ہونٹ پر پانی
سو خطرناک لگ رہی تھی مجھے
نیلی پیلی چراغ کی لو بھی
اس کی پوشاک لگ رہی تھی مجھے
آرزو اور وہ بھی شرطوں پر
بڑی چالاک لگ رہی تھی مجھے
ریت مٹھی سے یوں سرکتی رہی
بیٹھتی دھاک لگ رہی تھی مجھے

سلیمان جاذبؔ

سلیمان جاذب جنکا تعلق سرگودھا سے ہے، تقریباً 15 برس سے امارات میں مقیم رہے۔ شاعر اور صحافی کے طور پر اپنی پہچان بنائی۔ کورونا سے پہلے متحدہ عرب امارات سے شائع ہونے والے اکلوتے اردو روزنامے "اردو اخبار" کے ایڈیٹر تھے۔ کسی وجہ سے یہ اخبار اب بند ہو چکا ہے۔ علاوہ ازیں آپ onlineurdu.com کے مدیر عالی رہے ۔ MirchiMasala.TV کے سی۔ای۔او۔ رہے۔ آپکی متعدد کتب منظر عام پر آچکی ہیں:۔" تیری خوشبو" (شاعری) ،" سورج

ڈوبا نہیں کرتے (شاکر کنڈان فن اور شخصیت کے آئینے میں)"،"قتل گل" (تحقیق)،"عشق قلندر کر دیتا ہے" (شاعری)،"تتلی دل پر اتر یگی" (نظمیں زیر طبع)، Glittering Journey (انگریزی۔زیر طبع) فی الوقت اپنے آبائی وطن میں مقیم ہیں۔

سلیمان جاذب کے فن پر مشاہیر کے تاثرات مندرجہ ذیل ہیں:۔

"اردو غزل کے مطالعے سے اب تک یہی پتہ چلا کہ شعراء عموماً پہلے خواص کے لئے شاعری کرتے ہیں اور آہستہ آہستہ عوام کے مزاج کی طرف آتے ہیں لیکن یہ شاید پہلی بار ایسا ہو کہ عوامی مقبولیت کے لئے شعر کہنے والا سلیمان جاذب اپنے عوامی مزاج کو خواص کے ذوق کے مطابق ڈھالنے کے سفر پر نکل پڑا ہے۔میری دعا ہے کہ رب اظہار سے اس سفر میں غزل غزل کامیابی سے ہمکنار کرے (آمین)"

۔عباس تابش

سلیمان جاذب اپنی شاعری کے ذریعے اپنے محسوسات کی الگ دنیا بسانے میں کامیاب ہوگئے ہیں اور یہ میرے نزدیک شاعر کی اصلی کامیابی ہوتی تھی کیا ہے کہ شاعر اپنے محسوسات کی منفرد دنیاؤں سے آشنا کرا سکے۔اگر کسی کی شاعری پڑھ کر منفرد احساس کا ایک جھونکا بھی ہماری سوچ کو چھو جائے تو سمجھیں کہ شاعر نے اپنا حق ادا کر دیا۔سلیمان جاذب کی شاعری میں ایک نہیں کئی تازہ جھونکے آپ کی روح کو چھو کر آپ کو معطر کر دیں گے۔"

۔وصی شاہ

سلیمان جاذب کی چند غزلیں ملاحظہ فرمائیں:۔

ہونٹوں پہ جو تیرے ہے یہ مسکان مری جان
لے جائے گی اک روز مری جان مری جان

سب ہوش گنوا بیٹھے ترے چاہنے والے
اس بات پہ ہونا نہیں حیران مری جان
اپنوں سے کبھی ترک تعلق نہیں کرتے
اپنوں کو نہیں کرتے پریشان مری جان
اس ہنسنے ہنسانے سے نہیں جائے گا کچھ بھی
اس میں تو نہیں کوئی بھی نقصان مری جان
چہرے پہ جمی دھول سے کیوں بھول رہا ہے
جاذبؔ ہوں میں جاذبؔ مجھے پہچان مری جان

❖❖❖

تجھ سے ہی سب بہار ہے مرے دوست
تو ہی دل کا قرار ہے مرے دوست
تیری یادوں سے دل ہوا آباد
ورنہ اجڑا دیار ہے مرے دوست
لطف کے سائے میں مجھے رکھ لے
دھوپ ہے ریگزار ہے مرے دوست
تو ہے سر چڑھ کے بولتا جادو
تو سراپا خمار ہے مرے دوست
تجھ سے آباد ہے جو تنہائی
زندگی کا سنگھار ہے مرے دوست

دنیا کچھ بھی کہے مگر جاذب
وقت بے اعتبار ہے مرے دوست

❖❖❖

خود سے کوئی مکر گیا ہوگا
عشق دریا اتر گیا ہوگا
نہیں دیکھا کوئی گریباں چاک
ایک مجنوں تھا مر گیا ہوگا
پھر رہا ہے جو اک بگولہ سا
خواب اس کا بکھر گیا ہوگا
اس لئے کرچیاں ہیں چاروں طرف
آئنے سے وہ ڈر گیا ہوگا
اب اسے یاد کیا دلائیں ہم
کر کے وعدہ مکر گیا ہوگا

کنول ملک

اصل نام شبانہ محمود ملک ہے اور کنول ملک کے نام سے بحیثیت شاعرہ پہچانی جاتی ہیں۔ انکا تعلق اسلام آباد سے ہے. وہیں آپنے قانون کی پڑھائی کی۔ 2008 سے متحدہ عرب امارات کی ریاست دبئی میں مقیم ہیں۔یہیں امیریکن یونیورسیٹی،شارجہ سے آپنے ہیومن رِسورس مینجمینٹ کی ڈگری حاصل کی اور اب ایک نجی فرم میں ہیومن رِسورس شعبے میں اپنی خدمات

دے رہی ہیں۔

آپکے 3 شعری مجموعے" تمہیں تم سے ہی مانگا ہے"،" چاند چہرا گلاب لب اسکے"،" تمہارے نام" منظر عام پر آچکے ہیں۔آپکے لکھے ہوئے ڈرامے" ادھوری محبت کی پوری کہانی"،" مجھ کو خبر ہونے تک"،" ع ش ق" اردو حلقوں میں کافی پسند کئے گئے ہیں۔آپنے متعدد افسانے بھی لکھے ہیں۔

کنول ملک کے فن پر مشاہیر کے تاثرات مندرجہ ذیل ہیں:۔

"میں جب کنول ملک کی شاعری پڑھتا ہوں تو سب سے پہلا احساس مجھے یہی ہوتا ہے کہ کنول کو اللہ نے شاعرہ پیدا کیا ہے۔وہ اپنے تخلیقی رویوں میں بہت بے ساختہ اور کسی بھی بناوٹ یا تصنع سے پاک ہے۔سادگی اور معصومیت اس کی شاعری کا بہت بنیادی وصف ہے۔وہ زندگی کے عمومی تجربوں کو بھی شاعرانہ دل سے محسوس کرتی ہے اور شاعرانہ طرز اظہار سے منکشف کردیتی ہے۔کنول بڑی دل پذیر اور دل آویز شاعرہ ہے اگر اس نے اپنی وابستگی شاعری کے ساتھ مستقل کرلی تو بہت جلد اس کا نام اردو زبان کی اہم شاعرات میں آسکتا ہے۔"

۔فرحت عباس شاہ

میرا مقصد کنول کی شاعری پر تبصرہ کرنا نہیں مگر اظہار خیال کرنا ہے کیونکہ کرکٹ اور شاعری دونوں ایک دوسرے سے جدا جدا ہیں، میں اتنا ضرور کہوں گا کہ خدا جب کچھ لوگوں کو تخلیق کرتا ہے تو انہیں چند مخصوص صلاحیتوں سے نوازتا ہے پھر وہی لوگ زندگی کے کسی نہ کسی دور کے جسم میں روح بن کر سما جاتے ہیں۔ایسے ہی لوگوں میں کنول کا شمار ہونے لگا ہے۔پاکستان سے UAE کے Dubai Sports Stadium کے سفر میں مجھے ان کی پہلی کتاب As a Gift ملی۔سب سے پہلے تو ٹائٹل نے اٹریکٹ کیا پھر پہلا صفحہ پڑھا اور نا جانے کب پوری کتاب ہی پڑھ ڈالی ان کی شاعری میں ایک خاص بات زبان کی روانگی اور عام فہم لفظوں کا استعمال ہے جو کہ ہر کسی کو متوجہ کر سکتا ہے۔شاعری نہ تو صرف معاشرتی رویوں تک محدود ہے نہ ہی عشق و محبت کی داستانوں تک.......... لیکن کنول کی شاعری کو پڑھ کر محسوس ہونے لگتا ہے کہ محبت ہی زندگی ہے بندگی ہے، کائنات ہے، اور کائنات کی ہر شے ہے۔یوں تو محبت پر بہت سی کتب لکھی گئیں مگر اس خوبصورت اور منفرد انداز بیان کا چناؤ وہی کر سکتا ہے جس کا رابطہ محبت کے سمندر کی گہرائیوں سے پڑا ہو۔

کنول نے کہیں الفاظ کی ہیرا پھیری نہیں کی بلکہ الفاظ کی بھیڑ سے بہت سادہ، نرم و ملائم، شائستہ اور کومل الفاظ چن کر شاعری کا رنگ دیا ہے آپ بیرون ملک منفرد انداز میں وطن کی نمائندگی کر رہی ہو جس کے لیے مبارکباد پیش کرتا ہوں۔ ۔شاہد خان آفریدی

کنول ملک کی چند غزلیں ملاحظہ فرمائیں:۔

تم کیا جانو پیار محبت عشق نبھانا کیا ہوتا ہے
تم کیا جانو رستہ تکتے عمر بتانا کیا ہوتا ہے
مسجد مندر گرجا گھر میں اشک بہانا کیا ہوتا ہے
تم کیا جانو رات تہجد ہاتھ اٹھانا کیا ہوتا ہے
خود کو مٹی مٹی کر کے آہیں گریہ زاری شور
تم کیا جانو روٹھنے والے یار منانا کیا ہوتا ہے
تم کیا جانو زخمی آنکھیں خواب بکھر جانے کا دکھ

تم کیا جانو ہجر کے آنسو درد اٹھانا کیا ہوتا ہے
جان سے پیارے دے کر تم کو جان منا لوں بولو بھی
تم کیا جانو جان سے پیارے جان سے جانا کیا ہوتا ہے

❖❖❖

ہمارے درمیاں قربت کہاں تھی
وہ مل جاتا مری قسمت کہاں تھی
اسے چاہا اسی کے خواب دیکھے
سوا اس کے مجھے فرصت کہاں تھی
مرے دل میں اٹھے طوفان لاکھوں
مگر لہجے میں وہ شدت کہاں تھی
بہت مصروف رہتا تھا وہ آخر
اسے میرے لئے فرصت کہاں تھی
مجھے کہنا تھا حال دل بھی اس سے
مگر کہنے کی بھی مہلت کہاں تھی
اسے کھونے کا خدشہ بھی تھا لیکن
اسے پانے کی بھی چاہت کہاں تھی
اسے کہتی مگر کیسے میں کہتی

اسے کہنے کی بھی ہمت کہاں تھی
وہ مجھ سے دور تھا برسوں سے لیکن
نظر سے دور وہ صورت کہاں تھی
مجھے بس اس کا لہجہ چومنا تھا
سوا اس کے کوئی حاجت کہاں تھی

❖❖❖

آپ آتے تو بات بنتی بھی
آپ رکتے تو حال کہتے ناں
آپ کا ہجر سہہ لیا ہم نے
یہ قیامت جو آپ سہتے ناں
آپ ملتے تھے جی رہے تھے ہم
ملتے رہتے تو زندہ رہتے ناں
میرے پہلو میں چین ملتا تھا
میرے پہلو میں آپ رہتے ناں
آپ کہتے کہ لوٹ آؤں گا
آپ اک بار تو یہ کہتے ناں

انکاایک مشہورشعر:۔

تمہارے نام سے منسوب ہے جو اک لڑکی
حسین لاکھ سہی مجھ سی شاعرہ تو نہیں

حافظ عامر اعظمی

اصل نام محمد عامر بدر الدین تخلص عامر قلمی نام عامر اعظمی جنکا آباء وطن یو پی اعظم گڑھ امارات شہر العین میں 1989 سے مقیم ہیں اور درس وتدریس میں مصروف ہیں۔ 1996 میں آپکا ایک شعری مجموعہ " مٹی کی خوشبو" کے عنوان سے شائع ہو چکا ہے۔ علاوہ ازیں آپکی کئی کتب زیر طباعت ہیں۔

آپکی لکھی ہوئی ایک نعت پاک :۔

ہادی و رہنما محمد صلی اللہ علیہ وآلہ وسلم ہیں
افضل الانبیاء محمد صلی اللہ علیہ وآلہ وسلم ہیں

دل میں نور ہدیٰ محمد صلی اللہ علیہ وآلہ وسلم ہیں
لب پہ صلے علیٰ محمد صلی اللہ علیہ وآلہ وسلم ہیں

تیرگی مٹتے مٹتے مان گئ
سچ ہے شمس الضحیٰ محمد صلی اللہ علیہ وآلہ وسلم ہیں

سارے عالم میں ہے چمک جسکی
وہ ہی بدر الدجیٰ محمد صلی اللہ علیہ وآلہ وسلم ہیں

رب نے رحمت بنا کے بھیجا ہے
رحمتوں کی گھٹا محمد صلی اللہ علیہ وآلہ وسلم ہیں

آپ محسن ہیں سارے عالم کے
سب کے ہی ہمنوا محمد ص صلی اللہ علیہ وآلہ وسلم ہیں

دیکھا نوفل نے تو یہ بول پڑا
آپ ہی با خدا محمد صلی اللہ علیہ وآلہ وسلم ہیں
سیرت پاک پڑھکے کہتا ہوں
ہمت و حوصلہ محمد صلی اللہ علیہ وآلہ وسلم ہیں
امت وسط میں ہوں میں عامر
اور مرے رہنما محمد صلی اللہ علیہ وآلہ وسلم ہیں

آپکی چند غزلیں:۔

ہائے کیسی ملی سزا مجھکو
"گھر کا رستہ نہیں ملا مجھکو"
ہر جگہ میرے کام آتی ہے
دے گئی ماں جو اک دعا مجھکو
اس کو میں بھول ہی نہیں پاتا
یاد آتی ہے ہر ادا مجھکو
سارے منظر ہی روح تڑ پائیں
حوصلہ دے مرے خدا مجھکو
اے صبا تو وہیں سے آئی ہے
حال احوال کچھ سنا مجھکو
ان دنوں کیوں کھنچا کھنچا سا ہے
بات کیا ہے ذرا بتا مجھکو

متقی ہوں پر آدمی ہوں میں
نرگسی آنکھ سے پلا مجھکو
درد دکھ رنج اور رسوائی
عشق نے کیا نہیں دیا مجھکو
اٹھ نہ جاؤں جہان سے عامرؔ
اپنی محفل سے مت اٹھا مجھکو

❖❖❖

دل کی بستی سے جو اٹھتا ہے دھواں شام کے بعد
کچھ نظر آتا نہیں مجھکو میاں شام کے بعد
آپ کو گر نہ یقین ہوتو یہ زحمت کیجے
آپ آجائیں کسی روز یہاں شام کے بعد
درد کی بزم وہ سجتی ہے کہ بس مت پوچھیں
دیدنی ہوتا ہے ہر روز سماں شام کے بعد
دن کے اوقات تو کاموں میں گزر جاتے ہیں
دل سے ہوتی ہے بلند آہ و فغاں شام کے بعد
دل مدرس ہے مبلغ ہے مقرر بھی ہے
جسکو سننا ہو سنے آکے بیاں شام کے بعد
دل کے ایوان میں محفل تو سجی رہتی ہے
رنگ محفل کا بھی ہوتا ہے جواں شام کے بعد

ہم وہاں جائیں جہاں دل کو قرار آجائے
کوئ بتلائے کہ ہم جائیں کہاں شام کے بعد
آؤ عامر سے سنیں اور یہ معلوم کریں
کیا نہاں ہوتا ہے آخر میں عیاں شام کے بعد

ضیاءاعظمی

اصل نام ضیاءالرحمن اور قلمی نام ضیاء اعظمی ہے جن کا تعلق اعظم گڑھ سے ہے۔وہیں تعلیم وتربیت پائی۔آپ نے دینیات،عربی کی تعلیم مدرسہ نظام سے حاصل کی اور آغاز سے ہی اردو ادب سے وابستہ رہے۔اپنے زمانہء طالب علمی میں مولانا امین حسن اصلاحی کی وفات پر ایک نظم تخلیق کی۔ کچھ عرصہ بعد جب مولانا اصلاحی کی خدمات پر سیمینار ہوئے تو متعدد مواقع پر سیمنار کا آغاز اس نظم سے کیا گیا۔ بعد میں یہ نظم "نالہء فراق کے عنوان سے ہندستان اور پاکستان کے اخبارات اور جرائد میں شائع ہوئی۔90 کی دہائی میں ذریعہء معاش کے لئے متحدہ عرب امارات منتقل ہوئے اور تب سے شارجہ میں مقیم ہیں۔اور مشق سخن جاری رکھے ہوئے ہیں۔آپ کا ایک شعری مجموعہ" موجِ خامہ" کے نام سے شائع ہو چکا ہے۔

عمیر الصدیق، دارالمصنفین، اعظم گڑھ،ضیاء کے شعری مجموعہ پر اپنے تاثرات لکھتے ہیں:۔

موجوں کی تپش کیا ہے؟ فقط ذوق طلب ہے
پنہاں جو صدف میں ہے وہ دولت ہے خدا داد

ضیاء کم عمر ہیں، نومشق ہیں، کوچہ شعر میں نووارد ہیں لیکن تپش واضطراب اور ذوق طلب سے واقعی ایسے صدف بننے کے لائق ہیں جو دولت خداداد سے معمور ہے، اس ذوق طلب کا اندازہ ان کے اشعار سے بآسانی کیا جاسکتا ہے لیکن ایک حرف ان کے پیش گفتار کے بارے میں ضروری ہے، جو ذہن آفتاب کے طلوع وغروب میں ڈوب جاتا ہو، جو نظر بچپن میں گھر کی چھت کی اونچائی کو بڑے ہوکر کم ہوتے دیکھے، جس کی سوچ سے کہے کہ پیچھے کی طرف دوڑنا آسان نہیں، جو یہ سمجھے کہ زندگی کے فلسفہ کو سمجھنے کے لیے کوئی درسی نصاب نہیں، جس کو یقین ہو کہ ہر شاعر اپنی اقلیم تن خود بناتا ہے، جس کا میر اقرار ہو کہ شاعری میری خاموش طبیعت کی رازدان ہے، جس کے تیور یہ ہوں کہ خوشیاں تقسیم کرنے کے لیے اور درد وغم صرف ذاتی تحویل کے لیے ہیں اور جو بڑے بھولے پن سے شاعری کو ادعائے فن کی بجائے طالب علمانہ کاوش سمجھتا ہو، اس کا تخلص یثرب ہو یا ضیاء، تکلم اس کا بہرحال تقدس کا درجہ پائے گا۔ اس توقع کے ساتھ موج خامہ کا خیر مقدم کیا جانا چاہیے۔

ضیاء اعظمی کی دوغزلیں ملاحظہ فرمائیں :-

کبھی رنگ گل سے جدا ہوا، کبھی بوئے گل ہی بکھر گئی
اسی انتشار حواس میں، مری زندگی بھی سنور گئی

میں اداس ہوں یہ کسے خبر، میں نہال ہوں یہ کسے پتہ
جو مری متاع حیات تھی وہ سفر میں ساری بکھر گئی

میں شجر بنا، میں ہی شاخ بھی، جو ثمر لگے تو سب آ گئے
کبھی پتھروں سے نہیں کہا، مرے دل پہ جو بھی گذر گئی

کبھی رات اپنی پناہ میں مرے زخم چھیڑ کے سو گئی
کبھی دل کے ٹکڑے سمیٹتے، مری شب گزیدہ سحر گئی

وہ ملا تو رسمِ حیات بھی رہی اس کے گرد ہی گھومتی
وہ گیا تو میری ہر اک روش تھی جہاں وہیں پہ ٹھہر گئی

تجھے بے خبر یہ خبر نہیں، کہ تری خبر میں مری نظر
کبھی رہ گزر پہ ٹھہر گئی، کبھی آئینے میں اتر گئی

یہ تری نگاہ کا فیض ہے، یہ ترے شباب کا رنگ ہے
مجھے کار گریہء شب ملا، تری عافیت میں گزر گئی

ہیں سبھی ضیاؔء سے یہ پوچھتے کبھی ہم میں تم میں جو چاہ تھی
اسے کس نے توڑ کے رکھ دیا، اسے لگ یہ کس کی نظر گئی

❖❖❖

بے رنگ و نور حسن ہے پردا کیے بغیر
جلوہ ہے نا تمام نظارا کیے بغیر

جیتا تھا جس کو دیکھ کے وہ جان زند گی
روٹھا ہوا ہے مجھ سے ارادا کیے بغیر

کچھ حسرتوں کے پھول ہیں اور دامن امید
لپٹے ہیں سوکھ جانے کی پروا کیے بغیر

جس کی نگاہ نے مجھے برباد کردیا
نظریں چرا رہا ہے مداوا کیے بغیر

سودائے خام اور بہشت بریں ضیاؔء
ملتی نہیں ہے جان کا سودا کیے بغیر

احیاء بھوجپوری

آپکا پورا نام احیا اسلام اور احیاؔء بھوجپوری قلمی نام ہے۔ آپکا تعلق پٹنا، بہار سے ہے۔ 2004 سے امارات کی ریاست شارجہ میں مقیم ہیں اور پیشے سے انجنیئر ہیں۔ بزم اردو دبئی کے فعال رکن ہیں اور بزم کی ماہانہ بیٹھکیں انکی قیادت میں ہوتی ہیں۔ آپکا ایک شعری مجموعہ" امید نو" کے نام سے منظر عام پر آچکا ہے۔ حال ہی میں انہوں نے پٹنا میں" نوشتہ" کے عنوان سے ایک ثقافتی اور ادبی تنظیم تشکیل دی ہے جو گزشتہ ایک برس میں ہندوستان میں دو بڑے مشاعرے، پٹنا اور ممبئ میں کرا چکی ہے جس میں شکیل اعظمی، شبینہ ادیب، عالم خورشید، عزم شاکری جیسے شاعر شریک ہوئے۔

احیاؔء بھوجپوری کی شاعری پر اپنے تاثرات بیان کرتے ہیٔ شارقؔ کیفی لکھتے ہیں۔

"احیاء بھوجپوری ایک نڈر شاعر ہے وہ سیاسی شعور کے پیش نظر نعرے بازی نہیں کرتے وہ سیاست کے سلگتے ہوئے مسائل کو اس طرح بیان کرتا ہے کہ اس کے مصرعے ٹھیک ٹھیک نشانے پر بیٹھتے ہیں۔ جہاں پناہ ردیف والی غزل اس کی عمدہ مثال ہے۔ وہ اس کے ساتھ ساتھ تہذیبی صورت حال پر بھی کڑی نظر رکھتا ہے۔ سماجی رشتوں کے اتار چڑھاؤ کو اپنی غزل کا موضوع بنا تا رہتا ہے۔ وہ غزل میں رومانویت کے خلاف نہیں مگر وہ لمحہ موجود میں ہونے والی شاعری پر سوال اٹھاتا ہے کہ بھائی صاحب آپ ہجر و وصال کی باتیں کریں لیکن یہ تو بتائیں اس

میں شاعری کہاں ہے؟ میں سمجھتا ہوں اس مجموعہ میں احیاء بھوجپوری نے ہمیں اچھی شاعری پڑھنے کو دی ہے۔

عباس تابش لکھتے ہیں،احیاء بھوجپوری کی شاعری کا بغور مطالعہ کرنے پر یہی معلوم ہوتا ہے کہ اس قسم کے انسانی اور وجودی مسائل سے یہ تمام شاعری مالا مال ہے۔کمال یہ بھی ہے کہ احیاء بھوجپوری کا طریقہ کار اور مخصوص قسم کی سادگی سے پر طرز اظہار کے سبب ہی مسائل فوراً ہی شاعری کی بالائی سطح پر محسوس نہیں ہوتے مگر غور وفکر کے بعد ان کی جہات آہستہ آہستہ روشن ہونے لگتی ہیں۔ یہ سادگی کے ساتھ پرکاری کا وہ ہنر ہے جو ہر ایک کے نصیب میں نہیں۔ میں احیاء بھوجپوری کے اس شعری مجموعے کا دل سے خیر مقدم کرتا ہوں ۔اور امید کرتا ہوں کہ ان کی شاعری اردو کی غزلیہ شاعری میں اہم اضافہ ثابت ہوگی۔"

احیاء بھوجپوری کی کچھ غزلیں ملاحظہ فرمایئے۔

تبصرہ کیوں کر رہے ہو بارہا اجداد پر
فیصلہ ہوگا تمہارا آج کی بنیاد پر

بات تیری مل ملا کر ٹھیک ہے نقاد پر
شعر اچھا یا برا ہے منحصر ہے داد پر

سب حفاظت کر رہیں ہیں مستقل دیوار کی
جب کہ حملہ ہو رہا ہے مستقل بنیاد پر

کیسے نکلو گے بھلا اپنے گنہ کے جال سے
تم نے تو الزام سارا رکھ دیا صیاد پر

در بدر پھرنا پڑے گا عاشقوں کو عمر بھر
ظلم سہنا لازمی ہے وارث فرہاد پر
ماں کے پیروں کے تلے جنت کی نعمت ہے مگر
باپ کا سایہ بھی اچھا چاہئے اولاد پر

❖❖❖

ہیں میرے زخم کی رعنائیاں عجیب و غریب
کہ اس کو چاہئے گہرائیاں عجیب و غریب
یہ کس کا زور ہے میرے چراغ کی لو پر
بنا رہا ہے جو پرچھائیاں عجیب و غریب
ہمارے خواب کی گلیوں سے کون گزرا ہے
کہ آ رہی ہیں یہ انگڑائیاں عجیب و غریب
نظر اتارتی ہے وقت وقت پر میری
ملی ہے ماؤں کو بینائیاں عجیب و غریب
جلائے میری ہی سگریٹ مری عیادت پر
یہ میرا دوست بھی ہے کائیاں عجیب و غریب

سروش آصف

سید سروش آصف کا اصل اور قلمی نام ایک ہی ہے۔ آپکا تعلق شمالی ہند کے زرخیز علاقہ رامپور سے ہے۔ آپ 2006 سے امارات کی ریاست ابوظبی میں مقیم ہیں۔ پیشے سے آپ ایک

بینکر ہیں۔آپکا ایک شعری مجموعہ دیونا گری میں" خاموشی کا موسم" کے نام سے شائع ہو چکا ہے۔ آپ بزم اردو بئی کے فعال رکن ہیں۔حال ہی میں انہوں سے اپنے استاد ڈاکٹر واسطی کے ساتھ ملکر کلچرل کارواں کے نام سے ابوظبی میں ثقافتی اور ادبی تقاریب کا سلسلہ شروع کیا ہے۔

سروش آصف کے شعری مجموعہ اور انکی شاعری پر عباس تابش اپنے تاثرات یوں بیان کرتے ہیں:۔

"پہلی خوبی یہ کہ اس کا ہر شعر دو مصرعوں میں ایک مکمل کہانی ہوتا ہے۔اسے پڑھتے ہی میرے دھیان میں ایک کہانی کے کردار گھومنے لگتے ہیں۔یہ خوبی نظموں میں تو اکثر دیکھنے میں آتی ہے،لیکن غزل کے اختصار، رمزو کنایہ،تلازمہ سازی اور سہل ممتنع کی بندش کے باوجود سید سروش آصف کہانی بیان کرنے کا ہنر جانتا ہے۔میں دیکھ رہا ہوں کہ وہ زیادہ تر چھوٹی بحر میں شعر کہتا ہے یعنی یہ ایک اور مشکل اس نے پیدا کر لی ہے کہ انتہائی مختصر لفظوں میں پوری کہانی بیان کر دیتا ہے۔ یہ کہانی اکثر تہذیبی صورت حال کے گرد بنی ہوتی ہے جس میں تہذیبی زوال کا نوحہ بیان ہوتا ہے۔میرے خیال میں گزشتہ دہائی کے دوران میں ابھر کر سامنے آنے والے شعراء میں وہ نمایاں ترین شاعر ہے۔ہمارے عہد کی سوشل میڈیا سے پیدا ہونے والی عجلت پسندی کے زیر اثر نوجوان ابتدا میں دو چار اچھی غزلیں کہہ کر ساعتوں کی پست سطح پر اتر آتے ہیں لیکن سید سروش آصف اس سیلاب میں بہنے کے بجائے ایک چٹان کی طرح اپنی جگہ نہیں چھوڑتا اور غزل کی ریاضت کو فرض سمجھ کر جاری رکھے ہوئے ہیں۔میں بلاخوف تردید کہہ سکتا ہوں کہ وہ مستقبل گیر شاعر ہے۔

سروش آصف کی کچھ غزلیں ملاحظہ فرمایئے:۔

عقل تو کہتی ہے اب کے اس سے اچھا ڈھونڈ لوں
ہے مگر دل کی بھی ضد پھر اس کے جیسا ڈھونڈ لوں
اس سے میری پیاس کی شدت میں آئیگی کمی
میں اگر خود سے زیادہ کوئی پیاسا ڈھونڈ لوں
اے خدا یہ تو بہت محدود ہے میرے لیے
تو اجازت دے تو کوئی اور دنیا ڈھونڈ لوں
خودکشی اور زندگی میں سے اگر چننا پڑے
عین ممکن ہے میں کوئی اور رستہ ڈھونڈ لوں
اس سے پہلے پھر مرے کھونے کی خبریں عام ہوں
میری کوشش ہے کہ میں خود کو دوبارہ ڈھونڈ لوں
اور کتنی دیر ہے عیسی کے آنے میں سروشؔ
کیا میں جب تک کے لیے کوئی مسیحا ڈھونڈ لوں

❖❖❖

کہیں کہیں تو میں کم ہوں کہیں سوا ہوں میں
میں بن چکا ہوں کہ اب تک نہیں بنا ہوں میں
وہاں بھی ہم نے خدا کا پتہ لگا ہی لیا
جہاں خدا نے بتایا نہیں خدا ہوں میں
میں انتظار میں بیٹھا ہوں اپنے ہونے کے

ابھی جو پیش نہ آیا وہ حادثہ ہوں میں
کواڑ کھول کے پوچھا تو کچھ نہیں بو لی
کواڑ بند کیے تو کہا ہوا ہوں میں
مجھے منانے کی کوشش تو کر رہے ہو تم
تمھیں خبر بھی ہے کس بات پر خفا ہوں میں
پتہ نہیں ہے خدا نے مجھے سنا کہ نہیں
فلک سے لوٹ کے آتی ہوئی دعا ہوں میں

عائشہ شیخ عاشی

عائشہ شیخ کا قلمی نام عاشی ہے اور انکا تعلق بہاول پور سے ہے۔امارات کی ریاست دبئ میں 2009 سے مقیم ہیں۔ پیشے کے لحاظ سے عائشہ شیخ ایک بینکر ہیں۔اردو حلقوں میں ایک شاعرہ اور اینکر پرسن کی حیثیت سے پہچانی جاتی ہیں۔آپ بزم اردو دبئ کی ایک فعال ممبر ہیں۔

عائشہ شیخ عاشی کی غزل ملاحظہ کیجئے۔

جو تجھ کو ضرورت ہے عطا کون کرے گا
یہ دیکھ مرے بعد وفا کون کرے گا
اِس بار محبت تو مجھے خود سے ہوئ ہے
ایسے میں مجھے مجھ سے جدا کون کرے گا
جب مجھ سے فقیروں کا ٹھکانہ نہیں کوئ
پھر بھیڑ میں کشکول بھرا کون کرے گا

ہم دونوں جدا ہونے کی ضد پر جو اڑے ہیں
معلوم نہیں پہلے خطا کون کرے گا
غم مجھ کو بھی معلوم ہے مٹی کے دِیے کا
پر زور ہواؤں سے لڑا کون کرے گا
تم میری محبت کو سمجھتے ہی نہیں ہو
جو قرض ہے واجب وہ ادا کون کرے گا
اِس بار دِیے تیز ہواؤں میں پڑے ہیں
کیا جانے اندھیروں میں ضیا کون کرے گا
ہمدم میں تری ذات کے دامن سے بندھی ہوں
اس قید سے اب مجھ کو رہا کون کرے گا
خوش ہو کے درختوں کی طرف دیکھنے والو
پنجروں سے پرندوں کو رہا کون کرے گا
لگتا ھے کسی منہ میں زباں ہی نہیں عاشیؔ
سب چپ ہیں یہاں کوئی صدا کون کرے گا

ندیم شہزاد

آپکا پورا نام ندیم احمد شہزاد اور قلمی نام ندیمؔ ہے۔ آپکا آبائی وطن فیصل آباد ہے اور 2009 سے ابوظبی میں مقیم ہیں۔ آپکا ایک شعری مجموعہ" محبت نام ہے اُس کا" کے نام سے منظر عام پر آچکا ہے۔

آپ کے چند نمائندہ اشعار ملاحظہ کیجیئے۔

عالم تو دیکھیے مری دیوانگی کا آپ
دامن کا چاک جا کے گریبان سے ملا

اُس سے لپٹ کے آج مَیں رویا بہت ندیم
بچپن کا اک کھلونا جو سامان سے ملا

❖❖❖

فاقہ زدہ تھے پیڑ کہ آسیب کا اثر
شاخوں نے سانپ بن کے پرندے نگل لئے

❖❖❖

اُس آئینہ بدن نے یوں لُوٹا ہے شہر کو
حیرت نے سارے شہر کو پتھّر بنا دیا

❖❖❖

تمہارے سامنے جو بٹ گیا تھا ٹکڑوں میں
وہ عکس جوڑ کے اک آئینہ بنایا ہے

❖❖❖

میں جس کو مانتا ہوں سبھی کا خدا ہے وہ
تُو جس سے مانگتا ہے اُسی کو خدا سمجھ

❖❖❖

آپکی ایک غزل دیکھئے:۔

کمالِ حسن و حیا پر یقین آیا ہے
تمھیں جو دیکھا خدا پر یقین آیا ہے
حرم کے روبرو ایسا کرم ہوا دل پر
دعا سے پہلے دعا پر یقین آیا ہے
دیے کی نبض پہ رکھ دیں جب اُنگلیاں اُس نے
تبھی دیے کو ہوا پر یقین آیا ہے
دعائیں رد نہیں محفوظ ہورہی ہیں ندیمؔ
اِسی لیے تو دعا پر یقین آیا ہے

میگی اسنانی

میگی آسنانی نے اپنے اصل نام کو ہی قلمی نام کے طور پر اختیار کیا ہے۔متحدہ عرب امارات،دبئی میں 2011 سے مقیم ہیں۔آپ کی مادری زبان گجراتی ہےاور آپکا تعلق،ہندوستان کی ریاست گجرات سے ہے۔آپ بیک وقت گجراتی اور اردو میں شاعری کرتی ہیں۔آپکی گجراتی زبان کی شاعری میں دو کتابیں شائع ہوچکی ہیں،ذات ساتھے وات (شاعری مجموعہ کلام)،آزادکلام کےعنوان سے گجراتی شاعرات کی شاعری کاانتخاب۔

آپکی اردو میں دوغزلیں دیکھئے۔

کبھی ہم بت کبھی نور صنم کو دیکھ لیتے ہیں
عقیدہ سے بڑی دیر و حرم کو دیکھ لیتے ہیں

کبھی روتے ہوئے مجھ کو نظر انداز کرتے ہیں
کبھی آنکھوں میں وہ ہلکی سی نم کو دیکھ لیتے ہیں
کبھی اس مسکراہٹ میں کبھی اس بے رخی میں ہم
ستم کو دیکھ لیتے ہے کرم کو دیکھ لیتے ہیں
ہمیں اس واسطے بھی آئینے پر پیار آتا ہے
ہم اپنی آنکھ میں اپنے بلم کو دیکھ لیتے ہیں
بچھڑ کے ہو چکے برسوں مگر خوابوں کو ہے تسلیم
ہم ان کو دیکھ لیتے ہیں وہ ہم کو دیکھ لیتے ہیں

❖❖❖

سارے جگ سے روٹھ جانا چاہتی ہوں
ہاں مگر تم کو منانا چاہتی ہوں
اک خوشی گر تو جو مجھ کو دے سکے تو
سارے غم کو بھول جانا چاہتی ہوں
ہاں وطن کو چھوڑا برسوں ہو چکے ہیں
اب میں لیکن لوٹ آنا چاہتی ہوں
ابتدا تو ہی ہے میری انتہا بھی
میں فقط اتنا بتانا چاہتی ہوں
اینٹ پتھر سے مکاں بنتے ہیں سب کے
میں بھروسے کا بنانا چاہتی ہوں

بس ترا ہی پیار مانگوں زندگی میں
میں کہاں کوئی خزانہ چاہتی ہوں
میں نے کب چاہا کہ مر جانا مجھے ہے
ایک جینے کا بہانہ چاہتی ہوں

حسین شہزاد

آپکا تعلق اسلام آباد سے ہے اور طویل عرصہ سے شارجہ میں مقیم ہیں اور ایک مترنم شاعر کی حیثیت سے ادبی حلقوں میں پہچانے جاتے ہیں۔

حسین شہزاد کی دو غزلیں دیکھیئے۔

تمہارے درد کی جنّت سے کیوں ہم جاں گسل نکلیں
تمہیں ملنے کا ہو امکان تو، ہاں، سر کے بل نکلیں
ترے عاشق گنہگاروں میں بھی پہچانے جاتے ہیں
جہاں بھر کی سیاہی چاہے اپنے منہ پہ مل نکلیں
یہ مشکل کام ہے پھر بھی چلو ہم بات کرتے ہیں
کہ ہوسکتا ہے یوں ان رنجشوں کے کوئی حل نکلیں
محبت ہی نہیں بنیاد رشتے کی تو آخر کیوں
سفر پر زندگی کے بے سر و ساماں ہی چل نکلیں
غلاموں کی بغاوت مینہ کی پہلی بوند جیسی ہے
جو ڈر کر آج گھر ہی رہ گئے، ممکن ہے کل نکلیں

ہے جوبن پر بہار اور ہم پہ تنہائی کا عالم ہے
تو آ جائے تو شاخِ دل پہ بھی کچھ پھول پھل نکلیں
میں وہ شہ زادہ ہوں جو وقتِ مستقبل میں رہتا ہے
عجب کیسا اگر میرے اشارے سب اٹل نکلیں

❖❖❖

خلق کی حد سے جو آگے ہے، وہ محدود نہیں
امر کا راستہ کم یاب ہے، مفقود نہیں
آپ ہی نے تو بتایا کہ ملوں گا میں کہاں
وہاں پہنچا تو ہوں پر آپ ہی موجود نہیں
بعد مدّت کے میں خوشیوں سے نمٹتا ہوں ابھی
اے مرے یار کے غم! بیچ میں یوں کود نہیں
آ یہاں بیٹھ کہ مہکے ترے دل کا بھی مزار
یہ مری سانس کی دھونی ہے، اگرعود نہیں
تو کبوتر کی طرح چونچ میں پانی تو لا
اصل میں آگ تو اس کی ہے جو نمرود نہیں
ہم نے تو تجھ کو عجب قدرتِ کُن بخشی تھی
کیا ترے دم سے کئی ہست نہیں، بود نہیں؟
جب سے چھوڑی ہے تری آس میں شاہی میں نے
دم نکلتا ہے لبوں سے مرے، فرمود نہیں

جاوید صدیقی اعظمی

جاوید صدیقی کا آبائی وطن اعظم گڑھ ہے، اور وہیں سے تعلیم و تربیت حاصل کی۔ 2006 سے ابوظبی میں مقیم ہیں اور درس و تدریس میں مصروف ہیں۔ ادبی حلقوں میں ایک مترنم شاعر کی حیثیت سے جانے اور پہچانے جاتے ہیں۔ ابوظبی کے انڈئین اسلامک سینٹر میں ہر برس کے موسم سرما میں ایک کل امارات مشاعرہ منعقد کرتے ہیں۔ دنیا کے کووڈ 19 کی لپیٹ میں آنے تک یہ سلسلہ جاری رہا۔

آیئے جاوید صدیقی کی چند غزلوں سے لطف لیجئے:۔

ظلم حد سے گزرتا رہا
اشک فریاد کرتا رہا

ڈر نہیں دشمنوں کا مجھے
اپنے سائے سے ڈرتا رہا

اس کا کردار تھا آئینہ
عمر بھر میں سنورتا رہا

پوچھ کر خیریت وہ مری
اور بیمار کرتا رہا

زندگی تیری تعمیر میں
ٹوٹ کر میں بکھرتا رہا

ایک پل کی خوشی کے لئے
آدمی روز مرتا رہا

رنگ محفل تو بدلا نہیں
لاکھ کوشش میں کرتا رہا
کون جاویدؔ دل میں ترے
رفتہ رفتہ اترتا رہا

❖❖❖

ستم کب ان پہ ڈھایا ہے کسی نے
بس آئینہ دکھایا ہے کسی نے
فلک سے خوں کی بارش کیوں نہ ہوتی
زمیں کا دل دکھایا ہے کسی نے
مری آنکھیں چھلکنے لگ گئیں ہیں
تعلق کیا نبھایا ہے کسی نے
سیاست کھیل ہے جادوگری کا
تماشائی بنایا ہے کسی نے
بہت نازک بدن ہے شاعری کا
کہ جیسے گل اٹھایا ہے کسی نے
بڑی راحت ملی جاویدؔ دل کو
گلے سے جب لگایا ہے کسی نے

مسرتؔ چودھری

پورا نام مسرت عباس چودھری ہے اور مسرتؔ تخلص کرتے ہیں۔ آبائی وطن

چکوال ہے اور تعلیم لاہور سے حاصل کی ہے۔ 1999 سے امارات میں مقیم ہیں۔ اوّلاً شارجہ میں رہے، اب کچھ برس سے ابوظبی میں مقیم ہیں۔ ایک شاعر ہونے کے ساتھ ساتھ آپ ایک ماہر فوٹوگرافر بھی ہیں۔ آپنے بزم مسرت کے نام سے ایک ادبی گروپ بنایا ہے۔

مسرتؔ چودھری کی چند غزلیں ملاحظہ کیجئے:۔

دل کی وحشت ہی زرا اور بڑھا لی جائے
کیوں نہ پھر دشت میں اک شام منا لی جائے

دشت کو ایک فضیلت ہے ترے کوچے پر
چاہے جتنی بھی وہاں خاک اڑا لی جائے

آسماں سر پر اٹھانا تو بڑی بات نہیں
کیوں نہ اس بار زمیں سر پر اٹھا لی جائے

اس نے جاتے ہوئے بس ہاتھ ملایا مجھ سے
میری خواہش تھی کہ تصویر بنا لی جائے

یوں ہی باتوں سے بھلا بات کہاں بنتی ہے
ہاں اگر بنتی ہو تو پھر بات بنا لی جائے

پہلے بدنام ہوا جائے محبت میں تری
پھر یہ رسوائی کسی اور پہ ڈالی جائے

❖❖❖

خود بھی چاہیں تو مسرت نہیں کر سکتے ہم
گاؤں کے لوگ ہیں نفرت نہیں کر سکتے ہم

اب پکارے بھی اگر شہرِ تمنا ہم کو
پھر بھی اس دشت سے ہجرت نہیں کر سکتے ہم
لوگ کہتے ہیں حسینوں سے کنارہ کر لیں
کام ایسا کسی صورت نہیں کر سکتے ہم
اب تو ممکن ہی نہیں طِفلِ دَبستاں ہونا
ہو بھی جائیں تو شرارت نہیں کر سکتے ہم
دوست ہم شہرِ محبت کے وہ سوداگر ہیں
فائدہ ہو تو تجارت نہیں کر سکتے ہم
انہیں کیوں چشمِ تصور نے دکھایا ہم کو
جن خیالوں کو عِبارت نہیں کر سکتے ہم
اپنی آنکھیں ہیں گنوائیں حِسِ بینائی نہیں
کون کہتا ہے زیارت نہیں کر سکتے ہم

قاسم شازؔ فراہی

اصل نام قاسم فراہی اور شازؔ تخلص کرتے ہیں۔ آپکا آبائی وطن اعظم گڑھ ہے، مدرسہ الاصلاح سرائے میر سے عربی اور فارسی کی تعلیم حاصل کی ہے۔ 2004 سے ابوظبی میں مقیم ہیں اور درس و تدریس میں مصروف ہیں۔ ادبی حلقوں میں شاعر کی حیثیت سے جانے اور پہچانے جاتے ہیں۔

قاسم فراہی شازؔ کی چند غزلیں پیش ہیں:۔

گالیاں دے گا ہمیں یہ نہ گماں تھا پہلے
بد زباں تھا وہ ، مگر اتنا کہاں تھا پہلے
اب یقیں ہے کہ اسی طرح سے ہوگا انصاف
عدلیہ پر ہمیں کچھ اور گماں تھا پہلے
اب تو ہر پل کوئی کھٹکا سا لگا رہتا ہے
اسی گلشن میں بہت امن و اماں تھا پہلے
گردشِ وقت کا وہ ایک فقط مظہر ہے
اس کے جیسا ہی کوئی اور یہاں تھا پہلے
نسبتیں روز بدلنا کوئی تم سے سیکھے
منتظر میں ہوں اسی در پہ جہاں تھا پہلے
ہے نیا دور نئی رسمِ محبت بھی شاذ
ورنہ الفت میں کہاں سود و زیاں تھا پہلے

❖❖❖

گل پیرہن کے ساتھ ہی وہ گل بدن بھی ہے
میری خوشی بھی ہے وہی دردِ کہن بھی ہے
ہوں گلستاں میں بلبل و گل کیوں نہ دم بخود
ہے باغباں وطن کا جو، ننگِ چمن بھی ہے
ہم سے کرایہ دار سا کیجے نہ یوں سلوک
جتنا ہے آپ کا یہ ہمارا وطن بھی ہے
تنہا تمہارے ہجر میں آنکھیں ہی نم نہیں

جاری تمہارے عشق میں مشقِ سخن بھی ہے

ہوتی ہیں تیرے شہر میں مہماں نوازیاں
اس کا گواہ جسم ہے اور پیرہن بھی ہے

اُس کے لیے ہوئے ہیں یہ دستِ دعا دراز
جس بے وفا کی ذات سے دل میں چبھن بھی ہے

تنہا نہیں نثار ہے شاذ اُس کے حسن پر
مٹنے کو حسنِ شمع پر اک انجمن بھی ہے

حیدرامان حیدرؔ

آپکا پورا نام سید حیدر آمان زیدی ہے اور قلمی نام حیدر۔آپکا آبائی وطن مظفرنگر، یو پی ہے۔تعلم وتربیت رشی کیش میں۔طویل عرصہ سے دبئ میں مقیم ہیں اور ایک نجی فرم میں اعلیٰ عہدے پر فائز ہیں۔امارات کے ادبی حلقوں میں بطور شاعر پہچانے جاتے ہیں۔آپکی شاعری کی طرح آپکا ترنم بھی معروف ہے۔آپکا ایک شعری مجموعہ" اپنی امان میں رکھنا" کے نام سے شائع ہوچکا ہے۔

امان حیدرؔ کے شعری مجموعہ پر اپنے تاثرات بیان کرتے ہوئے لکھنئو کے معروف شاعروادیب ڈاکٹر طارق قمر کہتے ہیں:۔

"یوں تو شاعری کے بہت سے رنگ بہت سے لہجے ہیں لیکن جو رنگ امان حیدر نے اختیار کیا ہے اس رنگ میں شعری دھنک کے ساتوں رنگ سمٹ آئے ہیں۔امان حیدر کی غزل

صرف ذاتی رنج والم، دلی جذبات وخیالات، اور حسن وعشق کے صحیح معاملات کی ترجمان نہیں بلکہ ایک ایسا نگار خانہ ہے جس میں اپنے عہد، سماج اور زندگی کی بنتی بگڑتی تمام تصویریں صاف نظر آتی ہیں۔"

مزاح کی مستند آواز ڈاکٹر اعجاز، پاپلر میرٹھی "اپنی امان میں رکھنا" کے دیباچے میں لکھتے ہیں" حیدر امان حیدر کی شاعری ان کی شخصیت کی طرح متانت اور تمکنت سے بھری ہوئی ان کی فکر میں سنجیدگی ہے لیکن وہ بھی خرابیوں سے بھرے اسی سماج کے فرد ہیں سو ان کا سامنا غیر سنجیدہ عناصر سے بھی پڑتا ہے ایسے میں اور اسی نوع کے بعض دوسرے متضاد رویوں میں تال میل بٹھانا دشوار کام ہے۔ اس کرب کا اظہار وہ اپنی شاعری میں کرتے ہیں۔ انکا شعر کہنے کا اپنا منفرد انداز ہے جو عوام میں بہت مقبول ہے۔"

امان حیدر کی شاعری کا کچھ حصہ پیش خدمت ہے۔

حمد

چاہے وہم و گمان میں رکھنا
مجھ کو اپنی امان میں رکھنا

میرا کردار جتنا چھوٹا ہو
ذکر کو داستان میں رکھنا

میرے پیروں کو رکھنا مٹی پر
سر مرا آسمان میں رکھنا

جسم چاہے کہیں رہے میرا

روح ہندوستان میں رکھنا
میرے لفظوں میں رکھنا اک تاثیر
درد میری زبان میں رکھنا
مجھ کو جنت ہی چاہیئے مولیٰ
زندگی امتحان میں رکھنا
بس یہی چاہتا ہے مولیٰ امان
مجھ کو اپنی امان میں رکھنا

دوغزلیں:-

نام سے پھر مجھے بچپن کے پکارے کوئی
کاش لوٹا دے مجھے کھوئے نظارے کوئی
مدتوں بعد ملا ہے وہ لپٹ کر مجھ سے
ٹانکتا ہے میرے کاندھے پہ ستارے کوئی
اے خدا اس سے بچھڑ کر جو ملی ہے مجھ کو
ایسی تنہائی کی صدیاں نہ گزارے کوئی
جیت جانے کے لئے سارا زمانہ ہے مگر
دوستوں قدر کرو دوست نہ ہارے کوئی
میں ہوں پردیس میں اور ماں مری گھر پر ہے امانؔ
چاہتا ہوں کہ نظر میری اتارے کوئی

❖❖❖

بن کے دھڑکن تری سانسوں میں سنائی دوں گا
وہ بھی دن آئے گا جب میں نہ دکھائی دوں گا

مجھ کو کیا قید کرے گا یہ زمانے کا نظام
ایک دن خود ہی میں دنیا کو رہائی دوں گا

تم تو بس دل ہی مجھے عشق میں دے دینا صنم
میں تمہیں پیار کے بدلے میں خدائی دوں گا

عندلیبِ چمنِ عشق اگر لوٹ آئے
اس کے ہاتھوں کو میں پھر رنگ حنائی دوں گا

میں نے اُف بھی نہ کیا اس کے چلے جانے پر
وہ سمجھتا تھا سرِعام دہائی دوں گا

سینچ کر اپنے لہو سے چمنِ عشق امانؔ
اسے دنیا کے ہر ایک غم سے رہائی دوں گا

عرفان اظہارؔ

عرفان اظہارؔ کی جائے پیدائش علی گڑھ ہے اور آپ نے علی گڑھ مسلم یونورسٹی سے تعلیم حاصل کی ہے۔ ایک طویل عرصہ سے دبئی میں مقیم ہیں اور اعلیٰ سطح کے کاروبار کے مالک ہیں۔ ادبی حلقوں میں نہ صرف ایک شاعر بلکہ شاعر نواز اور ادب نواز کی حیثیت سے جانے جاتے ہیں۔ امارات میں ہونے والی ادبی اور ثقافتی تقاریب میں دامے درمے سخنے قدمے شریک ہوتے ہیں۔

آپکی دوغزلیں ملاحظہ فرمائیں:۔

صبح کے رحم سے نیا ہوجاؤں
خود ہی میں اپنی انتہا ہوجاؤں
دیکھتا ہوں سبھی کے چہروں کو
سوچتا ہوں کہ آئینہ ہو جاؤں
اتنے اچھوں سے مل لیا ہوں کہ اب
دل میں ٹھانی ہے بس برا ہوجاؤں
ترے دل سے کبھی نکلوں نہیں میں
کوئی ایسی ہی اک صدا ہوجاؤں
دل لگانے کے بعد کیا کرلوں
عشق ہونے کے بعد کیا ہوجاؤں
صرف تجھ کو دِکھوں، تجھے دیکھوں
اپنی آنکھوں کا فیصلہ ہوجاؤں
راز ہوجاؤں دردِ دل کا اور
تجھ پہ اظہارؔ مدعا ہوجاؤں

❖❖❖

ہوا کے دوش پہ کتنے چراغ جلتے رہے
اگر چہ لوگ اندھیروں کے ساتھ چلتے رہے
ذرا سے فائدے کو دیکھ کر ہمارے لوگ

خودی تو چھوڑیے صاحب خدا بد لتے رہے
لکیر چھوڑ گئے روشنی کی ہلکی سی
وہ آفتاب جو خاموشیوں سے ڈھلتے رہے
جو زخم ہوگئے ظاہر وہ مٹ گئے لیکن
جوزخم ڈھانپ دیے آپ نے ، وہ پلتے رہے
تمہارے ملنے کی امید میں شب اظہارؔ
ہمارے خواب تو گرتے رہے سنبھلتے رہے

سلمان احمد خان

سلمان احمد خان کا تعلق راولپنڈی سے ہے۔عرصہ 15 برس سے امارات میں مقیم ہیں اور شعبہء تعلیم سے وابستہ ہیں ۔اس وقت اسلامیہ انگلش سکول ابوظہبی میں بطور وائس پرنسپل خدمات انجام دے رہے ہیں۔انگریزی ادب میں ماسٹر ڈگری ہے مگر اردو زبان سے عشق ہے۔اس لئے امارات کے ادبی حلقوں میں ایک مترنم شاعر اور ناظم کی حیثیت سے مقبول ہیں۔پاکستان بزنس کونسل اور پاکستان ایسوسی ایشن دبئی کے پلیٹ فارم سے سماجی اور ادبی خدمات انجام دے رہے ہیں۔

سلمان احمد خان کی دوغزلیں پیش ہیں:۔

تمہارے لہجے میں تم سے میں گفتگو کروں گا
تمہیں میں آج تمہارے ہی روبرو کروں گا

میرا یہ عشق عقیدے میں ڈھل گیا جس دن
تیری تلاش میں نکلوں گا تو ہی تو کروں گا

تیرے وصال میں جو ہجر سا مزا نہ ملا
میں تجھ سے مل کے بچھڑنے کی آرزو کروں گا

رکھوں گا اسکو رقیبوں تلک ہی کب محدود
کیا جو یار کا چرچا تو کو بکو کروں گا

نہیں ہے آس پاس کوئ خیر خواہ میرا
سو آج میں بھی یہاں کھل کے گفتگو کروں گا

❖❖❖

بے سرو پا اضطرابی عشق میں
ہم نہیں ڈوبے کتابی عشق میں

دیکھ میری آنکھ سے آکر کبھی
حسن کی حاضر جوابی عشق میں

لگ گیا تو جان لے کر جائے گا
ہے فقط اتنی خرابی عشق میں

جاگتے میں ہم تو کوسوں دور تھے
لے گئ ہے نیم خوابی عشق میں

بول کب تک خون ہونگی تتلیاں
خار میں لپٹے گلابی عشق میں

تو نے دیکھا اور مجھ پر وا ہوئی
زندگی کی بے حجابی عشق میں
ڈھونڈ تا ہے کس لئے سلمانؔ تو
ہر حقیقت کو سرابی عشق میں

شمعون ممنون

شمعون ممنون پیشے سے ایک آرکٹیکٹ ہیں ۔آپکا تعلق برہان پور سے ہے۔طویل عرصہ سے شارجہ میں مقیم ہیں۔آپکا ایک شعری مجموعہ "نوائے جنون" کے نام سے شائع ہو چکا ہے۔

ایک غزل :-

حیراں ہے رخشِ عمر، پتہ ہے کُچھ نہ منزل کا
میں گُل اپنے ہی گُلشن کا ، پہ ناداں آب کا ِگل کا
مجھے ہے جستجو اپنی کہ بھُولا مَیں کو ہوں اپنے
مَیں اپنی قید سے نکلوں تب ہی سوچوں کسی حل کا
خود کے روگ سے آزادی ، خرد یا دل کی مشکل ہے
تلاشی ہوں کسی حکمت ، عِلاج اِس بیماری ءِ دِل کا
خودی اک موجِ ہستی ہے" مَیں" ابھرتی ڈوبتی کشتی
اُبھر کر مَوجِ ہستی سے ، نشاں ملتا ہے ساحل کا
سمندر اور دَریا آب کی چادر ہیں گویا گول کُرّہ پر

پہاڑ و سبزہ و صحرا چسپاں چہرہ سطحِ کامل کا
حیاۃِ جاوداں ، بے کراں پھیلی ہوئی ، گول کُرّے پر
نشاں دیتی ہوئی اعضاء سے اپنے اک جِسمِ کامِل کا
رنگا رنگ ، جامِد ، محرّک ، زیرِ زمیں اور جہ بہ جہ
مَیں خود ، عضوِ محرّک ، یہ سارے جَمعِ حاصل کا
یہ کُرّہ ، گھومتا ، محوَر پہ اپنے ، گول سا حیوان
جِسے دُنیا کہو ! قِصّہ ہے ، اک خوابِ غافل کا
مگر حِسِ تجسُّس سچ ہی سُجھائیگی بصیرت کو
خِرَد ، شمعونؔ وِرثہ ہے ، مَحض اِنسانِ عاقِل کا

ابرار عمر

ابرار عمر کا تعلق لاہور سے ہے۔ امارات میں دو ہزار سات سے مقیم ہیں۔ پہلے شارجہ اور اب ابوظبی میں قیام پزیر ہیں۔ انٹیریئر ڈیکور کے کام کرتے ہیں۔ ادبی حلقوں میں شاعر کی حیثیت سے جانے جاتے ہیں اور اکثر ادبی اور شعری محفلوں میں شامل رہتے ہیں۔ شاعری کے علاوہ ابرار عمر کے تبصرے اور رپورتاژ بہت شوق سے پڑھے جاتے ہیں۔

ابرار عمر کی دو غزلیں ملاحظہ کیجئے:۔

میں بے وفا ہوں یاد دلانا مجھے ضرور
اک دن مری نظر سے گرانا مجھے ضرور
لہروں سے کھیلتے ہوئے رکھنا مجھے بھی یاد

میں ساحلوں کا گیت ہوں گانا مجھے ضرور
تو میری ہم سفر ہی نہیں راہبر بھی ہے
رستے میں گر پڑوں تو اٹھانا مجھے ضرور
پھولوں کی مثل پھول ہیں رنگوں کی مثل رنگ
مجھ سا ملے کوئ تو بتانا مجھے ضرور
لگتا ہے کیسا حسن و اداسی کا امتزاج
کالا جو رنگ پہنو دکھانا مجھے ضرور
یہ سلسلہء موجہ ء خوشبو بنا رہے
کوئ نئ غزل ہو سنانا مجھے ضرور

❖❖❖

زخم کچھ اس طرح سیے اس کے
ہونٹ پر ہونٹ رکھ دیے اس کے
وہ جو نکلے تھے غیر کے غم میں
میں نے وہ اشک بھی پیے اس کے
پہلے دی میں نے اپنی نیند اسے
بعد میں رتجگے لیے اس کے
جو فرشتوں کے بس سے باہر تھے
میں نے وہ کام بھی کیے اس کے
جس کے ہاتھوں میں فاختہ تھی عمر

کف سے نکلے سپولیے اس کے
ٹوٹنے دی نہ اس کی آس عمر
میں نے روشن رکھے دیئے اس کے

اعظم زیدی

میر اعظم علی زیدی کا تخلص اعظم ہے اور عرفیت ہاشم رضا ہے۔ آبائی وطن جے پور راجستھان ہے۔ وہیں سے پوسٹ گریجویشن تک تعلیم حاصل کی۔ امارات میں 1992 سے 2020 تک ابوظبی میں مقیم رہے اور ایک نجی فرم میں پروڈکشن مینیجر کی حیثیت سے کام کرتے رہے۔ فی الوقت شارجہ میں مقیم ہیں۔ آپ شاعری کے علاوہ ایک خطیب اور ناظم کے طور پر ادبی حلقوں میں جانے جاتے ہیں۔ آپ غزلوں سے زیادہ منقبت، سلام، قصیدے اور نعت گوئی کو پسند کرتے ہیں۔ آپ کا ایک شعری مجموعہ " نذرانہء اعظم" کے نام سے شائع ہو چکا ہے جو کہ حمد، نعت، مناقب، سلام اور قصیدہ کا مجموعہ ہے۔

اعظم زیدی کے مجموعہ پر اپنے تاثرات کا بیان ڈاکٹر سید کلبِ صادق نے یوں کہا ہے:-

"عزیزم میر اعظم زیدی اعظم کے مدحیہ کلام کا یہ مختصر مجموعہ ہے، آپ اس مجموعے کو سچے جذبات اور والہانہ عقیدت سے معمور پائیں گے۔ اہل بیت طاہرین علیہم السلام کے حضور میں اعظم زیدی نے نہایت مخلصانہ وموٴقنانہ جذبات نذر کئے ہیں جو یقیناً مقبول بارگاہ ہوں گے اور پھر ممدوحین علیہم السلام کے فیضان سے حُسنِ تخیل کے ساتھ حُسن ادا بھی اپنی نکھری صورت میں

شامل ہو کے شاعر کے فنی کمال کی سند بن جائے گی۔انشاءاللہ عظیم

اعظم نے اگر غور وفکر کے ساتھ مدح طرازی کا سلسلہ جاری رکھا تو وہ خوش بیاں مدّاحِ اہلبیت کی حیثیت بھی منوالیں گے۔خوش فکر شاعر تو وہ اس وقت بھی ہیں۔"

اعظم زیدی کا کلام پیش ہے:۔

حمد

خلق تو نے کردیے نورانی پیکر جا بجا
ہو گیا سارا جہاں جس سے منور جا بجا
تو احد ہے تو ہی باسط تو ہی رحمان و رحیم
اس طرح ہم دیکھتے ہیں تیرے جو ہر جا بجا
تو نے پیدا کردیے اپنے نبی کے واسطے
یہ زمین و آسماں اور ماہ و اختر جا بجا
کر کے دنیا اپنی روشن کہہ رہا ہے ہر بشر
تیری ہی تابندہ کرنوں کا ہے منظر جا بجا
ہو وہ انساں یا کہ حیواں یہ شجر اور وہ حجر
رزق آتا ہے یہاں سب کو میسر جا بجا
تیری قدرت کی کرشمہ سازیوں کے واسطے
تو نے بھیجے ہیں زمیں پر اپنے رہبر جا بجا
اعظم عاصی بھی ہے اک تیرا بندہ اے خدا

یاد تیری دل میں رکھتا ہے یہ احقر جا بجا

علی مرتضیٰ (منقبت)

خیال و فکر میں گم ہو کے ہو سفر ایسا
نجف نجف نظر آئے پڑے اثر ایسا
ٹھہر گیا ہے قلم بھی سکون پا کے یہاں
اُسے ملا ہے امامت کا اک نگر ایسا
علی ہے مظہرِ اوصافِ خالقِ کونین
جہاں میں دوسرا کوئی نہیں بشر ایسا
علی کی مدح و ثنا لوگو کوئی کھیل نہیں
کہیں تمام نہ ہو جو یہ ہے سفر ایسا
سوا علی کے کوئی ایک ڈھونڈھ کر لائے
دیا ہو خالق اکبر نے جس کو گھر ایسا
پلٹ کے آیا ہے سورج بھی دیکھنے کے لئے
ہوا ہے کون مصلے پہ جلوہ گر ایسا
کہاں سے دُر نجف کا جواب لاؤ گے
نہیں جہاں کے خزانے میں اک گہر ایسا
یہاں یہ فن نہیں اخلاص شرط ہے اعظمؔ
یہی ہے سارے زمانے میں اک ہنر ایسا

علی عیسیٰ

علی عیسیٰ کا پورا نام سید علی عیسیٰ اور تخلص عیسیٰ ہے۔1990 سے 2017 تک ابوظبی میں مقیم تھے۔ اسکے بعد شارجہ میں قیام پزیر ہیں۔ آپکا آبائی وطن گیا ہے۔غزل کے علاوہ" زلم اور جہل" ،"علم اور مال" ،"سجدہ" کے عنوان سے آپنے مسدس بھی لکھی ہیں۔

آپکے کچھ اشعار پیش ہیں:۔

زندگی جسنے عطا کی ہے اسی کا حق ہے
اسکی راہوں میں ہر انسان فنا ہو جائے
پھر بھی شکر اسکا ادا ہو نہی سکتا ہرگز
شکر وہ شکر نہیں ہے جو ادا ہو جائے

❖❖❖

رکھے اللہ میرا سر سر محشر اونچا
سر یہی سوچ کے سجدہ میں جھکا دیتا ہوں

سلمان خورشید

سلمان خورشید کا تعلق سلطان پور سے ہے اور امارات میں 2007 سے مقیم ہیں۔ کچھ برس دبئ میں رہے گزشتہ کچھ برسوں سے ابوظبی میں مقیم ہیں:۔

سلمان خورشید کی غزل پیش ہے۔

اِس حقیت سے آشنا بھی تو تھا
وہ مرض ہی نہیں دوا بھی تو تھا

وہ تھا اچھا برا خدا جانے
دو قدم ساتھ وہ چلا بھی تو تھا

ہاتھ باندھے کھڑے تھے خواب مگر
یاد میں تیری جاگنا بھی تو تھا

کیوں بڑھاپے میں بیٹھے رکھتے خیال
وہ جو بویا تھا کاٹنا بھی تو تھا

اشک رویا میں، عشق میں لیکن
مور تھا مجھ کو ناچنا بھی تو تھا

چھوڑ دی بھر کے نیو آ نگن میں
کیوں کہ کل گھر کو بانٹنا بھی تو تھا

کون گرتا مِری نگاہوں سے
اپنے اندر میں جھانکتا بھی تو تھا

ٹوٹ جاتا نہ میں تو کیا کرتا
وہ تھا پتّھر میں آئینہ بھی تو تھا

اے غزل تیری راہ میں دیوار
فکر کا میری دائرہ بھی تو تھا

معراج نظامی

معراج احمد نظامی کا آبائی وطن رام پور ہے۔آپ ایک سینئر صحافی ہیں۔دور طلب علمی سے ہی آپنے مضامین، کہانیاں تبصرے وغیرہ لکھنے کا آغاز کر دیا تھا جو اس وقت کے معروف

رسالوں اور جریدوں ، بیسوں صدی، خاتونِ مشرق ، دولت کی بارش ، ہما وغیرہ میں شائع ہوتی رہیں۔ دہلی یونیورسٹی سے گراجوئیشن کرنے کے بعد اخبارنئ دنیا میں کام شروع کیا۔ روزنامہ انقلاب میں کالم لکھتے رہے، روزنامہ اردو ٹائمس میں خصوصی سپلیمینٹس نکالے۔ ہندوستان کے مختلف اخبارات کے لئے مشاہیر کے انٹرویوز کئے۔ 1991 میں بمبئ سے "نایاب تحفہ اسلامی" نام سے رسالہ شروع کیا۔ اور اسکے بعد انقلاب ویکلی کے نام سے اخبار۔ اسی برس بیسٹ جرنلِسٹ ایوارڈ سے نوازا گیا۔ 1998 سے 2021 تک امارات میں رہے اور ہندوستان کے مختلف اخباروں کے لئے امارات سپلیمینٹس نکالتے رہے اور بحیثیت صحافی کام کرتے ہے۔ 2017 میں امارات میں شائع ہونے والا پہلا اردو اخبار جسکا نام بھی" اردو اخبار" تھا، اس میں بطور سینئر صحافی مقرر ہوئے۔ کووڈ 19 کی وبا کی چپیٹ میں آنے کی وجہ سے اردو اخبار کی اشاعت بند ہوگئی۔ جس کے بعد آپ رامپور منتقل ہو گئے۔ آپ بزم اردو دبئی کے بانیوں میں تھے اور اسکے سالانہ مجلّے کے لئے مضامین لکھتے رہے ۔

مشعل راہ کے عنوان سے آپکے کئے ہوئے مشاہیر کے انٹرویوز کا مجموعہ زیر اشاعت ہے جس میں دلیپ کمار جیسی شخصیت کا انٹرویؤ شامل ہے۔

ڈاکٹر اصغر کمال

آپکا مکمل نام ڈاکٹر اصغر کمال بن عبیدالرحمن ہے مٹیا محل جامع مسجد دہلی میں پیدا ہوئے۔ دہلی یونیورسٹی سے 1996 میں پی۔ایچ۔ڈی۔ حاصل کی جامعہ ملیہ اسلامیہ دہلی سے بی۔ایڈ کیا۔ سن 2000 سے امارات کی ریاست شارجہ میں مقیم ہیں۔ آغاز میں درس وتدریس

میں مصروف رہے، اب اپنا کاروبار کرر ہے ہیں۔آپ ایک افسانہ نگار اور کالم نگار کی حیثیت سے پہچانے جاتے ہیں۔امارات سے نکلنے والے ایک اردو اخبار سے بھی منسلک ہوئے اور کالم کے علاوہ افسانے اور بچوں کے لئے کہانیاں بھی لکھتے رہے، ایک اردو جریدے مستقبل کے لئے بھی امارات میں ہونے والے مشاعروں کی روداد لکھنے کی ذمہ داری نبھاتے رہے۔

آپکی تالیفات،شاگردان داغ کی ادبی خدمات۔ حافظ عبدالرحمن خاں احسان دہلوی (شاہ عالم ثانی آفتاب کے استاد)،افسانہ نیم شب (افسانوں کا انتخاب)،شعرو حکایت شائع ہوچکی ہیں۔علاوہ ازیں آپ سہ ماہی مجلہ" داغ دہلوی" کے سر پرست ہیں ۔آپکی زیر طبع کتب ہیں، پروفیسر عنایت علی خاں منفرد مزاح نگار اور سکان زمیں (منتخب مضامین کا مجموعہ)۔غالب شناسی کے حوالے سے غالب کے اشعار کی آپکی تشریح فیس بک پر پوسٹ ہوتی ہے جو ادبی حلقوں میں پسند کی جاتی ہے۔

آپکے غیر مطبوعہ افسانوں میں سے ایک بعنوان" ماں ایسی ہوتی ہے۔۔۔؟" ملاحظہ ہو:۔

قریب چالیس یا پینتالیس سال پرانی بات ہے ہمارے پڑوس میں ایک آٹھ دس سال کا بچہ معمولی رسیوں میں بندھا ہوا آنسو بہار رہا تھا۔یہ دردناک منظر دیکھ کر مجھے بڑا افسوس ہوا۔ جب وہ بچہ مجھے گلی میں نظر آیا تو میں نے اس کے زخموں پر محبت کا مرہم رکھتے ہوئے اس واقعے کی حقیقت دریافت کی تو اس افسردہ بچے" سلیمان" نے ڈبڈبائی آنکھوں سے یوں جواب دیا" کیا بتاوں میری ماں سوتیلی ہے اور وہ چھوٹی چھوٹی باتوں پر ایسی ہی عبرت ناک سزائیں دے کر مجھ پر

ظلم ڈھاتی رہتی ہے، میں نے کہا میرے دوست اس سزا کا کوئی تو سبب ہوگا اس نے کہا کچھ بھی نہیں پھر میرے بار بار اصرار کرنے پر اس نے کہا، ہوا یوں کہ محلے میں ایک ٹرک سے کیلے اتار کر ایک گودام میں رکھے جارہے تھے، اس دوران کچھ کیلے زمین پر گر گئے تھے جو میں اٹھالایا تھا۔ یہ دیکھ کر وہ غصہ سے بے قابو ہوگئی اور برا بھلا کہنے لگی" بغیر پوچھے کسی کی چیز اٹھالانا چوری ہے اور میں تمھیں چور بنانا نہیں چاہتی آج پانچ کیلے گھر میں لائے ہو کل نجانے کیا کیا لاؤ گے بس بھائی اتنی سی بات کا بتنگڑ بنا دیا تھا۔ مجھے اس کی زندگی میں گزرنے والے تمام واقعات یاد تھے۔ میں نے ایک روز دیکھا کہ دھوبی گھر میں آیا ہوا تھا اس کی ماں ہر کپڑے کو اٹھاتی اور چاروں طرف سے اس کا معائنہ کرتی انھیں کپڑوں میں سلیمان کا پاجامہ بھی تھا جو پھٹا ہوا تھا اس کی ماں نے سخت لہجے میں سلیمان سے کہا سلیمان یہ کیسے پھٹا" اس پر سلیمان کا جواب تھا۔ یہ پہلے سے پھٹا ہوا تھا، ماں نے کہا" اگر یہ پہلے سے پھٹا ہوا تھا تو مجھے بتایا کیوں نہیں میں اسے سی کر تمھیں پہناتی اور سلیمان یاد رکھو تم کپڑوں کی عزت کروگے تو وہ تمھاری عزت کریں گے سچ تو یہ ہے کہ دنیا تمھاری عزت کرے گی" جب کبھی سلیمان بازار سے سبزی وغیرہ خرید کر گھر لاتا تو اس کی ماں اچھی طرح اس سامان کو چاروں طرف سے دیکھتی تھی۔" تم بغیر دیکھے بھالے سڑی ہوئی سبزیاں کیوں اٹھالاتے ہو یہ پیسے تمہارا باپ بڑی محنت سے کما کر لاتا ہے میں انہیں یوں برباد ہونے نہیں دونگی" جیسے جیسے سلیمان بڑا ہورہا تھا ماں کے ساتھ اس کے جھگڑے بھی بڑھ رہے تھے۔ وہ اونچی آواز میں انھیں جواب دینے لگا تھا اور کبھی کبھی سلیمان کے اس رویئے پر اس کی ماں بیمار بھی ہوجاتی تھی۔ سلیمان ابھی تین سال کا ہی تھا کہ اسے جنم دینے والی ماں مختصر علالت کے بعد دنیا سے رخصت ہوگئی۔ سلیمان سے

بڑے ایک بھائی اور ایک بہن بھی تھی یوں ان کی پرورش کے لئے سلیمان کے باپ نے دوسری شادی کی ۔ وقت گزرتا گیا اور ہم نے بھی بچپن اور پھر لڑکپن کو خیر باد کہتے ہوئے دنیائے صحافت میں قدم رکھا اور ادھر سلیمان نے یونیورسٹی سے ڈاکٹریٹ کی ڈگری حاصل کی اور ایک بڑا ادیب بنا ۔آج ایک ادبی نشست میں سلیمان کے افسانوں پر مقالات پیش کئے جا رہے ہیں اور میں بھی اپنے اخبار کے لئے اس کا انٹرویو لینے جا رہا ہوں نشست کے اختتام پر میں نے سلیمان کو آواز دی اور وہ مجھے دیکھتے ہی مجھ سے لپٹ گیا۔ ارے بھائی شبو کیسے ہو، میرا نام شہاب الدین ہے اور سلیمان ہمیشہ مجھے اسی نام سے پکارتا تھا، ہم دونوں بہت دیر تک پرانی یادوں میں کھوئے رہے۔ میں نے کہا یار شبو میں اپنے اخبار کے لئے تمہرا انٹرویو لینا چاہتا ہوں۔ ارے میاں خاکسار ایک گوشہ نشین قسم کا اردو ادب کا ادنیٰ خادم ہے اسے گمنامی میں ہی پڑا رہنے دو۔لیکن میں اپنی ضد پر قائم رہا اور پرانی دوستی کے سامنے اسے اپنا سر جھکانا پڑا۔ میں نے پوچھا کہ اردو ادب ہی نہیں سماج میں بھی تمھارا ایک مقام ہے اور بلا شبہ اس بلندی پر پہنچانے والے تمھارے والد محترم ہی تھے جنکی شفقتیں ہر منزل کو آسان بناتی چلی گئیں اور میں آج تمھاری ماں کے سلسلے میں کوئی سوال کر کے تمھیں غمزدہ نہیں کرنا چاہتا۔ یہ سن کر سلیمان نے میرا ہاتھ پکڑتے ہوئے کہا، ذرا ٹھہرو، وہ اپنے آنسوؤں پر قابو پانا چاہتا تھا۔ بھائی شبو وہ کیسی سوتیلی ماں تھی جو میری کردار سازی میں لگی ہوئی تھی، وہ مجھے ایمانداری کا سبق پڑھا رہی تھی اور میں اسے جانے انجانے میں دکھ پہنچا رہا تھا وہ میرے اخلاق درست کرنا چاہتی تھی اور میں اس سے بد اخلاقی کا مظاہرہ کر رہا تھا وہ مجھے زندگی کے ٹیڑھے میڑھے راستوں پر سنبھلنا سکھا رہی تھی اور میں اسی کی زندگی کے راستے مشکل بنا رہا تھا وہ مجھے سماج

میں سر اٹھا کر چلنا سکھا رہی تھی اور میں اسی کو کمزور بنا رہا تھا، روتے روتے اس کے آنسوؤں نے لڑی کی شکل اختیار کر لی تھی، یہ سوتیلی مائیں اپنے بچوں کی تربیت اسی طرح کرتی ہیں، آہ وہ تو آگ پھانکتی ہیں اور بچوں کو سونے کا نوالہ کھلاتی ہیں اور ان کے مستقبل کے لئے پھولوں کی سیج تیار کرتی ہیں، اگر وہ واقعی میری سوتیلی ماں ہوتی تو آج میں کسی دوکان پر بیٹھا ہوا دال چاول بیچ رہا ہوتا، آج میں جس مقام پر بھی ہوں یہ اسی کی تربیت کا نتیجہ ہے۔ اس ماں سے میری چار بہنیں (اظہری بیگم، سلیمہ بیگم، انوری بیگم اور فرہاد بیگم ہیں) اور ایک بھائی فضل الرحمان یہ سب بہن بھائی ہم تینوں بہن بھائیوں پر جان نچھاور کرتے ہیں ہمیں نہ دیکھیں تو غمگین ہو جاتے ہیں ہمارے بغیر ان کی محفلیں سونی اور ان کے دل اداس ہوتے ہیں۔ میں اور میرے دونوں بہن بھائی (امینہ بیگم اور عطاالرحمان) بچپن سے لڑکپن اور لڑکپن سے آج تک ہونے والی تمام کوتاہیوں، گستاخیوں اور خطاؤں پر شرمندہ و شرمسار ہیں اور اپنی ماں سے معافی کے طلبگار ہیں، میں یہ بھی جانتا ہوں کہ وہ ہماری تمام گستاخیوں کو بھلا کر ہمیں دعاؤں سے نوازتی رہتی ہے وہ ایک ماں ہے اور ماں کا جگر رکھتی ہے، اس کے قدموں میں جنت ہے جسے وہ اپنے بچوں کے لئے ہتھیلی پر سجا کر رکھتی ہے۔ اور سنو بھائی شبو یہ لفظ "سوتیلا" نہ ہمارے ادب و ثقافت کا حصہ ہے نہ تہذیب و معاشرت کا، یہ اردو کا لفظ ہے نہ عربی و فارسی کا یہ ہندی سے ہماری زبان میں در آیا ہے۔ اس کا ذکر نہ ہی قرآن میں ہے اور نہ ہی حدیث سے ثابت ہے، اگرچہ ہمارے یہاں چار چار ماؤں کا تصور موجود ہے لیکن سوتیلا اور سوتیلے پن کی اصطلاح سے پاک ہے۔ اس طرح وہ میرے گناہوں کو دھو دیتی ہے ماں بہت غصہ میں ہو تو رو دیتی ہے لبوں پہ اس کے کبھی بددعا نہیں ہوتی بس ایک ماں ہے جو مجھ سے خفا نہیں ہوتی۔

حافظ سہیل انجم

حافظ سہیل انجم کا تعلق لاہور سے ہے اور 2006 سے امارات میں مقیم ہیں۔آپ ایک صاحب کتاب افسانہ نگار اور کالم نگار ہیں۔آپکے کالم امارات اور پاکستان کے اخبارات میں شائع ہوتے رہتے ہیں۔آپکے افسانوں کے تین مجموعے منظر عام پر آچکے ہیں،" سرِ بازار"،" فاصلے"اور"وجہ کی تلاش"۔

سہیل انجم کی کتاب" فاصلے" پر اپنے تاثرات معروف شاعرہ رخشندہ نوید نے یوں بیان کیے:۔"ان کے کردار عموماً نہایت شریف اور سادہ طبع ہوتے ہیں قدرے بزدل اور احمق جو محبتوں میں خود کو ہارنے پر آمادہ رہتے ہیں۔یہ سلوک بسا اوقات مردانہ کرداروں کے ساتھ برتتے ہوئے حافظ سہیل نے کسی نفسیاتی پہلو سے مردذات کو ٹٹولنے کی کوشش کی ہے۔ان کرداروں کے نام رکھتے ہوئے حافظ سہیل نے اپنی طبیعت میں موجود اس لکھاری سے انصاف کیا ہے جو مناظر قدرت کے ساتھ ساتھ جمال قدرت کو بھی انسانی بھوک پیاس کا علاج سمجھتا ہے۔تازگی، سادگی، دکھی، وطنی ایسے بامعنی نام کرداروں کے روپ میں اضافہ ہیں۔قصہ مختصر حافظ سہیل انجم جو پاکستان سے دور شارجہ میں مقیم ہیں ان کے تمام افسانے اپنی مٹی، اپنی دھرتی پر بکھرے ہوئے اسکول، کالج، ہاسٹل، کھیت، کچے گھر، گھوڑا تانگے، پنچایتوں سے پھوٹ رہے ہیں۔ جو اس خاک پر رہتے ہیں۔میں انہیں محبت کی آنچ میں رچی کہانیوں پر مبارکباد پیش کرتی ہوں کہ انھوں نے کہیں بھی سیکس کا تڑکا نہیں لگایا کسی غیر ضروری تفصیل سے افسانوں کا مزہ کم نہیں ہونے دیا۔یہ کتاب قارئین کی توجہ حاصل کرے گی۔"

سہیل انجم کی کتاب کی تازہ ترین کتاب "وجہ کی تلاش" سے ایک افسانہ ملاحظہ فرمائیں، اسکا عنوان ہے خواہشِ ناتکمیل :۔

مانی کے گھنگھریالے بال، جگہ جگہ سے پیوند لگے گندے کپڑے، ہاتھوں اور پاؤں کی انگلیوں کے ناخن بڑھے ہوئے، آخری بار کب نہایا تھا یاد نہیں، پاؤں میں جوتا نہیں، شلوار کا ایک پائنچہ پھٹا ہوا اور ناک مسلسل بہہ رہی تھی جو وہ اپنے بائیں بازو سے بار بار صاف کر رہا تھا۔ اس تاک میں کھڑا تھا کہ ہوٹل والے بچا ہوا کھانا پھینکیں اور وہ لے جاکر اپنی چھوٹی بہن رانی کو دے۔ مانی نے بھی صبح سے کچھ نہیں کھایا تھا۔ چار سال کی بہن رانی بریانی کی ضد کر رہی تھی۔ پہلے بھی وہ ایک دو بار یہاں سے بریانی لے کر گیا تھا اور رانی بہت خوش ہوگئی تھی۔ رانی کی خوشی مانی کو بہت عزیز تھی۔ سب سے چھوٹی بہن تھی اور سب کو بہت پیاری تھی۔ مانی دور کھڑا بے چین للچائی ہوئی نظروں سے اُس طرف دیکھ رہا تھا جہاں کھانا پھینکا جانا تھا۔ بار بار اپنے دائیں ہاتھ کی انگلیوں کو منہ میں ڈال رہا تھا اور انھیں انگلیوں سے اپنے سر میں خارش بھی کر رہا تھا۔ بائیں ہاتھ سے ناک صاف کرنے کے بعد وہ فوراً شلوار پکڑ لیتا جو بار بار نیچے آجاتی تھی۔ ایک کتا بھی وہاں بھوکا بیٹھا کھانا پھینکے جانے کا انتظار کر رہا تھا۔ مانی کا جہاں بھوک سے برا حال تھا وہیں اس کتے سے بھی ڈر لگ رہا تھا۔ ایک سفید داڑھی والا شخص ہوٹل کے پچھلے دروازے سے باہر آیا۔ یہ غالباً ہوٹل کا مالک تھا۔ اُس نے کتے کو تو کچھ نہیں کہا مگر مانی کو ڈانٹا۔ ''یہاں کیوں کھڑے ہو۔ کچھ چرانا ہے کیا؟ دفعہ ہو جاؤ، نہیں تو پولیس کو بلواتا ہوں'' دس سالہ مانی جو بھوک سے نڈھال تھا سہم گیا۔ وہ وہاں سے تھوڑا سائڈ پر ہو گیا جہاں سے وہ اس جگہ کو تو دیکھ سکتا تھا جہاں کھانا پھینکا جانا تھا

مگر ہوٹل کا مالک اُسے نہیں دیکھ سکتا تھا۔

وہ دیوار کی آڑ میں بیٹھا گھٹنوں کے اوپر اپنی تھوڑی رکھ کر سوچنے لگا کہ آج کچھ بھی ہو جائے رانی کو بریانی کھلا کر ہی دم لے گا۔ اس دن تو وہ بریانی کی ضد کرتے کرتے سوگئی تھی اور ماں نے خالی برتن چولہے پر رکھا ہوا تھا۔ رانی نے کئی بار پوچھا کہ ماں آگ تو جل ہی نہیں رہی تو بریانی کیسے بنے گی۔ ماں کافی دیر خاموش رہی، کیا جواب دیتی، اس کی باتیں سنی ان سنی کرتی رہی۔ پھر ماں نے کچھ سوچے سمجھے بغیر بول دیا کہ ''بریانی بنانے کیلئے آگ نہیں جلانا پڑتی'' رانی کہنے لگی کہ ماں آپ روزانہ بریانی ہی بنالیا کرو کیونکہ لکڑیوں کی بچت ہوجایا کرے گی۔ اُسکے بعد ماں خاموش تھی۔ قریب بیٹھے مانی نے ماں کی آنکھوں میں پانی کی ہلکی سی لہر کو چمکتے ہوئے دیکھا تھا۔ پانی دریا میں ہو یا آنکھوں میں گہرائی اور راز دونوں میں ہوتے ہیں۔

ہاں اگر یہاں سے سبزی والا پلاؤ ملا تو ماں پیٹ بھر کے کھالے گی۔ ماں کو سبزی والا پلاؤ بہت پسند ہے۔ کئی بار ماں نے کوشش کی کہ ایک سے زیادہ سبزیاں لا کر وہ سبزی والا پلاؤ بنائے مگر ایسا کبھی نہیں کر پائی۔ مشکل سے دن میں ایک بار چولہا جلتا ہے اور کئی بار تو وہ بھی نہیں، اور جس دن سبزی بنتی ہے وہ بھی پوری نہیں ہوتی۔ اس نے کئی بار ماں کو سوکھی روٹی کھاتے دیکھا ہے۔ یہ راز اُس دن فاش ہوا جب گھر میں بڑے گوشت کا سالن بنا تھا۔ محلے میں عقیقہ تھا اور وہیں سے تھوڑا سا گوشت آیا تھا۔ ماں نے بہت مزے دار بنایا تھا۔ مانی کا سالن ختم ہوا تو وہ ماں کے ساتھ کھانے بیٹھ گیا۔ ماں ہانڈی میں کھا رہی تھی۔ مانی کو حیرت ہوئی کہ ہانڈی میں سالن نہیں تھا۔ ماں لقمہ لیتی، خالی ہانڈی کے پیندے سے لگاتی، اُسے یقین ہو جاتا کہ سالن ساتھ لگ

گیا ہوگا اور وہ کھا لیتی۔ مانی کے پوچھنے پر ماں نے بتایا تھا کہ اسے بڑا گوشت پسند نہیں۔ ماں تو جس برتن میں بناتی تھی اُسی میں کھاتی تھی۔ اس کا مطلب تھا ماں ہمیشہ سوکھی روٹی کھاتی تھی۔ ماں کے لیے کبھی سالن نہیں بچا۔ مائیں ایسی ہی ہوتی ہیں کیا؟ اُس دن مانی کے نین بھی بھیگ گئے تھے۔

ابا کو تو مچھلی پسند ہے۔ پتہ نہیں یہاں سے ملے یا نہ ملے۔ ایک دن نکڑ والے ڈاکٹر ہاشمی ابا کو کہہ رہے تھے کہ ہفتے میں ایک بار مچھلی ضرور کھایا کرو۔ ابا اگر مان جاتے تو میں دریا سے پکڑ کر لے آتا مگر ابا ڈرتے ہیں کہ مانی ابھی بہت چھوٹا ہے۔ جلدی سے بڑا ہو جاؤں تو دریا سے ڈھیر ساری مچھلی پکڑ کر لاؤں گا کیونکہ دریا سے پکڑنے کے پیسے نہیں لگتے۔ اُس دن ماں سے بھی کہوں گا کہ آپ ہانڈی میں کھانا مت کھائیں۔

بڑی دو بہنیں کاکی اور نکی کافی سمجھدار ہیں۔ انہوں نے کبھی بھی کسی چیز کیلئے ضد نہیں کی۔ جو بھی ملے کھا لیتی ہیں۔ اور نہ ملے تو صبر شکر کرتی ہیں۔ مانی سوچنے لگا کہ اُس نے بھی کبھی ماں باپ کو تنگ نہیں کیا۔ ''میرے ماں پاب لاکھوں میں ایک ہیں۔ ہاں! کبھی کبھار ڈانٹتے ہیں مگر پیار بھی تو بہت کرتے ہیں۔ ماں مجھے جب چاند کا ٹکڑا کہتی ہے تو کتنا اچھا لگتا ہے۔ ماں باپ کو مجھ سے بہت سی امیدیں ہیں کہ میں بڑا ہو کر انکا ہاتھ بٹاؤں گا۔ اچھا سا گھر بناؤں گا۔ بہنوں کی شادیاں کروں گا۔ یہ تب ہی ممکن ہوگا جب میں امیر ہو جاؤں گا مگر معلوم نہیں کب ہوں گا۔''

دو کتوں کے ایک دوسرے پر بھونکنے سے مانی چونک گیا۔ سفید داڑھی والا شخص ابھی تک وہی بیٹھا تسبیح کے دانے گن رہا تھا۔ اُس نے مانی کو پھر ڈانٹ دیا۔ وہ انگلیاں منہ میں ڈالے اور

دوسرے ہاتھ سے شلوار پکڑے الٹے پاؤں واپس آ گیا۔ وہ دونوں کتے مزے مزے سے گوشت کے بڑے بڑے ٹکڑے کھا رہے تھے۔ اس نے بہت انتظار کیا مگر نہ تو کتوں نے کچھ بچایا اور نہ ہی ہوٹل کا مالک وہاں سے گیا۔ اندھیرا گہرا ہو گیا تھا جب مانی خالی ہاتھ گھر پہنچا۔ صبح اٹھتے ہی رانی نے سوالوں کی بوچھاڑ کر دی۔ وہ بریانی کا پوچھ رہی تھی۔ چھوٹی تھی مگر اُسکا دماغ اور زبان بہت تیز چلتے تھے۔ بہت ضدی بھی تھی۔ اس لئے اُس نے کچھ نہیں کھایا تھا۔ مانی نے کہا کہ وہ گیا تھا مگر اس کے پہنچنے سے پہلے بریانی ختم ہو گئی تھی۔ رانی کہنے لگی کہ بھیا آج تم جلدی چلے جانا۔ میرا بریانی کھانے کو بہت دل کرتا ہے۔

مانی کو رانی سے بہت پیار تھا اور وہ اُس کیلئے کچھ بھی کرنے کو تیار تھا۔ اس نے خود سے یہ عہد کیا کہ وہ آج ہر حال میں بریانی لے کر ہی آئیگا۔ اس بزرگ سے مانگ لے گا۔ اگر اُس نے نہ دی تو کھانا پھینکے جانے کا انتظار کرے گا۔

مانی وقت سے پہلے ہی وہاں پہنچ گیا۔ وہاں کوئی بھی کتا نہ پا کر وہ بہت خوش تھا۔ اسکا خیال تھا کہ آج وہ سارا کھانا گھر لے جائے گا۔ اور سب مل کر مزے سے کھائیں گے۔ اگر کافی زیادہ مل گیا تو پڑوس میں رانی کی سہیلی شمسہ کو بھی دے آئے گا۔ ان کے ہاں بھی چولہا مشکل سے ہی جلتا ہے اور پھر رانی نے اس سے وعدہ کیا ہوا ہے کہ میرا بھائی جب بریانی لائے گا تو میں تمہیں بھی ضرور کھلاؤں گی۔

جیسے جیسے وقت گزرتا گیا مانی کے دل کی دھڑکنیں تیز ہوتیں گئیں۔ وہ بہت خوش بھی تھا کہ آج دونوں کتوں میں سے کوئی بھی نہیں ہے پھر وہ سوچتا کہ کتوں سے تو وہ دو ہاتھ کر لے گا اگر

ہوٹل کے مالک وہاں نہ ہوئے تو۔ وہ چوری کے الزام میں مجھے پولیس کو نہ پکڑوا دیں۔انھیں سوچوں میں گم تھا کہ ایک کتا ہوٹل کی چھت سے ٹہلتا ٹہلتا نیچے آتا دکھائی دیا۔مانی کے حوصلے تھوڑے پست ہوئے کیونکہ وہ اس خوش فہمی میں تھا کہ سارا مال وہی لے کر جائے گا۔پھر سے اُس نے اپنی ہمت بندھائی اپنے ارادوں کو اس نے پختہ کیا۔وہ کچھ بھی کر گزرنے کو تیار تھا۔رانی کی محبت اس کے ارادے کو مضبوط کئے جا رہی تھی۔وہ ہر طرح سے اپنی پلاننگ کر چکا تھا اور کسی بھی طرح کے حالات سے نبٹنے کیلئے تیار تھا۔عین وقت پر جبکہ کھانا پھینکا جانا تھا ہوٹل کا مالک پچھلے دروازے سے باہر نکلا۔مانی ہوشیاری سے ایک طرف چھپ گیا۔اس نے اپنے وہاں ہونے کا احسان تک نہ ہونے دیا۔کتا اپنی دم ہلا رہا تھا اور خوشی سے جھوم رہا تھا کیونکہ کھانا ملنے والا تھا۔کتا بھی مصمم ارادے کے ساتھ میدان میں اتر آیا تھا۔مانی کو حالات کی کشتی ڈگمگاتی ہوئی نظر آئی تو اس نے سوچا کہ کیوں نہ ہوٹل کے مالک سے مانگ کر دیکھ لے۔وہ جھجکتے جھجکتے اس کے پاس گیا۔ایک ہاتھ سے شلوار پکڑے اور دوسرے سے سر میں خارش کرتے ہوئے اس نے کہا کہ ''میری بہن بہت چھوٹی ہے۔بریانی کی ضد کرتی ہے۔اس نے کل سے کچھ نہیں کھایا۔بڑی ہو جائے گی تو خود بخود سمجھ آ جائے گی کہ زندہ رہنے کیلئے بریانی ضروری نہیں۔اور بھی بہت ساری چیزیں ہیں جو انسان کھا کر زندہ رہ سکتا ہے۔اس لیے اگر آپ تھوڑی سی بریانی دے دیں تو رانی خوش ہو جائے گی۔'' ہوٹل کے مالک نے زور سے آواز لگائی ''او پتر جیدے، اینوں پھڑ ذرا پولیس دے حوالے کریئے۔آج پھر آیا جے چوری کرن، پہلاں ای نئی پوری پین ڈئی''۔مانی وہاں سے بھاگا اور دیوار کی آڑ میں چھپ کر بیٹھ گیا۔

عین اُسی وقت بہت سارا کھانا پھینک دیا گیا۔ وہاں پہلے سے موجود کتے نے اپنی تگ ودو شروع کر دی۔ مانی ہوٹل کے مالک کے چلے جانے کا انتظار کرنے لگا۔ وہ کتے سے کم اور اس سے زیادہ ڈر رہا تھا۔ مانی کی نظریں مسلسل ایک بڑی سی تھیلی پر جمی ہوئیں تھیں جس کو کتا پچھلے دس منٹ سے کھولنے کی کوشش کر رہا تھا۔ مانی نے چھپ کر دیکھا تو ہوٹل کے مالک غائب تھے۔ مانی کھانے کی طرف تیز بھاگا۔ پھٹا ہوا پائنچہ پاؤں میں پھنسا اور مانی کتے کے آگے جا گرا۔ کتا یہ سمجھا کہ یہ اتنا بہادر ہے کہ اس نے اس کے اوپر چھلانگ ہی لگا دی۔ وہ ڈر گیا اور وہاں سے تھوڑا پیچھے ہٹ کر کھڑا ہو گیا۔ مانی میں بہت حد تک دلیری آ گئی۔ اُس نے تسلی کے ساتھ اپنی مرضی کا صاف صاف کھانا نکالا۔ وہ بہت خوش تھا کہ رانی پیٹ بھر کر کھائے گی اور شمسہ کو بھی دے آئے گی۔ نہ ہی وہاں پلاؤ تھا اور نہ ہی مچھلی۔ مانی نے باقی سب کچھ سمیٹ لیا۔ ایک ہاتھ میں بڑا سا بھاری تھیلا اور دوسرے ہاتھ سے شلوار کو پکڑے ہوئے جیسے ہی وہ چلنے لگا تو لنگڑا کتا جو کل وہاں موجود تھا بڑے غصے سے نمودار ہوا۔ وہ خاموش تھا مگر غصہ میں تھا۔ اس نے جب اپنے ساتھی کتے کو دیکھا جو بے بس ایک طرف کھڑا تھا تو اُسے اور بھی غصہ آیا۔ مانی بچ بچا کر نکلنا چاہتا تھا مگر لنگڑے کتے نے مانی کے اوپر چھلانگ لگا دی۔ مانی کے ہاتھ سے کھانے والا تھیلا چھوٹ گیا۔ پہلے والے کتے میں بھی دلیری آ گئی۔ وہ بھی بھونکا اور کھانا چھیننے چڑھ دوڑا۔ مانی ڈر گیا اور بے بس ایک طرف کھڑا ہو گیا۔ اب دونوں کتے آپس میں جھگڑ رہے تھے۔ دونوں اپنی اپنی طرف کھانے سے بھری تھیلی کو کھینچ رہے تھے۔ تھیلی پھٹی اور کھانا نیچے گرنا شروع ہو گیا۔ کھانا نیچے گرتا دیکھ کر مانی کے دل میں رانی کی محبت نے ایک دفعہ پھر جوش مارا اور وہ تھیلا چھیننے کیلئے آگے بڑھا۔ جیسے ہی

اس نے دونوں کتوں کے منہ سے تھیلا چھننے کیلیئے ہاتھ آگے بڑھایا تو لنگڑے کتے نے اسکا ہاتھ منہ میں ڈال لیا۔ مانی خوف اور درد کے مارے زور سے چلایا۔ مانی کی چیخ و پکار سن کر ہوٹل کے مالک باہر نکلے۔ کتے کو مارنے کیلیئے انہوں نے دائیں بائیں دیکھا مگر انھیں کچھ نہیں ملا۔ پھر انہوں نے اپنا جوتا اتار کر لنگڑے کتے کو مارا۔ پھر کہیں لنگڑے کتے کے چنگل سے مانی کا ہاتھ آزاد ہوا۔ مانی کو ہوٹل کے مالک نے کھری کھری سنائیں۔ وہ روتا روتا گھر کی طرف چل دیا۔ مانی کو گہرا زخم آیا تھا اور درد بھی ہو رہا تھا۔

رانی، بھیا کی وجہ سے کافی پریشان تھی کیونکہ مانی کو اماں ابا سے ڈانٹ پڑی تھی۔ نکی مانی کا پھٹا ہوا پانچہ سوئی سے سلائی کر رہی تھی اور کاکی چولہے پر چڑھائی ہانڈی دیکھ رہی تھی جب اماں ابا مانی کو لے کر انتہائی پریشانی کے عالم میں ڈاکٹر ہاشمی کے کلینک نکل گے۔

شیریں پریشم

آپکا اصل نام نیر حسین قریشی ہے، شیریں پریشم آپکا قلمی نام ہے۔ آپکا تعلق سرگودھا سے ہے اور متحدہ عرب امارات میں 2007 سے مقیم ہیں۔ ابوظبی میں درس و تدریس میں مصروف ہیں۔ آپ ایک شاعرہ اور ناول نگار کی حیثیت سے ادبی حلقوں میں پہچانی جاتی ہیں۔ آپکا ایک ناول "ریشمی دھاگا" شائع ہو چکا ہے۔ حصارِ جاں کے عنوان سے آپکا شعری مجموعہ زیر طباعت ہے۔

آپکے چند مشہور شعر ملاحظہ فرمائیں:۔

کچھ کے نصیب میں ٹوٹنا لکھا ہوتا ہے
ہر گڑیا کی شادی تھوڑی ہوتی ہے
تو نے کروڑوں کی یہ گھڑی جو پہنی ہوئی ہے
کیا یہ آنے والا وقت بتا سکتی ہے

شیریں پریشم کے ناول "ریشمی دھاگا" کے ایک باب اجتماعِ مخلوق سے ایک اقتباس:۔

ایک ہفتہ بعد چاندنی سے دھلے دودھ کی طرح سفید برفاش پرفوجی انداز میں رنگے ہیلی کاپٹرز ایسے منڈلا رہے تھے جیسے گلاب پر بھنورے منڈلا رہے ہوں۔ پہاڑوں نے برف کی چادریں اوڑھ رکھی تھیں اور تازہ برف باری ان چادروں میں پڑی شکنوں کو درست کرنے میں مگن تھی۔ انٹرنیشنل ہائی کمان میں جتنے لوگ یہ نظارہ دیکھ رہے تھے انہیں اپنی آنکھوں پر یقین نہیں آرہا تھا ایسا نظارہ انہوں نے زندگی میں پہلے کبھی نہ دیکھا تھا۔فوصامن نے سب کو ہدایت کی تھی کہ کوئی کچھ کھاپی کر نہ آئے بلکہ کچھ گھنٹوں کا فاقہ ہونا چاہیے۔ جب یہ وفد پہنچا تو تمام انرجی مین اپنے محل کے باہر کھڑے تھے۔انہوں نے ایک ہال کمرہ انسانوں کے لیے پہلے سے تیار کر رکھا تھا جہاں وہ اپنے درجہ حرارت کے مطابق آسانی سے بات کرسکیں۔

ہیلی کاپٹر نے لینڈ کرنا شروع کیا اور جیسے جیسے وہ برف پر اترتے گئے برف گرد کیطرح اڑنے لگی ماحول نے اجلے سفید رنگ کی چادر پہن لی اور کئی لمحوں تک برف سے بننے والے دھوئیں میں کچھ دکھائی نہ دیا۔"

افضل خان

افضل خان بطور افسانہ نگار، مقالہ نگار اور صحافی اپنی پہچان رکھتے ہیں۔ انکا تعلق اعظم گڑھ سے ہے اور 2005 سے شارجہ میں مقیم ہیں۔ خبر کی خبر کے عنوان سے انکا کالم خوب پسند کیا جاتا ہے۔ سہہ ماہی جریدہ کسوٹی جدید کے ایڈیٹر ہیں۔ شارجہ میں منعقد ہونے والے کسوٹی جدید کے ماہانہ اجلاس کے انتظام میں پیش پیش رہتے ہیں۔

آپکی تصنیفات، مٹھّی بھر کتھائیں، کتھا ساگر 2016، اتہاس کی وکر ریکھائیں (ہندی میں) شائع ہو چکی ہیں۔

افضل خان کے ایک افسانے" کچھوا اور خرگوش" سے ایک اقتباس ملاحظہ ہو۔۔

کچھوے اور خرگوش کی دوڑ ختم ہو چکی تھی۔ بہت سے نامہ نگار اور صحافی وہاں جمع تھے۔ انہوں نے اس کی جیت پر کچھوے کے خیالات جاننا چاہے۔ کچھوے نے کہا۔ ''مجھے تو معلوم ہی نہیں کہ میں جیتا ہوں یا ہارا۔ آپ کہہ رہے ہیں، تو آپ ٹھیک ہی کہہ رہے ہوں گے۔ پھر بھی، اگر میں حقیقتاً جیتا ہوں تو یہ جیت دلتوں اور پچھڑوں کی جیت ہے۔ جنہیں اونچی ذات والے ہمیشہ سے مذاق اور تفرح کا سامان سمجھتے رہے ہیں۔ ایک بات اور، یہ کہ میں نے جیتنے کے لیے نہیں دوڑ میں حصہ لیا تھا۔ مجھے تو اپنا فرض ادا کرنا تھا سو کیا۔

ادھر خرگوش نے اپنی باری پر اپنے خیالات کا اظہار کرتے ہوئے کہا۔ کون کہتا ہے کہ میری ہار ہوئی ہے...؟ کیا آپ لوگوں کے کہنے سے ہی میں ہار جاؤں گا؟ مجھے کیا پاگل کتے نے کاٹا ہے کہ میں کچھوے جیسے سست جانور سے شرط لگاتا! اور پھر اس سے ہار کر اپنی ذات کے نام

پر بٹہ لگواتا..........؟ مقابلہ تو اپنے برابر والوں سے ہوتا ہے۔سمجھے..؟ دوڑ، چستی، پھرتی اور خوبصورتی کے معاملے میں تو خرگوش ہمیشہ سے جیتتے رہے ہیں اور جیتتے رہیں گے.......... میں نے تو جان بوجھ کر کچھوے سے مذاق کیا تھا کہ کم از کم ایک دن اسے بھی تو خوش ہونے کا موقع مل جائے۔ میں دانستہ پیڑ کے سائے میں آرام کرنے لگا تھا اور جب مجھے یقین ہوگیا کہ کچھوا نشانے تک پہنچ چکا ہوگا تب اطمینان کے ساتھ وہاں سے چلا تھا....اسے اگر اپنے دوڑنے کی طاقت پر زیادہ ہی غرور ہے تو میں، جب کہو دوڑنے کو تیار ہوں۔ ہاں ایک بات ضرور ہے کہ اب میڈیا والے اس کی جیت کا ڈھول پیٹ پیٹ کر اسے ہیرو بنا دیں گے۔اس طرح تو آنے والی نسل کچھوے کی طرح چلنا شروع کردے گی...پھر اس ملک کا کیا ہوگا؟ سوچ لیجئے..

م ک حسرتؔ

آپکا پورا نام منظور احمد اور قلمی نام میم ک حسرت ہے۔ 1981 سے تادم تحریر ابوظہبی میں ہی قیام پذیر ہیں۔امارات میں آپکی مصروفیات یہ ہیں کہ آپ بطور اسکیل ماڈل میکر اپنا کاروبار" پرفیکٹ آرکیٹیکچرل ماڈلز" کے نام سے کرر ہے ہیں۔ زمانہ اسکول سے ہی رنگ و برش اور شعر سے رغبت رہی۔ الحمرا آرٹس کونسل سے فن مصوری کی تربیت کا باقائدہ آغاز کیا۔میڈم نسیم قاضی صاحبہ، محترم جناب خالد اقبال صاحب، اقبال احمد صاحب اور کولن ڈیوڈ صاحب کے زیر نگرانی 2 سالہ کورس (79- 1977 فرسٹ کلاس، امتیازی پوزیشن میں کیا اور امریکہ سے مصوری کی اعلی تعلیم کے سلسلے میں ویزے کی سہولت کا خواب لئے، ستمبر 1981 میں ابوظہبی

آ گئے۔شاعری کی دو کتب" دردل کُھلا ہے" اردو اور" تاھنگ دے دیوے" پنجابی میں شائع ہو چکے ہیں۔

آیئے م ک حسرتؔ کی چند غزلیں ملاحظہ کریں:۔

آہ و بکا سے عشق میں ہم نے کیا سدا گریز
میرے عزیز دعا گریز، میرا طبیب دوا گریز
دنیا کی بات کر نہ تو ، دنیا ازل کی بے وفا
تم تو وفا شعار تھے، تم کیوں ہوئے وفا گریز
فرقت کی زرد دھوپ میں ، جلتا رہا جو عمر بھر
پاگل نہیں تو اور تھا کیا، اچھا کیا، کیا گریز
میری کتاب زیست پر، موئے ثبات وقت سے
لکھنا وصال تھا اسے، جانے کیوں کر گیا گریز
دائم گزاری زندگی حسرتؔ نے تیرے باوقار
غافل نہ تیرے عشق سے، اور نہ رہا خدا گریز

❖❖❖

آپ کا آتے خیال جلترنگ بجنے لگے
دل میں کُچھ ہونے لگا بام و در سجنے لگے
عشق میرا اوڑھ کر باغ میں وہ جب چلیں
احترامِ حُسن میں شاخِ گُل جُھکنے لگے
کون سُنتا ہے یہاں حالِ دِل کِس سے کہیں

دِل کی ہم جس سے کہیں وہ خفا ہونے لگے
ہم بھی تیرے ہو چلے کیسا جادو کر دیا
تیری جانب یہ قدم خود بہ خود اُٹھنے لگے
میں نے سب کُچھ پا لیا تُم جو میرے ہو گئے
شہر کو چُپ سی لگی لوگ بھی جلنے لگے
جب سے سوچا ہے تُمھیں بے کلی دِل کی بڑھی
نیند آنکھوں کی اُڑی رات بھر جگنے لگے
آج کل رنگِ حِنا کس قدر پھیکا پڑ
لوگ ہاتھوں کو یہاں خُون سے رنگنے لگے
پیار کرنا ہے خطا یہ بھی حسرتؔ جان لو
پھر نہ کہنا یار کیوں غیر سے لگنے لگے

❖❖❖

یا ان سے راہ و رسم کے امکاں بنایئے
یا زندگی کو چاک گریباں بنایئے
رکھیئے مقابل آئینہ ، آئینہ ساز کے
حیرت زدہ کو اور بھی حیراں بنایئے
اپنے قلم کو میرے لہو میں ڈبویئے
اک نقش حسن دلربا ہاں ہاں بنایئے
کیا درد غم حیات کے رکھنے سنبھال کے

سینے کے اضطراب کو طوفاں بنائیے
کھینچیں لکیریں بولتی اس کے جمال کی
یا بت ہی عکس یار کا رقصاں بنائیے
جاناں ہے لازمی ہمیں جانا ہے ایک دن
یہ دشت پھر کیوں کوچہ جاناں بنائیے
حسرتؔ جو سیب میں ہے گہر، ہے وہ معتبر
خواہش کو اپنی آپ نہ عریاں بنائیے

صائمہ عروج

صائمہ عروج کا تعلق اوکاڑا سے ہے اور عرصہ طویل سے دبئی میں مقیم ہیں، یہاں شعبہ تدریس سے منسلک ہیں۔ بنیادی طور پر ایک نثر نگار ہیں۔ آپکے مضامین اور افسانے اخبارات اور جرائد میں چھپتے رہتے ہیں۔ بحیثیت شاعرہ آپکی پہچان ہے۔ آپکا ایک شعری مجموعہ " مجھے منظور تنہائی" کے نام سے 2017 میں منظر عام پر آچکا ہے۔ امارات میں شائع ہونے والے اردو اخبار سے منسلک رہیں اور اسکے ایڈیٹر کے فرائض انجام دئے۔

صائمہ عروج کے شعری مجموعہ پر مشاہیر کی آراء ملاحظہ فرمائیں :۔

صائمہ عروجؔ جدید غزل کی وہ طالب علم ہیں جو اپنے سخن میں تجربات کے نام پر تماشا نہیں کرتی۔ میں نہیں مانتا کہ جو پیشہ ور نقادوں کا ٹولہ ہے جو صرف اپنے ٹولے کی داد و تحسین میں مصروف ہوتے ہیں وہ نقاد اس کتاب پر کیا رائے دیں گے لیکن میں صائمہ عروج کو ادب کی

جھولی میں یہ خوبصورت کتاب" مجھے منظور تنہائی'' ڈالنے پر بے حد مبارکباد پیش کرتا ہوں۔ سلامتی ہو۔

۔فرحت عباس شاہ

صائمہ عروج ایک درویش صفت لڑکی ہے۔ ایسی باصلاحیت کی کسی پل قرار نہیں۔ اس کی کتاب ''مجھے منظور تنہائی'' صرف شاعری کی نہیں اس کی اپنے کومل جذبات کا اظہار ہے۔

کتابی شکل میں اس کا بہت خوبصورت ادب سامنے ہے۔ اس کو پڑھ کر محسوس ہوا موصوفہ لکھتی ہیں اور خوب لکھتی ہیں۔ بہت ساری دعائیں صائمہ عروج کے لئے۔

۔امجد اسلام امجد

صائمہ عروج کی دو غزلیں ملاحظہ کریں:۔

تیرے حسن و جمال میں گم ہے
کوئی تیرے خیال میں گم ہے
میں کہ جس نے جلا دیے موسم
تو اسی ماہ و سال میں گم ہے
جس کو ہر پل ترس رہی تھی میں
اب وہ میرے ملال میں گم ہے
دے گیا تھا جواب جب سے تو
زندگی اب سوال میں گم ہے
اب جلا دے عروجؔ بھی چاہت
جانے کیسے وبال میں گم ہے

❖❖❖

دیکھ لو کوئی غم پاس نہیں ہے
پھر بھی کوئی خوشی راس نہیں ہے
کیا کروں گی بنا تیرے تنہا
زندگی بھی مجھے راس نہیں ہے
ایک تو ہے گِھرا ہے خوشیوں میں
ایک میں ہوں کہ سکھ پاس نہیں ہے
مطلبی لوگ ہیں اکتا گئی ہوں
کوئی بھی اب مرا خاص نہیں ہے
درد کا تم عروجؔ سے پوچھو ناں
درد کا بھی وہ احساس نہیں ہے

ظہیر مشتاق

پورا نام ظہیر مشتاق رانا اور قلمی نام ظہیر مشتاق ہے۔آپکا آبائی وطن سیالکوٹ،متحدہ امارات میں 2021 سے دبئی میں مقیم ہیں۔اس سے پہلے ایک طویل عرصہ کویت میں مقیم تھے۔ دبئی میں آپکی مصروفیات فنانشل مارکیٹ میں ہیں۔آپکا ایک شعری مجموعہ "مری جاں سب خسارے ہیں" کے عنوان سے منظر عام پر آچکا ہے۔

"میری جاں سب خسارے ہیں" پر تبصرہ کرتے ہوئے شاہین زیدی ایڈیٹر سہ ماہی نوادر" لاہور جنوری تا مارچ 2011ء نمبر کے صفحہ 154 پر لکھتے ہیں،ظہیر مشتاق کی شاعری میں

کہیں درد کہیں خوشی چھپی ہوئی نظر آتی ہے انہوں نے اپنی شاعری کوزندگی کی تلخ و شیریں۔ناہمواروں سے ذرا نیچے نہیں گرنے دیا۔ظہیر مشتاق آج کے شاعر ہیں۔ان کا مشاہدہ بھی خوب ہے۔زندگی کو ایک خاص نظر سے دیکھتے ہیں پھر انہیں لفظوں میں پرو کر شاعری میں خوبصورتی سے ڈھالدیا ہے۔ان کی شاعری زندگی کے قریب تر ہے۔۔ان کے اشعار میں استعمال ہونے والے الفاظ خود سے باتیں کرتے دکھائی دیتے ہیں۔ظہیر مشتاق کی شاعری بلاشبہ سادہ آسان اور دلکش الفاظ کا مجموعہ ہے۔"

ظہیر مشتاق کی دو غزلیں پیش ہیں:۔

ہم کہ اب پیاس کے مارے بھی نہیں آئیں گے
یم بہ یم آب پکارے بھی نہیں آئیں گے

رائیگانی کا وہ عالم ہے کہ یوں لگتا ہے
میرے حصے میں خسارے بھی نہیں آئیں گے

اتنی بے زار ہیں آنکھیں کہ خدا جانتا ہے
ہمکو اب خواب تمہارے بھی نہیں آئیں گے

حالتِ اصل میں لگتا ہے خدو خال مرے
اب ترا زنگ اتارے بھی نہیں آئیں گے

کوئی گرداب نہیں آئے گا دورانِ سفر
اور ستم یہ ہے کنارے بھی نہیں آئیں گے

ایسے چھوڑیں گے ترا شہر کہ ہم اس کی طرف
گردشِ وقت کے مارے بھی نہیں آئیں گے

❖❖❖

لوگ تو لوگ تھے جی بھر کے خسارہ کرتے
کم سے کم تم تو نہ نقصان ہمارا کرتے
کر تو لینا تھا ترے ساتھ گزارہ لیکن
اب ترے ساتھ بھی کرتے تو گزارہ کرتے
کیسا الزام سر موجِ بلا خیز کہ ہم
ہو گئے غرق کناروں سے کنارہ کرتے
کر لیا تھا تو توقع نہیں رکھتے ہم سے
عشق تھا، قرض نہیں تھا کہ اتارا کرتے
ایک بس ہم ہی میسر تھے ہمیں گرتے سمے
خود کو اب آسرا دیتے کہ سہارا کرتے
عشق ہر حال میں بس کارِ زیاں تھا لیکن
ہم کوئی کام بھی کرتے تو خسارہ کرتے

فرید انور

آپکا پورا انام فرید انور صدیقی اور قلمی نام فرید انور ہے۔ آپکی جائے پیدائش کراچی ہے۔ آپکے اجداد میرٹھ کے رہنے والے تھے۔ متحدہ عرب امارات میں 1998 سے مقیم

ہیں۔آغاز میں 16 سال تک ابوظہبی میں رہنے کے بعد دبئی منتقل ہو گئے۔ایک نجی انجینئرنگ کمپنی میں بطور مدیر فنی/ٹیکنیکل ڈائیریکٹر کام کررہے ہیں۔آپکا شعری مجموعہ زیرترتیب ہے۔

فرید انور کی ایک نظم اور چند غزلیں پیش ہیں:۔

سرِشکِ چشم پر تاثیر بنتے جارہے ہیں
غمِ دل کے لیے اِکسیر بنتے جا رہے ہیں

شعورِ عالمِ ہستی کا کچھ ایسا ہے عالم
کہ اِلَّا اَنتَ* کی تفسیر بنتے جا رہے ہیں

خیال و فکر کی اس گردشِ پیہم میں رقصاں
ہم اپنے پاؤں کی زنجیر بنتے جا رہے ہیں

ہمیں درپیش تعمیرِ جہانِ نو ہے صاحب
مباحث باعثِ تاخیر بنتے جا رہے ہیں

بناتے جارہے ہیں جیسے جیسے تیری تصویر
قسم تیری! تری تصویر بنتے جا رہے ہیں

مداوائے غمِ دل تھے کبھی اشعار تیرے
فرید اب یہ ترازو تیر بنتے جا رہے ہیں

❖❖❖

اس جنگ میں مانا کہ بدن ہو گیا چھلنی
تھک کر میں گرا ہوں، ابھی ہارا تو نہیں ہوں

یہ خونِ جگر ہی نہ کہیں رنگِ شفق ہو
کیا جانے نئے دن کا اشارہ تو نہیں ہوں؟
پردے میں اماوس کے بنوں ہوں مہِ کامل
ٹوٹا ہوا بجھتا ہوا تارا تو نہیں ہوں
میں خاکِ نمو خیز ہوں پامال، تو کیا غم
شاخِ گلِ خود رو سرِ خارا تو نہیں ہوں
افسردہ ہوں، مایوس نہیں لوگوں سے اپنے
جی کثرتِ آلام سے ہارا تو نہیں ہوں

❖❖❖

آرزوئیں اور سپنے آپ کے حوالے ہیں
میرے سارے منصوبے آپ کے حوالے ہیں
زندگی کے سب قضیے آپ کے حوالے ہیں
رنج و غم، گلے، شکوے آپ کے حوالے ہیں
منزلوں کے سب رستے آپ کے حوالے ہیں
راستوں کے اندیشے آپ کے حوالے ہیں
کام مجھ سے جو بگڑے آپ کے حوالے ہیں
وہ بھی کچھ جو بن پائے آپ کے حوالے ہیں
مرحلے جو مشکل ہیں ان سے تو میں عاجز ہوں

سہل جو بظاہر تھے آپ کے حوالے ہیں
زندگی تھی دو دن کی انتقام کیا لیتے
جو بھی ہم کو دکھ پہنچے آپ کے حوالے ہیں
موجزن جو دل میں ہیں ان سے آپ واقف ہیں
چشمِ غم سے جو ٹپکے آپ کے حوالے ہیں
کام جو بھی بس میں ہیں وہ تو کر گزرتا ہوں
بس میں ہوں نہ ہوں میرے آپ کے حوالے ہیں

ایک نظم۔۔۔

اداس، پژمردہ ، مضمحل اور پارہ پارہ
وہ اہلِ دل ۔۔۔
وہ مرے مسیحا۔۔۔
محبتوں کے وہ نام لیوا ۔۔۔
مجھے گلے سے ذرا لگائیں
صدائے ثُمَّ اذْعُھُنَّ کا معجزہ دکھائیں
۔۔۔ مجھے پکاریں
تو اب بھی ممکن ہے! ۔۔۔۔عین ممکن ہے !!
میرے ٹکڑے
جو چار سو دور دور بکھرے پڑے ہوئے ہیں

لپک کے آئیں
مری اِکائی کو پھر بنادیں
مری تمنا کو پھر جگا دیں!
ثُمَّ ادْعُھُنَّ ۔ پھر بلاؤ

سورہ البقرۃ 260...اللہ نے کہا: اچھا تو چار پرندے لو، اور انہیں اپنے سے مانوس کرلو، پھر (ان کو ذبح کر کے) ان کا ایک ایک حصہ ہر پہاڑ پر رکھ دو، پھر ان کو بلاؤ، وہ چاروں تمہارے پاس دوڑے چلے آئیں گے۔۔۔۔"

سرفراز خان اعظمی

سرفراز خان اعظمی کا تعلق اعظم گڑھ سے ہے اور طویل عرصہ سے ابوظبی میں مقیم ہیں اور آپ ایک ریسٹورنٹ کے مالک ہیں۔ ادبی حلقوں میں شاعر کے طور پر اپنی پہچان رکھتے ہیں۔

سرفراز خان کی دو غزلیں پیش ہیں:۔

لوگ خواہاں تھے سو دل ہو گیا کنگال مرا
تم بھی خوش دیکھ کے ہو جاؤ برا حال مرا
عشق کی رو سے تو میں قیس کا ہم زلف ہوا
جب وہی دشتِ جنوں ٹھہرا ہے سسرال مرا
منہ بنائے ہوئے کیوں پیچھے پڑی ہے دنیا
پہلے ہی دل غمِ فرقت سے ہے پامال مرا
ہے رواں میری طبیعت میں محبت ایسے

جذب ہوتا ہے کسی ظرف میں سیال مرا
رل گیا چاہِ زنخداں کے طلسمات میں دل
غم دوراں سے تو بیکا نہ ہوا بال مرا
اپنی تدبیر کی خامی پہ میں سر دھنتا ہوں
حالِ بد پر کوئی موقف نہیں فی الحال مرا
ہر قدم ایک نئی جنگ کے مترادف ہے
پچھلے ہر سال سے سنگین ہے یہ سال مرا
سرفراز اپنے زمانے کو محرم نہ کہوں
کوئی رمضان مبارک ہے نہ شوال مرا

❖❖❖

خدا وہ دن نہ دکھائے کہ سرفراز کریں
فضول شعر کہیں اور اس پہ ناز کریں
بدلنے والا ہے جغرافیہ گلستاں کا
گروہ بندی سے لازم ہے احتراز کریں
مہا بلی کی ، پڑوسی اڑاتے ہیں کھلی
ضمیر بیچنے والے نہ فاش راز کریں
ابھی شکست یقینی نہیں بتا دو انہیں
مرے خلاف ابھی اور ساز باز کریں
ہوائے شہر ہے مسموم ہوشیار رہو

عجب نہیں تمہیں تقسیم چالباز کریں
اناج بانٹتے پھرتے ہیں اب وہ بستی میں
جو خیر و شر میں یقینا" نہ امتیاز کریں
خدا کے خوف پہ غالب وبا کا خوف ہوا
یہ حکم ہے کہ اکیلے ادا نماز کریں
جنازہ امن کا نکلے گا دھوم سے ابکے
دعائیں کرتے رہیں آپ ، وہ نیاز کریں

شمسؔ الہ آبادی

آپکا پورا نام سید شمس الحسن جعفری اور قلمی نام شمسؔ الہ آ بادی ہے۔ آپ الہا آباد(پریاگ راج) کے رہنے والے ہیں اور امارات کی ریاست شارجہ میں 2003 سے مقیم ہیں۔ پیشے سے انجنیئر ہیں۔آپ سید صلاح الدین کے جشن جمہوریہ ہندستان کے موقع پر کروائے جانے والے مشاعروں کے انتظامات میں ان کے شانہ بہ شانہ رہتے ہیں۔

شمس الہ آبادی کی ایک غزل دیکھیئے:۔

سب یہ رشتے زمیں زماں والے
توڑ دیتے ہیں درمیاں والے
رابطہ ٹوٹنے نہیں دیتے
ہیں زمیں پر جو آسماں والے
اب فقط داستاں میں زندہ ہیں

ہو چکے خاک داستاں والے
ہم تو آواز سے بنے شاعر
بیچتے ہیں غزل دکاں والے
دفن کر آئے ہیں حویلی کی
داستانوں میں پانداں والے
کیا حقیقت یہ زندگی جس میں
مل رہے ہیں سبھی گماں والے
انکو اب وقت ہی اٹھائیگا
سو رہے ہیں جو آشیاں والے
شمسؔ کیوں لوگ بھول جاتے ہیں
اس جہاں کو سدا یہاں والے

خاقان قمرؔ

آپکا اصل نام محمد خاقان اور تخلص خاقان قمرؔ ہے۔آپکی جائے پیدائش بہاول پور ہے۔آپ 2017 سے دبئی میں مقیم ہیں اور سینئر سپروائزر ان وِز کوسکفولڈنگ دبئی میں ملازمت اختیار کئے ہوئے ہیں۔ یہاں کے ادبی حلقوں میں بطور شاعر پہچانے جاتے ہیں۔

خاقان قمرؔ کی چند غزلیں پیش ہیں۔

ایسے پیاسا کلام کرتا ہے جیسے دریا کلام کرتا ہے
ایک اپنے کی آڑ میں مجھ سے اک پرایا کلام کرتا ہے

جب سے کمرے میں آپ آئے ہیں کونہ کونہ کلام کرتا ہے
مجھ کو پورا سنائی دیتا ہے تو جو آدھا کلام کرتا ہے
تیرے جانے کے بعد سناٹا بے تحاشہ کلام کرتا ہے
دل میں خاقانؔ درد نہ ہو تو کون ایسا کلام کرتا ہے

❖❖❖

وہ میر کہتے ہیں جس کو سبھی خدائے سخن
کبھی جو دیکھ لے تجھ کو تو بھول جائے سخن
سخن سرائے میں بیٹھے ہیں چند فارغ لوگ
ادب برائے تماشا سخن برائے سخن
کہاں کہاں سے مطالب کو کھینچ لاتا ہے
خلائے دل میں اترتا ہوا خلائے سخن
جہاں میں ٹھہرا ہوا ہوں یہ وہ مقام نہیں
یہاں تو بزم میں بیٹھے ہیں اولیائے سخن
جنہیں تو لفظ سمجھتا ہے اشک ہیں میرے
قلم کی نوک پہ پلکیں ہیں مُبتلائے سخن
شعور شعر میں ڈھل کر وجود پا لے گا
غزل جواں ہے تو جاری ہے ارتقائے سخن
قمرؔ ہو شاعری کرتا ہو عشق بھی کر لے
کمائے داد جو دن بھر تو شب کو کھائے سخن

ترنم احمد

ترنم احمد جنکا تخلص نورؔ ہے، انکا تعلق سہارنپور کے ایک ادبی اور علم دوست خاندان سے ہے۔آپ کے والد انور تاباںؔ معروف شاعر تھے اور آپکی والدہ پروفیسر۔آپ کی تعلیم سہارنپور اور علیگڑھ میں مکمل ہوئی۔آپ امارات میں 1999 سے مقیم ہیں اور شارجہ کے ایک بڑے اسکول میں رجسٹرار ہیں۔یہاں کے ادبی حلقوں میں آپکی وجہ مقبولیت شاعری کے علاوہ ادبی پروگراموں کی ہوسٹینگ (EMCEE) بھی ہے۔آپ نے کئی ٹالک شوز میں مشاہیر کے انٹرویوز کئے۔

ترنم احمد نورؔ کا کچھ کلام پیش ہے:۔

یہ کس راہ گزر پر چلی جا رہی ہوں
مسافت نہیں میں گھٹی جا رہی ہوں
کہاں کھو گئی ہے میری عقل و دانش
سرابوں کے پیچھے چلی جا رہی ہوں
نہ رستے کی سدھ ہے نہ منزل کی پرواہ
چلی جا رہی ہوں چلی جا رہی ہوں
مرا آئینہ تو سلامت ہے لیکن
یہ میں عکس میں کیوں بنٹی جا رہی ہوں
اگر نورؔ ہوں میں جو نورِ مجسم
تو کیوں تیرگی میں ڈھلی جا رہی ہوں

ایک نظم باعنوان "وجود"۔

میرا وجود کیا ہے
اک بیٹی بن کے رہنا
کبھی بن گئی میں بہنا
پھر ہو گئی کسی کی
بس پا کے جوڑا گہنا
میرا وجود کیا ہے
ایک ماں سے جنم پا کر
ایک ماں بننے تک کا
یہ میرا جو سفر ہے
یہ میرا کب رہا ہے
میرا وجود کیا ہے
نہ اپنے دل کی باتیں
نہ اپنے دل کی یادیں
جن پہ چلا دیا بس
چلتی ہوں وہ ہی راہیں
میرا وجود کیا ہے
اب باقی جو سفر ہے
اس راہ پر چلوں میں

جو میرے من کو بھائے
میرے مگر کو جائے
جہاں میرے دل کی دھڑکن
میرے ہی دل سے آئے
نظر آیئنے میں مجھکو
میرا ہی عکس آئے
میں خود سے نہ پھر پوچھوں
میرا وجود کیا ہے

پردیپ لالجانی

آپکا اصل نام پردیپ لالجانی ہےاور پرواز تخلص کرتے ہیں۔آپکا تعلق اجمیر سے ہےاور 1984 سے امارات میں مقیم ہیں۔آپ اعلیٰ سطح کے کاروباری ہیں۔آپ غزل اور نظم کے علاوہ دوہے بھی کہتے ہیں۔آپکے دوشعری مجموعے منظر عام پر آچکے ہیں۔پہلا" اُمنگیں" اور دوسرا پرواز کے دوہے" ۔

پردیپ لالجانی پرواز کا کچھ کلام پیش ہے:۔

مجھ میں تھوڑی جان اب تک باقی ہے
دل میں اک ارمان اب تک باقی ہے
دور کتنی جا چکی ہے زندگی
کس لئے سامان اب تک باقی ہے

ہو چکی ہے خالی جیون کی سرائے
لیکن ایک مہمان اب تک باقی ہے
کھو دیا جو پاس تھا پر زندہ ہوں
تھوڑا سا سمّان اب تک باقی ہے
چند سانسیں دے دیں حاکم نے اُدھار
موت کا فرمان اب تک باقی ہے
کون جانے کب ملیں گی منزلیں
راستا انجان اب تک باقی ہے

علاوہ ازیں کچھ اور شاعر ہیں جن کے نام یہاں درج ہیں، کنہیں وجوہات کی بنا پران حضرات سے تفصیلات حاصل نہ ہو سکیں۔ جاوید حیاتؔ، رضا احمد رضاؔ، نجمی فیض آبادی، ساگر حضور پوریؔ، معید مرزا، خالد نسیم، فوزان قدوائی، ابوعبیدہ اعظمی، فائزہ فضا۔

باب۔ سوئم

نئی قلم

نئے دیوانوں کو دیکھیں تو خوشی ہوتی ہے
ہم بھی ایسے ہی تھے جب آئے تھے ویرانے میں

۔احمد مشتاق

اس باب میں جن شعراء اور ادباء کا ذکر کیا جا رہا ہے انکا تعلق بھی بنیادی طور دور حاضر سے ہی ہے۔ یہ وہ حضرات ہیں جو یہاں کی ادبی حلقے میں نئے نئے وارد ہوئے ہیں اور اساتذہ کی صحبت میں بہتر سے بہترین کی طرف گامزن ہیں۔

نصر نعیم

آپکا اصل نام نصر نعیم ہے اور نصر تخلص کرتے ہیں۔ لکھنؤ کے رہنے والے ہیں اور متحدہ عرب امارات میں 2007 سے شارجہ میں مقیم ہیں۔ آپ ایک بینکر ہونے کے ساتھ ساتھ کیٹرر بھی ہیں۔ شاعر کی حیثیت سے ادبی حلقوں میں اپنی پہچان بنا رہے ہیں۔

نصر نعیم کے چند اشعار ملاحظہ کیجئے:۔

ان چراغوں کا تکبر دیکھو
بھول بیٹھے ہیں جلائے گئے ہیں

❖❖❖

اس جزیرے کو تو ہونا تھا کسی دن غرقاب
یہ جو ہر موج کو سینے سے لگا لیتا تھا

❖❖❖

خود شناسی کے لیے چاہئے اک عمر یہاں
برف پگھلی تو یہ سمجھی کے وہ پانی ہے فقط
لوٹ آئے گا یہ رخ موڑ کے بہتا دریا
اور کچھ دیر ہمیں پیاس چھپانی ہے فقط

اب تو شعلوں کی اسیری سے نکل آیا ہوں
اب تو چہرے پہ لگی راکھ ہٹانی ہے فقط

ایک غزل:۔

ابتدا انتہا سے ملنے لگے؟
زندگی گر قضا سے ملنے لگے؟
اس سے کیسے ملے بھلا کوئی
آدمی جو خدا سے ملنے لگے
مشکلیں یوں بھی کچھ سفر میں ملیں
راہ زن رہنما سے ملنے لگے
اپنے محور سے ہٹ گئی دنیا
سارے منظر خلا سے ملنے لگے
لذتیں بڑھ گئیں اسیری کی
زخم زنجیرِ پا سے ملنے لگے
منزلیں مہرباں ہوئیں تو "نصر"
سارے رستے جدا سے ملنے لگے

موسیٰ ملیح آبادی

پورا نام محمد موسیٰ خان ہے اور ادبی حلقوں میں بحیثیت شاعر موسیٰ ملیح آبادی کے نام سے پہچانے جاتے ہیں۔ متحدہ عرب امارات میں 2005 سے مقیم ہیں۔ اور ایک نجی فرم میں اعلیٰ

عہدے پر فائز ہیں۔شاعر ہونے کے علاوہ آپ ناظم مشاعرہ اور پروگرام ہوسٹ کے طور پر اپنی پہچان بنارہے ہیں۔

موسیٰ ملیح آبادی کے چند اشعار دیکھئے:۔

راہ کے خار کو پیروں سے مسل دیتے ہیں
کرکے مسمار ہر اک سنگ کو چل دیتے ہیں
اک تم ہو کہ جسے وقت بدل دیتا ہے
اور اک ہم ہیں کہ جو وقت بدل دیتے ہیں

❖❖❖

یاد آؤں گا زمانے کو میں اس وقت بہت
جب انسان کی زمانے کو ضرورت ہوگی

❖❖❖

تہذیب اور ادب کا نگہبان بھی ملے
ائے کاش کوئی بھیڑ میں انسان بھی ملے

احمد جہاں گیر داجلی

آپکا اصل نام جہانگیر اقبال ہے اور قلمی نام احمد جہانگیر داجلی ہے۔دبئی میں 13 برس سے مقیم ہیں۔ادبی حلقوں میں بحیثیت شاعر اپنی پہچان بنارہے ہیں۔

احمد جہانگیر داجلی کی چند غزلیں پیش ہیں:۔

یہ میں جو خود سے باہر بہہ رہا ہوں
نئے رستے بنا کر بہہ رہا ہوں

کسی نے پاؤں کیا مجھ میں بھگوئے
خوشی میں پل سے اوپر بہہ رہا ہوں
کسی کی آنکھ سے جاری نہیں ہوں
یہاں میں تم سے بہتر بہہ رہا ہوں
شکایت تھی تجھے اے دیدہ تر؟
لے اب تیرے برابر بہہ رہا ہوں
تمہیں سیراب کرنے کے لیے بھی
تمہاری خاک اندر بہہ رہا ہوں
بہت مدت سے میں جو منجمد تھا
تری باتوں میں آ کر بہہ رہا ہوں
میں اپنی عمر کے پیالے سے احمدؔ
مجھے لگتا ہے اکثر بہہ رہا ہوں

❖❖❖

کسی بھی زاویے سے دھول جھاڑو
مکمل واقعے سے دھول جھاڑو
کہیں تم پر گرے نہ گرد میری
ذرا سا فاصلے سے دھول جھاڑو
فقیروں کا بھلا نام و نسب کیا؟
ہمارے مرتبے سے دھول جھاڑو
میں ماضی کا دریچہ کھولتا ہوں

تم اپنے حافظے سے دھول جھاڑو
میں جلتے ہونٹ رکھنا چاہتا ہوں
جبیں کے طاقچے سے دھول جھاڑو
زمیں میں جھاڑ دیتا ہوں، مگر تم
فلک کے پارچے سے دھول جھاڑو
خدا کے نام دھر دینے سے پہلے
کسی بھی سانحے سے دھول جھاڑو
صفائی نصف ایماں ہے تو احمدؔ
دلوں کے آئینے سے دھول جھاڑو

وسیم اعظمی

وسیم اعظمی کا پورا نام وسیم احمد ہے۔ انکا تعلق اعظم گڑھ سے ہے۔ متحدہ عرب امارات کی ریاست ابوظبی میں 2009 سے تا حال مقیم ہیں اور ارامکس کوریر کمپنی میں Retail outlet executive کے فرائض انجام دے رہے ہیں۔

وسیم اعظمی کی غزل ملاحظہ ہو،

شرافت لوگوں کو چھلنے لگی ہے
یہ دنیا کس طرف چلنے لگی ہے
زمین دل پہ جو بوئی گئی تھی
وہ فصل اب پھولنے پھلنے لگی ہے

بدل جائے گی یہ رت بھی یقیناً
ہوائے زرد اب چلنے لگی ہے
عجب حالت ہے اب تو میرے گھر کو
مری موجودگی کھلنے لگی ہے
وسیمؔ اب دیدنی ہے رنگ دل کا
تمنا آنکھ پھر ملنے لگی ہے

❖❖❖

بات نہیں وہ بستی میں
لگ گئی دیمک لکڑی میں
پچھتاوے کے سکے ہیں
میری دونوں مٹھی میں
میں کندن ہو جاؤں گا
تپ کے غم کی بھٹی میں
پانی کیسے بھر آیا
آخر میری کشتی میں
سادہ کاغذ بھیج دیا
کچھ بھی نہ لکھا چٹھی میں
خوب تماشا ہوتا ہے
رات گئے دل نگری میں

جل گئی کب کا لیکن دیکھ
بل کتنا ہے رسی میں
ویسے کوئی خاص وسیمؔ
بات نہیں اس لڑکی میں

محمد طٰہٰ

آپکا پورا نام محمد طٰہٰ اور قلمی نام طٰہٰ ہے۔ انکا آبائی وطن لکھنؤ ہے۔ متحدہ امارات میں 2012 سے شارجہ میں مقیم ہیں۔ آپ ایک نجی فرم میں انسانی وسائل کے شعبے سے وابستہ ہیں۔ ادبی حلقوں میں بطور شاعر اپنی پہچان بنا رہے ہیں۔

آپکے چند اشعار پیش ہیں:۔

اک گماں کو یقیں بناتے ہوئے
اس نے دیکھا تھا مڑ کے جاتے ہوئے
درد اتنا تھا میری مٹی میں
کوزاگر رو دیا بناتے ہوئے

❖❖❖

ہو نہ جائے تو کہیں چھونے پہ ریزہ ریزہ
یار ڈرتے ہیں تجھے ہاتھ لگاتے ہوئے ہم

❖❖❖

سختیِ تربتِ عاشق سے پتا لگتا ہے
اب بھی یہ شخص زمانے سے خفا لگتا ہے

قید وحشت سے رہائی کی دعائیں کیجے
روح کا جسم میں رہنا تو سزا لگتا ہے
مستقبل کے خواب تھے دیکھے ہم دونوں نے
ماضی کہہ کے کیسے بھلایا جا سکتا ہے

❖❖❖

حائل تھے اپنی راہ میں برسوں سے یار ہم
خود کو ہی راستے سے ہٹانا پڑا ہمیں
وہ دن نہیں ہے رات ہے وہ بھی سیاہ رات
جو دن ترے بغیر بتانا پڑا ہمیں

شہباز شمسی

پورا نام شہباز محمد اور قلمی نام شہباز شمسی ہے۔ انکی جائے پیدائش سمستی پور، بہار ہے۔ متحدہ امارات میں 2016 سے ابوظبی میں مقیم ہیں۔ پیشے سے انجینئر ہیں اور ادبی حلقوں میں بطور شاعر پہچان بنا رہے ہیں۔ محفلوں میں جس قدر انکی شاعری پسند کی جاتی ہے اتنا ہی شوق سے انکا ترنم سنا جاتا ہے۔

شہباز شمسی کی غزل دیکھیے:۔

سر آشفتہ پر پرکھوں کی پگڑی باندھ رکھی ہے
کسی کا نام لکھ کر میں نے مٹھی باندھ رکھی ہے
کوئی تو راستہ مجھ کو دکھائے میری منزل کا

محبت نے مری آنکھوں پہ پٹی باندھ رکھی ہے
بہت بیتاب ہے غرقاب ہونے کو وہ دریا میں
مرے ہونٹوں پہ خشکی نے جو کشتی باندھ رکھی ہے
کہیں اس بار بھی پیاسی تری یادیں نہ رہ جائیں
سو آنکھوں نے مری پلکوں سے ندی باندھ رکھی ہے
تری یادوں کے جھونکوں سے کہیں کھل کر نہ گر جائے
بچھڑ کے تجھ سے دل پر جو تسلی باندھ رکھی ہے
ذرا پردہ ہٹا کر کھول دے اب دست نازک سے
دریچے نے نظر میری ترستی باندھ رکھی ہے
تری تعریف کے پل باندھنے میں ہے مگن دھڑکن
ہوا بے تابیوں نے دل میں کیسی باندھ رکھی ہے
انا میری بنا ڈالے نہ اس کو موت کا پھندا
مرے پیروں میں تو نے جو یہ رسی باندھ رکھی ہے
سفر میں دوسرے رختِ سفر آتے ہیں کب تک کام
سو اب ان کی دعاؤں کی یہ گٹھری باندھ رکھی ہے
اندھیرے دم دبائے پھر رہے ہیں بدحواسی میں
ہوا میرے چراغوں نے کچھ ایسی باندھ رکھی ہے
زمین دل پہ میری اک پرندہ ایسا اترا ہے
کہ جس نے قوت پرواز میری باندھ رکھی ہے

نہیں شہباز مجھ سے آگ کی لپٹیں نہیں لپٹیں
بدن سے میں نے اپنی آپ بیتی باندھ رکھی ہے

مسعودنقوی

آپکا پورا نام سید مسعود نقوی ہے اور قلمی نام مسعود ہے۔آبائی وطن سہسوان ہے جو کہ علم و گہوارے بدایوں کی ایک تحصیل ہے۔آپنے علی گڑھ مسلم یونیورسٹی سے تعلیم حاصل کی۔آپ پیشے سے انجینئر ہیں اور ایک نجی فرم میں اپنے پیشاورانہ فرائض انجام دے رہے ہیں۔امارات میں 2016 سے دبئی میں مقیم ہیں۔امارات کے ادبی حلقوں میں بحیثیت شاعر اپنی شناخت حاصل کرر ہے ہیں۔

مسعودنقوی غزل کے اشعار ملاحظہ ہوں:۔

اگر میں وقت سے پہلے بڑا نہیں ہوتا
تو ایسا حال بھی میرا ہُوا نہیں ہوتا
اگر وہ ادمی ضد پر اڑا نہیں ہوتا
تو آج جان سے اپنی گیا نہیں ہوتا
کہ جانتا ہوں اُسے اس سے بھی زیادہ میں
مجھے خبر ہے اسے جو پتا نہیں ہوتا
مرے بڑوں نے سکھایا مجھے یہ بچپن میں
بڑا جو کہتا ہو خود کو، بڑا نہیں ہوتا
سبق جو ملتا ہے ہم کو ہر ایک ٹھوکر سے

کسی کتاب میں یہ سب لکھا نہیں ہوتا
کرے جو پیچھے برائی برا ہے شخص وہی
برائی منہ پہ کرے جو برا نہیں ہوتا
وہ آستیں میں تمہیں عمر بھر مکیں رکھتا
جو اس طرح سے نہ مسعودؔ کو ڈسا ہوتا

ظہیر حسنین کاظمی

ظہیر حسنین کاظمی مظفر نگر، یو پی کے رہنے والے ہیں اور گزشتہ 20 برس سے امارات میں مقیم ہیں۔ آپ نے دہلی اور علی گڑھ مسلم یونیورسیٹی سے تعلیم حاصل کی۔ آپ ایک انجینئر ہیں اور دبئی میں اپنا کاروبار چلاتے ہیں۔ شعر و ادب سے رغبت بچپن سے تھی، شعر کہنا بھی زمانہ پہلے کر دیا مگر باقائدہ شاعری کا سفر 5، 7 برس سے کر رہے ہیں اور ادبی حلقوں میں اپنی پہچان بنا رہے ہیں۔

ظہیر حسنین کی غزل کے اشعار دیکھئے:۔

لے کے آئی ہے وہاں اب دشت گردانی مجھے
حدّتِ جاں یوں بڑھی اب آگ ہے پانی مجھے
گردشِ ایام میرے سامنے ہے خندہ زن
مشکلیں مشکل میں ہیں اور سب ہے آسانی مجھے
کوئی دشواری نہیں اب جادۂ دشوار پر
لے کے آئی تھی جہاں یہ چشمِ حیرانی مجھے

جذبہ ءدل پر سرِ تسلیم خم رکھا گیا
اوجِ دانائی پہ لے کے آئی نادانی مجھے
ذرہ ذرہ محو ہے رقصِ جنوں میں مستقل
دشتِ امکاں میں کہاں ممکن ہے ویرانی مجھے
کر گئی مشکل کشائی یوسفِ کنعان کی
اس لئے بھی محترم ہے چاک دامانی مجھے
کھل سکیں مجھ پر رموزِ عشق کے گوشے ظہیرؔ
ہو عطا ایسا کوئی ایک حرفِ لا فانی مجھے

سید شایان عباس

آپکا پورا نام سید شایان عباس علی پوری ہے اور شایان تخلص کرتے ہیں۔آ پکی جائے پیدائش علی پور، کرناٹک ہے۔ بنگلور یونیورسٹی کے گورنمنٹ کالج آف فارمیسی سے اعلیٰ تعلیم حاصل کی۔2013 سے ابوظبی کی ایک نجی فرم میں میں پروڈکٹ اسپیشلسٹ کے عہدے پر فائز ہیں۔آپ اپنی شاعری کا باقائدہ آغاز 2009 سے مانتے ہیں۔

شایان عباس کی غزل ملاحظہ فرمائیں:۔

ہے میری فکر پریشان کیا کیا جائے
غزل ہے آج کا عنوان کیا کیا جائے
جو ہم کو کُفر کا فتویٰ لگانے آئے تھے
وہ خود نہیں تھے مسلمان کیا کیا جائے

زمینِ خشک ہے برسات بھی نہیں اب تک
تڑپ رہے ہیں یہ ارمان کیا کیا جائے
تمام عمر گزارا ہے اُس کی یادوں میں
بھلائے بیٹھے ہیں احسان کیا کیا جائے
جو میرے قتل کی سازش رچائے بیٹھے تھے
وہ بنکے آئے ہیں مہمان کیا کیا جائے
میں اُسکی بزم میں لیکر چلا ہوں تنہائی
ہوا ہے جشن کا اعلان کیا کیا جائے
اسیر ایسا ہوا ہوں کسی کی یادوں میں
محل بھی لگتا ہے زندان کیا کیا جائے
ہزار بار بھی سُنکر ہمارا دل نہ بھرا
غزل میں جان ہے شایانؔ کیا کیا جائے

حنا عباس

حنا عباس کی جائے پیدائش علی گڑھ ہے اور 1998 سے شارجہ میں مقیم ہیں۔ تعلیم و تربیت علی گڑھ اور شارجہ میں ہوئی ہے۔ آپ ابوظبی کے ایک اسپتال میں بطور فزیوتھیرپسٹ تعینات ہیں۔ ادبی حلقوں میں اپنی مترنم شاعری کے ذریعہ اپنی پہچان بنا رہی ہیں۔ آپ بزم اردو دبئی کی ممبر ہیں اور انتظامی امور میں شریک رہتی ہیں۔

حنا عباس کی غزل ملاحظہ ہو:۔

بنا سحر کے اجالے مجھے قبول نہیں
ترے یہ جھوٹے دلاسے مجھے قبول نہیں
نہ تو مداری ہے نہ میں ترا جمورا ہوں
یہ آئے دن کے تماشے مجھے قبول نہیں
بڑھا کے ہاتھ کو تم نے مجھے گرایا ہے
اگر یہی ہیں سہارے مجھے قبول نہیں
کسی کے ذہن کی جو کھڑکیاں نہ کھول سکیں
تو ایسے علم کے دعوے مجھے قبول نہیں
جو میرے دل پہ ہے گزری وہی اگر نہ کہو
تو باقی شور شرابے مجھے قبول نہیں
ہو ظلم عام جہاں پر جہاں نہ حق پہنچے
یہ بھولے بھٹکے زمانے مجھے قبول نہیں

❖❖❖

بھولنا جب بھی تجھ کو چاہا ہے
تو مرے پاس لوٹ آیا ہے
مجھ کو درکار اپنی تھی مدحت
اس طلب میں ہی سب گنوایا ہے
اس کو ڈھونڈا گلی گلی میں نے
وہ جو دل میں مرے سمایا ہے

تو بنے گا مرا ہی بالآخر
دل کو اس بات پر منایا ہے

مسکان ریاض

آپکا پورا نام مسکان سید ریاض اور قلمی نام مسکانؔ ہے۔آپ کا آبائی وطن دہلی ہے اور وہیں آپکی تعلیم و تربیت ہوئی۔ امارات کی ریاست شارجہ میں 2012 سے مقیم ہیں۔ ادبی حلقوں میں بطور شاعرہ اپنی پہچان بنا رہی ہیں۔ علاوہ ازیں آپ ناظمِ مشاعرہ اور پروگرام ہوسٹ کے طور پر پہچانی جاتی ہیں۔آپ بزم اردو دبئ کی ممبر ہیں اور انتظامی امور میں شریک رہتی ہیں۔

مسکانؔ ریاض کی غزلیں پیش ہیں۔

اسی طرح ہمیں ذکر خدا ضروری ہے
کہ جیسے جسم کو اچھی غذا ضروری ہے

کچھ ایسے کھوئے تری ذات میں کہ بھول گئے
نبھانا خود سے بھی عہد وفا ضروری ہے

ہے اچھی بات طبیعت میں انکسار بھی ہو
مگر مزاج میں تھوڑی انا ضروری ہے

مرے طبیب نے مجھ کو دوا تو دی ہے ضرور
شفا کے واسطے لیکن دعا ضروری ہے

ہے منزلوں پہ پہنچنے کی جستجو تو ہمیں
تمہارے جیسا کوئی نقش پا ضروری ہے

❖❖❖

غم کے اندھیرے چھانٹنے چندا بھی آئے گا
آنسو سنبھالنے مرے دریا بھی آئے گا
رہتا نہیں ہے کوئی بھی گھٹنوں کے بل سدا
اے طفل تجھ کو جلد ہی چلنا بھی آئے گا
ہیں وقت کے مزاج میں تبدیلیاں جناب
ہے آج یہ برا تو کل اچھا بھی آئے گا
کاٹے گا سر جو ظلم کا جو حق کرے گا عام
کوئی تو رہنما کبھی ایسا بھی آئے گا
خاموشیاں ستائیں گی مسکانؔ جس گھڑی
تب یاد تجھ کو یہ مرا شکوہ بھی آئے گا

سرورؔ ملیح آبادی

آپکا حقیقی نام فیروز خاں ہے اور سرور تخلص کرتے ہیں۔ جائے پیدائش ملیح آباد ہے اور جوش ملیح آبادی کے خانوادے سے تعلق رکھتے ہیں۔ آپ کے دادا جوش ملیح آبادی کے سگے بھتیجے تھے۔ شعروسخن کا ذوق بچپن سے تھا۔ ملیح آباد اور لکھنو میں تعلیم حاصل کرنے کے بعد آپ تلاش

معاش میں 1995 میں سعودی عرب کا رُخ کیا۔ 2020 سے متحدہ عرب امارات ہیں۔ امارات کے ایک معروف ایکسچینج میں پیشیورانہ فرائض انجام دے رہے ہیں۔

سرورؔ ملیح آبادی کی ایک غزل دیکھئے:۔

ہمارے خونِ جگر سے کتاب لکھ دینا
تم اس زمین پہ اک انقلاب لکھ دینا
ہو ذکر دوستوں جب اسکی سادگی کا بھی
تو اسکے چہرے کو تازہ گلاب لکھ دینا
کبھی جو بھیگے وہ برسات کی پھہاروں میں
تو انگ انگ کو جامِ شراب لکھ دینا
تیری جدائی نے بینائی چھین لی میری
پڑھونگا کیسے تیرا خط جواب لکھ دینا
چلے جو ذکر عماد الملک کا محفل میں
تو اسکو عاشقِ خانہ خراب لکھ دینا

پرتیک کھربندہ رمزؔ

پرتیک کھربندہ دہلی کے رہنے والے ہیں اور وہیں تعلم وتربیت پائی ہے۔شاعری کے عشق میں پلے اردو سیکھی اور رمزؔ تخلص اختیار کیا۔متحدہ امارات میں 2019 سے مقیم ہیں۔دبئ کی ایک نجی فرم میں سوفٹ ویئر انجینئر کی حیثیت سے کام کرر ہے ہیں۔ادبی حلقوں میں بطور

شاعر اپنی پہچان درج کرا چکے ہیں۔

پرتیک کھربندہ کی غزلیں ملاحظہ فرمائیں:۔

دونوں جہاں کی قید سے جب دل یہ بھر گیا
دنیا کو چھوڑ چھاڑ کے میں اس کے گھر گیا
یہ آئنے میں کون نظر آ گیا مجھے
سیرت سنور گئی میرا چہرا سنور گیا
تو ہو گیا شریک میرے ہر خیال میں
تو رفتہ رفتہ میری غزل میں اتر گیا
الزام میرے قتل کا میرے ہی سر لگا
قاتل بڑی صفائی سے سازش یہ کر گیا
منزل کی راہ مل گئی تعبیر میں مجھے
آنکھوں میں بھر کے خواب میں جب در بہ در گیا

❖❖❖

بہاروں میں سوکھی ہوئی پتیاں ہیں
سمندر میں پیاسی سبھی مچھلیاں ہیں
جو تم کو کسی روز لائیں گی مجھ تک
مجھے ہی بنانی وہ پگ ڈنڈیاں ہیں
دبی ہے کہانی یہاں نفرتوں کی

جو جھلسی ہوئی شہر میں بستیاں ہیں
چلو آؤ تنکوں کو دریا میں پھینکیں
میسر کہاں آج کل کشتیاں ہیں
غموں نے لگایا ہے تالا دلوں پر
خوشی کی نہ جانے کہاں چابیاں ہیں

منوّر نسیم

آپکا پورا نام شبیر حسین منوّر اور قلمی نام منوّر ؔ ہے۔آپکا آبائی وطن اندور ہے۔متحدہ امارات میں تقریباً 30 برس سے مقیم ہیں۔دبئی میں آپکا انٹیریئر پروڈکشن یونٹ ہے اور رہائش شارجہ میں ہے۔آپ شاعر اور کہانی کار کے طور پر ادبی حلقوں میں اپنی پہچان حاصل کر رہے ہیں۔

منوّر نسیم کی غزل دیکھئے:۔

عشق میں وہ مقام دیکھا ہے
دل کو اپنے امام دیکھا ہے
روح تک پہ سرور چھایا ہے
اسکی آنکھوں کا جام دیکھا ہے
خوش رہے بھوک پیاس میں بچے
ایسے گھر کا نظام دیکھا ہے

حرف روشن کرے جو صفحے کو
وہ قلم کا مقام دیکھا ہے
جا کے بیٹھے ہے صفِ اوّل جو
میں نے انکا کلام دیکھا ہے
تخت باطل کا ،وہ ہے سولی پر
حق نے یہ اہتمام دیکھا ہے
ایک فریبی انا بچانے کو
ظرف کا قتلِ عام دیکھا ہے

محمد نور صدیقی عارفؔ

آپکا پورا نام محمد نور صدیقی ہے اور عارفؔ تخلص کرتے ہیں۔ آپکی جائے پیدائش کرنیل گنج ضلع گونڈہ، اتر پردیش ہے۔ آپ 2009 سے متحدہ عرب امارات کے ریاست دبئی میں مقیم ہیں۔ آپ ایک شاعر کی حیثیت سے اردو کے فروغ میں اپنا حصہ ڈال رہے ہیں۔

عارفؔ کی غزل پیش ہے:-

ہر لحظہ دیوانے پہ ستم ٹوٹ رہا ہے
افسوس ، با اندازِ کرم، ٹوٹ رہا ہے
امید تو قائم ہے برہمن کی بتوں سے
کیوں شیخ ترا خوابِ ارم،ٹوٹ رہا ہے

اۓ شوخ ذرا دیکھ ترے سنگِ جفا سے
یہ شیشہ ءِ کاشانہ ءِ غم ٹوٹ رہا ہے
دشوار ہے جذبات کو لفظوں میں پرونا
یہ بار ہی ایسا ہے، قلم ٹوٹ رہا ہے
باقی رہے ساقی یہ تری مست نگاہی
کیا مجھکو اگر، ساغرِ جم ٹوٹ رہا ہے
کیونکر نہ سرِ دشت مرا رقصِ جنوں ہو
اب حلقہ ءِ زنجیرِ قدم، ٹوٹ رہا ہے
عارفؔ ہو اگر سجدہ ءِ یزداں تو سنبھل کر
دامن میں چھپا ہے جو صنم ٹوٹ رہا ہے

عدنان منور

آپکا نام عدنان منور اور عدنان تخلص کرتے ہیں۔آپکا تعلق چنی گوٹھ، بہاولپور سے ہیں۔متحدہ امارات میں 2017 سے مقیم ہیں۔دبئ میں ایک کوریئر کمپنی میں ملازمت اختیار کی ہوئی ہے۔ادبی حلقوں میں بطور شاعر اپنی پہچان بنا رہے ہیں۔

عدنانؔ کی غزل پیش ہے:-

جگمگاتے شہر کی تہہ جگمگاتی ریت ہے
آسمانی خواب ہیں اور کائناتی ریت ہے
ہے سمندر کے لبوں پر شادیانیوں کی صدا

ساحلوں پر اپنی دھن میں گنگناتی ریت ہے
اڑتے پھرتے ہیں ہوا کے ساتھ ذروں کی طرح
زندگی کے روز و شب کی بے ثباتی ریت ہے
یہ مسافت تشنگی ہے اور میں صحرا میں ہوں
پھانکتا پانی ہوں لیکن منہ میں آتی ریت ہے
مال و زر لعل و جواہر اس خزانے میں نہیں
ہر سکندر کا مقدر سومناتی ریت ہے
اس سفر میں بارہا آنکھوں نے دیکھے ہیں سراب
موجزن پانی کی صورت جھلملاتی ریت ہے
اک فسانہ لکھ رہا ہے ساربانِ زندگی
واقعاتی قافلے ہیں حادثاتی ریت ہے

❖❖❖

یادِ یاراں کو کفِ دل میں چبھوتے ہوئے ہم
گھر کے کونے میں پڑے رہتے ہیں روتے ہوئے ہم
نیم شب اور یہ آنسو ہیں کہ رکتے ہی نہیں
ہائے! پردیس میں تکیوں کو بھگوتے ہوئے ہم
ہر نئی صبح سے اُمّیدِ پذیرائی لئے
چادرِ خاک کے پردے میں سموتے ہوئے
ہمرات اس بزم میں اک تو ہی شناسا تھا مگر

کتنے تنہا نظر آئے ترے ہوتے ہوئے ہم
مر ہی جائیں گے تری یاد میں یونہی کسی روز
دکھ کے آنچل میں کہیں شعر پروتے ہوئے ہم
سرسراہٹ سی کہیں زلفِ گرہ گیر میں تھی
ڈر گئے آج ترے سائے میں سوتے ہوئے ہم

ذکی الرحمن عاطفؔ

آپکا نام ذکی الرحمن اور عاطف تخلص ہے۔آپکا تعلق ہارون آباد سے ہے۔متحدہ امارات میں 2013 سے مقیم ہیں۔آغاز کے برس عجمان میں اور فی الوقت دبئی میں رہائش پزیر ہیں۔ دبئی کی ایک نجی فرم میں فائنانس مینیجر کے عہدے پر فائز ہیں۔ادبی حلقوں میں بطور شاعر اپنی پہچان بنا رہے ہیں۔

ذکی عاطفؔ کی غزل پیش ہے:۔

مرے بلانے پہ سب یار لوگ ادھر آئے
وگرنہ اس جگہ بنتا تھا صرف ڈر آئے
میں ہار ماننے والا تھا پھر مرے اعصاب
مری مدد کے لئے جنگ میں اتر آئے
دوبارہ شکریہ ان سارے دوستوں کا کہ جو
شدید دھند کے ہوتے ہوئے نظر آئے
کہاں بقایہ کہانی کہاں یہ استدعا

"سفر سے لوٹ کے آئے تو اپنے گھر آئے"

سپہ گری سے رہے نابلد ترے عُشّاق
سُخن گری کے حوالوں میں معتبر آئے

عامر لیاقت باجوہ

عامر لیاقت باجوہ جنکا تعلق ڈاہرانوالہ بہاولنگر سے ہے، 2015 سے متحدہ عرب امارات کی ریاست شارجہ میں مقیم ہیں۔آپ ایک ایگریکلچر انجنیئر ہیں۔ادبی حلقوں میں بطور شاعر اپنی پہچان بنا رہے ہیں۔

عامر لیاقت کی غزل پیش ہے:۔

یوں ترے پاؤں سے گر ہجر کے چھالے جاتے
ہم نمی گھول کے آنکھوں سے نکالے جاتے

رات ساحل پہ پڑے ریت سے باتیں کرتے
صبح دم ٹوٹے ہوئے خواب اٹھا لے جاتے

یہ تو اچّھا ہے مجھے یار مرے چھوڑ گئے
دوست ویسے بھی کہاں اتنے سنبھالے جاتے

بے خیالی میں کہیں تجھ سے پکارے جاتے
لفظ بنتے ترے، ہونٹوں سے نکالے جاتے

چاند راتوں میں ترے ہاتھ کا بوسہ لیتے
روٹھنے والے تجھے خود ہی منا لے جاتے

بس میں ہوتا تو ترے خواب میں آیا کرتے
تیری پلکوں میں چھپے جگنو چرا لے جاتے
کیوں نکالا ہے مجھے آپ نے اپنے دل سے
ہم میاں ایسے تو ناں تھے کہ نکالے جاتے؟

فیاض اسود

فیاض اسودؔ جنکا تعلق سرگودھا سے ہے، امارات میں 2017 سے، مقیم ہیں۔سول کنسٹرکشن فیلڈ میں ملازمت اختیار کئے ہوئے ہیں جس کے سلسلہ میں کچھ وقت ابوظبی بھی رہائش پزیر ہوئے۔فی الوقت دبئ میں مقیم ہیں۔ادبی حلقوں میں بطور شاعر اپنی پہچان بنا رہے ہیں۔

فیاض اسودؔ کی غزل ملاحظہ کیجئے:۔

یہ دن کیا خاک اچھے ہوگئے ہیں
کہ ہم بیزار خود سے ہوگئے ہیں
کسی کا جسم نیلا پڑ گیا ہے
کسی کے ہاتھ پیلے ہو گئے ہیں
جنہیں اک دوسرے کی تھی ضرورت
وہ سب اک دوسرے کے ہو گئے ہیں
مجھے تم دو منٹ کا کہہ گئے تھے
مگر اب دو مہینے ہو گئے ہیں
ملا لو ہاتھ اب تو دوستی کے

تقاضے سارے پورے ہو گئے ہیں
انہیں دکھتا نہیں کیا میں کھڑا ہوں
دروں پر قفل اندھے ہو گئے ہیں
ابھی تو زندگی باقی پڑی ہے
ابھی سے تلخ لہجے ہو گئے ہیں

حُسین علی حَسنین

آپکا اصل نام حَسنین احمد ہے اور حُسین علی حَسنین قلمی نام ہے۔امارات میں 2009 سے مقیم ہیں۔آغاز میں فجیرہ میں رہے، 2011 سے ابوظبی میں رہائش پزیر ہیں۔آپ دفاع پولیس ابو ظبی، وزارتِ داخلہ، متحدہ عرب اِمارات سے منسلک ہیں۔ادبی حلقوں میں بطور شاعر اپنی پہچان بنا رہے ہیں۔

حُسین علی حَسنین کی غزل ملاحظہ کیجیئے:۔

روز کہتے ہو کل نکالتے ہیں
غَم کا ردّ و بدل نکالتے ہیں
تُو نہ مُجھ سے ہو بدگُمان بجُز
بات کرتے ہیں حل نکالتے ہیں
آؤ سُنتے ہیں ایک دوجے کو
دونوں دِل سے خلل نکالتے ہیں
بات کرنے سے راستہ کوئی

گر نکلتا ہے چل نکالتے ہیں
رہنمائی کو درمیاں اپنے
ایک عادل اَدَل نکالتے ہیں
خاطرِ یار فرصتوں سے ہم
وقت ، موقع ، محل نکالتے ہیں
آج دِل میں عجب خلش ہے میاں
کوئی تازہ غزل نکالتے ہیں
زخم دینے کا زُعم ہو جن کو
کیا جگر سے وہ سَل نکالتے ہیں؟
ساتھ اپنے رہو حُسینؔ کہ لوگ
وقت دیتے، نہ پَل نکالتے ہیں

فیصل محمود

فیصل محمود کا تعلق رحیم یار خان سے ہے اور دبئی میں 2021 سے مقیم ہیں۔امارات آنے سے پہلے ایک طویل عرصہ مدینہ النبی میں قیام پزیر رہے۔ادبی حلقوں میں بطور شاعر اپنی پہچان بنا رہے ہیں۔

فیصل محمود کی غزل ملاحظہ کیجیئے:۔

کہاں گئی وہ روشنی , وہ رتجگے کہاں گئے؟
چراغ جانے کیا ہوئے ؟ وہ طاقچے کہاں گئے؟
زمین ان کو کھا گئی کہ آسماں نگل گیا

جو ہارتے نہ تھے کبھی وہ ہار کے کہاں گئے
وطن کو چھوڑتے سمے کوئی تو ہم کو روکتا
وہ منتیں کہاں گئیں؟ وہ واسطے کہاں گئے؟
برا لگے نہ آپکو تو ایک بات پوچھ لوں ؟
مرے تو خیر آپ تھے، پر آپ کے کہاں گئے؟
ہمیں تو کچھ خبر نہیں کہ ہم کہاں ہیں آجکل؟
ہمیں تو ہوش بھی نہیں کہ آبلے کہاں گئے؟
میں سوچتا ہی رہ گیا وہ لوگ جانے کیا ہوئے؟
میں دیکھتا ہی رہ گیا کہ قافلے کہاں گئے ؟

مزمل حسین

مزمل حسین کا تعلق چیچہ وطنی سے ہے اور امارات میں 2018 سے مقیم ہیں۔ادبی حلقوں میں بطور شاعر اپنی پہچان بنا رہے ہیں۔

مزمل حسین کی غزل ملاحظہ ہو:۔

مجھے اندھیرا کھا رہا ہے روشنی کے روپ میں
یوں زندگی گزر رہی ہے بے بسی کے روپ میں
اداسیوں کی آگ سے جلا ہوا بدن لیے
بس ایک ڈھانچہ چل رہا ہے آدمی کے روپ میں
ہمارا مسئلہ بس ایک آب و دانہ ہی نہیں

بس اُس نے وعدہ کرلیا ہے دل دہی کے روپ میں
وہ خون میرے جسم میں اُبل رہا ہے آج کل
جو خون جون تھوکتا تھا شاعری کے روپ میں
میں شب دیے کی روشنی میں آئینے کے روبرو
کسی سے مل کر آ گیا ہوں اور کسی کے روپ میں
حسین صاحب آپ اِن سے دور ہی رہا کرو
یہ لوگ جھوٹ بولتے ہیں بندگی کے روپ میں

چھبی سکسینا

چھبی سکسینا سہائے تقریباً 36 برس سے دبئی میں مقیم ہیں۔آپ ایک ماہر غزل گلوکارہ ہیں۔اساتذہ کا کلام بخوبی پیش کرتی ہیں اور غالبؔ سے ایک خاص عقیدت رکھتی ہیں۔جب شاعری کا آغاز کیا تو صباؔ تخلص اختیار کیا۔آپنے مرزا غالبؔ کے حالات زندگی پر ایک موسیقانہ ڈرامہ" دل ہی تو ہے" کے عنوان سے لکھا اور جس کو انکی ہی ہدایتکاری میں دبئی میں پیش کیا گیا۔آپکا شعری مجموعہ زیر طباعت ہے۔

چھبی سکسینا سہائے صباؔ کی غزل دیکھئے:۔

کچھ ٹوٹتا ہے اندر بولو میں کیا کروں اب
خاموش ہے بونڈر بولو میں کیا کروں اب
ہے رنجشوں سے بھیگی الفت کی چاندنی بھی
تھا چاند ہی ستم گر بولو میں کیا کروں اب

وہ سامنے سے چل کر گزری بہار کب کی
کس سمت ہے مقدر بولو میں کیا کروں اب
کچھ اور ہی ہوئے ہم خوابوں سے آ کے باہر
رخصت ہوا فسوں گر بولو میں کیا کروں اب
بے درد ہے زمانہ انجان آسماں ہے
دیکھو چھپے ہیں خنجر بولو میں کیا کروں اب
پھر آج اس نے مجھ کو دیکھا ہے مسکرا کر
ہے حادثہ مقرر بولو میں کیا کروں اب
صیاد لے رہا ہے میرا امتحاں قفس میں
ہر دن ہو جیسے محشر بولو میں کیا کروں اب
ہے آس پاس میرے گلشن سجا گلوں سے
چبھتے ہیں لاکھ نشتر بولو میں کیا کروں اب
گرتی صباؔ پہ آ کر ترک وفا کی بجلی
گو خواب ہیں معطر بولو میں کیا کروں اب

ابن چمنؔ

اصل نام اشہد بلال اور قلمی نام ابن چمنؔ ہے۔آپکا تعلق اعظم گڑھ سے ہے اور 2011 سے ابوظبی میں مقیم ہیں۔ادبی حلقوں میں بطور شاعر اپنی پہچان بنا رہے ہیں۔

ابن چمن کی غزل ملاحظہ ہو:۔

وہ میرا ہے تو کبھی بھی نہ آزماؤں اسے
مرا نہیں ہے تو پھر کس لئے ستاؤں اسے
وہ ماہتاب سے بڑھ کر کے ہو گیا سورج
جو خود بھی آئے تو کیسے گلے لگاؤں اسے
میں چاہتا ہوں مرا پیار اس سے ایسا ہو
وہ روٹھتا رہے میں بارہا مناؤں اسے
تمام دن کی مشقت بھری تکان کے بعد
تمام رات محبت سے پھر جگاؤں اسے
مرا حبیب مرے عشق میں کھلونا ہو
وہ ٹوٹ جائے تو پھر جوڑ کر بناؤں اسے
ہوا کرے مرا اس سے مقابلہ یوں بھی
اسی سے جیت کے اس کو ہی ہار جاؤں اسے
وہ جانتا ہے مرے ہر سوال کا مطلب
اگر جواب بھی دے دے تو مان جاؤں اسے
یہی دعا ہے مری رب دو جہاں سے بلالؔ
کسی سے عہد کروں گر تو پھر نبھاؤں اسے

فاخر سلطان پوری

آپکا اصل نام ذیشان حیدر ہے اور قلمی نام فاخرؔ ہے۔ آپکا تعلق سلطان پور سے ہے اور

طویل عرصہ سے ابوظبی میں مقیم ہیں۔

فاخر سلطان پوری کا ایک قطعہ:۔

دھندلی دھندلی تیری یادوں کے سہارے آج بھی
جی رہا ہوں میں کسی بگڑے مقدر کی طرح
ایک لمحہ بھی نہیں دل کو میسر ہے سکوں
غم ہے سینے میں ترا پیوست خنجر کی طرح

فرح شاہد

اصل نام فرحت جبیں اور قلمی نام فرح شاہد ہے۔ 2009 سے امارات میں مقیم ہیں۔آغاز میں ابوظبی میں رہیں، فی الوقت شارجہ میں رہائش پزیر ہیں۔

فرح شاہد کی غزل پیش ہے:۔

پچھلے برس تم ساتھ تھے میرے اور دسمبر تھا
مہکے ہوئے دن رات تھے میرے اور دسمبر تھا
چاندنی رات تھی سرد ہوا سے کھڑکی بجتی تھی
ان ہاتھوں میں ہاتھ تھے میرے اور دسمبر تھا
بارش کی بوندوں سے دل پر دستک ہوتی تھی
سب موسم برسات تھے میرے اور دسمبر تھا
بھیگی زلفیں، بھیگا آنچل ،نیند تھی آنکھوں میں

کچھ ایسے حالات تھے میرے اور دسمبر تھا
دھیرے دھیرے بھڑک رہی تھی آتش دان کی آگ
بہکے ہوئے جذبات تھے میرے اور دسمبر تھا
پیار بھری نظروں سے جب فرح اس نے دیکھا تھا
بس وہ ہی لمحات تھے میرے اور دسمبر تھا

اشک الماس

آپکا اصل نام نام راحت عالم ہے اور قلمی نام اشک الماس ہے۔آپکا تعلق بہار سے ہے۔امارات میں 2021 سے مقیم ہیں۔خلیفہ یونیورسٹی، ابوظہبی سے سول انجینیر نگ میں پی۔ایچ۔ڈی کرر ہے ہیں۔

اشک الماس کی غزل ملاحظہ کیجئے:۔

آکاش کے گوشے میں کہیں گم تو نہیں ہے
خاکی ہے کوئی ذرۂ انجم تو نہیں ہے
اِس قلقلِ شیشہ میں کشش لاکھوں ہزاروں
اُن ساغری ہاتھوں کا مگر خُم تو نہیں ہے
جو چند صدی بعد سلجھ جائیگا یونہی
زلفیں ہیں کوئی ارض تصادم تو نہیں ہے
گو ہاتھ میں جادو ہے مگر میرے مسیحا
لہجے میں ترے شورشِ قم قم تو نہیں ہے

افسر ضمیر

افسر ضمیر 2005 سے امارات میں مقیم ہیں اور ٹرانسپورٹ کے شعبے سے منسلک ہیں۔

افسر ضمیر کی غزل ملاحظہ کیجئے:۔

کیا اہلِ اقتدار ہمارے بھلے میں ہیں
ہم لوگ مدتوں سے اسی مخمصے میں ہیں

شامل ہے ان کے مال میں اوروں کا مال بھی
اکثر جو مالدار یہاں دیکھنے میں ہیں

تیری نظر میں لوگ برے تھے جو کل تلک
سارے وہ لوگ آج ترے قافلے میں ہیں

لائے یہاں جو منزل مقصود پر ہمیں
وہ راستے خود آج تلک راستے میں ہیں

حاصل یہ کائنات اگر حادثے کا ہے
کتنے حسین راز پھر اس حادثے میں ہیں

انساں کی آنکھ میں یہ کرشمے بھی دیکھیئے
سمٹے کئی جہان اسی کیمرے میں ہیں

اب دشمنوں کے وار کا تو ڈر نہیں مگر
کچھ دوست میرے دشمنوں سے رابطے میں ہیں

اندازِ گفتگو سے تو یہ لگ رہا ہے اب

ان سے تعلقات نئے مرحلے میں ہیں
سمجھے ہوئے تھے لوگ چراغِ حرم جنہیں
روشن ضمیر دیکھئے وہ میکدے میں ہیں

سید اظہر الدین مظہرؔ

آپکا پورا نام سید اظہر الدین ہے اور مظہر تلخص کرتے ہیں۔ آپکا تعلق چینئی سے ہے۔ آپ 2014 سے امارات میں مقیم ہیں۔ آپ دبئی کی ایک فرم میں گرافک ڈیزائنر ہیں۔ ادبی حلقوں میں بطور شاعر اپنی پہچان بنا رہے ہیں۔ علاوہ ازیں امارت میں ہونے والی اردو کی مختلف ادبی وثقافتی تقاریب میں اپنی گرافک ڈزائننگ کی خدمات پیش کرتے ہیں۔

سید اظہر الدین مظہر کی غزل ملاحظہ فرمائیں:۔

در بدر بھٹکنے سے آشیانہ بہتر ہے
وقت پہ میسر وہ آب دانہ بہتر ہے
ہائے یہ غریبی بھی کس قدر رلاتی ہے
کیسے آنسو روکے ہم دکھ اٹھانا بہتر ہے
یہ حجابی جذبے بھی کام کچھ نہیں آتے
بے نقاب چہروں کا گل کھلانا بہتر ہے
دھوکے کا شکاری ہے ہر بشر شکار اس کا
آج کل تو دشمن سے دوستانہ بہتر ہے
شہر اجنبی میں ہم جائیں تو کہاں جائیں

سینکڑوں ہیں بیگانے اک یگانہ بہتر ہے
اس ٹھکانے سے مظہرؔ بے گھری ہی اچھی ہے
اس شکنجے سے تیور باغیانہ بہتر ہے

فیضان اسعد

فیضان اسعد کا تعلق مئو ناتھ بھنجن سے ہے۔ 2006 سے ابو ظبی میں مقیم ہیں اور اپنا کاروبار کرتے ہیں آپنے دہلی یونیورسٹی سے تعلیم حاصل کی ہے۔۔آپکا ایک مجموعہ کلام زیر ترتیب ہے۔

فیضان اسعد کی غزل پیش ہے:۔

ہنسے گی دیکھ کے زخموں کو مطلبی دنیا
نہ اعتماد کو اپنے لہو لہو کیجے
متاعِ دل کے زیاں پر ہیں جاں بلب لیکن
مگر ہے حکم کہ ہرگز نہ ہاؤ ہو کیجیے
یہ سچ ہے داؤ بتائے تھے عشق کے ہم نے
کہا تھا کس نے تماشا بھی ہوبہو کیجیے
نگہ ہے تند زباں تلخ و ترش کیا ہے یہ
سلیقہ سیکھیے پھر آ کے گفتگو کیجیے
کہیں گے کیا اسے اب ماہرانِ عشق و وفا
بچھڑنے والے سے ملنے کی آرزو کیجیے
ملے جو فرصتِ غیبت اے مجمعِ احباب

تو ذکرِ خیر بھی اک بار چارسو کیجیے
ہے تخم ریزیِ اخلاق سے امیدِ ثمر
درشت لہجے سے اس کو نہ بے نمو کیجیے
ذرا سی بات پہ شیشے میں بال آتا ہے
مزاج کو کسی صورت نہ تندخو کیجیے

طارف نیازی

آپکا اصل نام طارف علی خان اور قلمی نام طارف نیازی ہے۔ آپکا تعلق رامپور سے ہے۔ آپ معروف شاعر طاہر فراز کے صاحب زادے ہیں۔ امارات میں 2021 سے مقیم ہیں اور دبئی کے ایک بینک میں کام کر رہے ہیں۔ امارات منتقل ہونے سے پہلے ہندوستان میں کئی بڑے مشاعروں میں شرکت کر چکے تھے۔

طارف نیازی کی غزل ملاحظہ ہو۔

تو ہمارے در سے جب بھی در بدر ہو جائے گی
ساری دنیا کو ترے غم کی خبر ہو جائے گی
انٹری جب بھی مری ہوگی تمہاری فلم میں
بے اثر جو ہے کہانی با اثر ہو جائے گی
جس کی خاطر گھر بنانے میں لگے ہو رات دن
ایک دن یہ زندگی بھی در بدر ہو جائے گی
آج تم سے مل رہا ہوں مدتوں کے بعد میں

دیکھنا یہ رات کتنی مختصر ہو جائے گی
دیکھنا اس پل بہت دھیرے سے آجائے گی موت
یہ ہماری زندگی جب معتبر ہو جائے گی
آئی لو یو مسکرا کر کہنے بھر کی دیر ہے
مدتوں کی اک کہانی مختصر ہو جائے گی

طاہر عمر عالم

آپکا پورا نام محمد عمر ہے اور چنیوٹ کے رہنے والے ہیں۔آپکا قلمی نام طاہر عمر عالم ہے۔ جنوری 2022 سے امارات آئے اور دبئ میں مقیم ہوئے۔دبئ کی ایک فروٹ وتجیٹبل کی کمپنی میں اکاؤنٹینٹ کے طور پہ کام کر رہے ہیں۔

آپکی ایک غزل پیش ہے:-

دل کا غبار شعر میں ڈھالا نہیں گیا
لکھنا جو چاہتا تھا وہ لکھا نہیں گیا
پہروں اسی کو سوچتا رہتا تھا میں مگر
جتنا اسے تھا سوچنا، سوچا نہیں گیا
آنکھوں سے تیری آنکھیں ملائی نہیں گئیں
ہم سے یوں تیرا دیکھنا، دیکھا نہیں گیا
اک عمر اہتمام سے محو سفر رہا
پھر بھی ترے خیال سے بھاگا نہیں گیا

مجھ کو اکیلا چھوڑ کے سب لوگ چل دیئے
لیکن تمہاری یاد کا سایہ نہیں گیا
جس کو میں چاہتا تھا وہ مجھ سے تھا بے نیاز
جو مجھ کو چاہتا تھا وہ چاہا نہیں گیا
یعنی اب اپنی ذات سے شکوہ کروں گا میں
یعنی کہ تیری ذات سے شکوہ نہیں گیا
طاہر مرا وجود ہی بکھرا تھا اس قدر
سو چاہ کر بھی مجھ سے سمیٹا نہیں گیا

نصرت حسین نفیسؔ

آپکا پورا نام نصرت حسین اور قلمی نام نصرت حسین نفیسؔ ہے۔ متحدہ امارات میں 2015 سے مقیم ہیں۔ دبئی میں بسلسلہء ملازمت ایک نجی کمپنی کے ساتھ منسلک ہیں۔

نصرت حسین نفیسؔ کی ایک غزل پیش ہے:-

لب و لہجے میں نہ گفتار میں پوشیدہ ہے
خوش کلامی ترے اظہار میں پوشیدہ ہے
اک اداسی کہ سلگتی ہے پسِ چشم فراق
اک اداسی دلِ بے زار میں پوشیدہ ہے
اس توقف میں کہ وا کب ہو کوئی بابِ نجات
اک دعا دستِ گنہگار میں پوشیدہ ہے

دیکھئے کب سرِ افلاک اٹھاتا ہے یہ حشر
خونِ ناحق ابھی تلوار میں پوشیدہ ہے
بند کمرے سے سدا آئے تو ہوتا ہے گماں
جیسے کوئی در و دیوار میں پوشیدہ ہے
منفرد رکھتا ہے جو مجھ کو سر بزم سخن
وہ سلیقہ مرے اشعار میں پوشیدہ ہے
مصلحت ہے کہ یہ حاکم کی رعایت ہے نفیسؔ
ایک مجرم بھرے دربار میں پوشیدہ ہے

انکے علاوہ فردوس فاروقی, مصطفیٰ دھورجی والا، صائمہ ناز ملک، آفتاب بابر ہاشمی، خرّم جون، سید افضل جدّت اسلوبی، صائمہ نقوی، ثروت زہرا زیدی صباؔ، سلطان نقوی، نوشی ملک، شیزہ نورین، ملک عرفان، محمد آفتاب، اسد ربّانی بھی نئے لکھنے والوں میں شامل ہیں۔

اس کاروان کا سب سے آخری آدمی راوی، **شاداب الفتؔ**، خود ہے اسی لئے اپنے بارے میں تفصیلات سب سے آخر میں درج کر رہا ہے۔ یوں تو خود کے بارے میں لکھنا کچھ مناسب معلوم نہیں ہوتا کہ کوئی اسے خودنمائی نہ سمجھ لے، پھر بھی موقع کی نزاکت کو مدِ نظر رکھتے ہوئے کم سے کم الفاظ میں اپنے بارے میں کچھ بتاتا جاؤں۔

پورا نام محمد شاداب علی خاں ہے اور شاداب الفتؔ تخلص اختیار کیا ہے۔ جائے پیدائش اور آبائی وطن بہیڑی ہے جو ضلع بریلی کی ایک تحصیل ہے۔ نینیتال سے سائینس میں گریجویشن کیا اور بریلی سے بزنِس مینیجمینٹ میں پوسٹ گریجویشن کیا۔ 2007 سے امارات میں مقیم ہے اور

کمر شمئیل کچن انڈسٹری میں مارکٹنگ کے شعبہ سے منسلک ہے۔ والدین کا تعلق درس و تدریس سے تھا، والد اردو کے مدرس تھے سو گھر میں پڑھنے پڑھانے کے ماحول کے باعث ادب کی طرف بچپن سے ہی رجحان تھا۔ جو بعد میں شوق اور پھر ذوق میں ڈھل گیا۔ خدا نے اب تک جو ادبی کام لئے وہ یہ ہیں:۔

خواب نما سفر، سفر نامہ حرمین شریفین، تاریخِ عشق، شعری مجموعہ جسے یو پی اردو اکادمی نے ایوارڈ سے نوازا، اور ایک ناول، باعنوان" کرائے کا گھر" کتابی شکل میں شائع ہو چکے ہیں۔

بحیثیت ممبر بزم اردو دبئی کئی پروگراموں کی اسکرپٹ لکھی، کئی پروگراموں کی نظامت کی۔ بزم اردو دبئی کا" گوہر نایاب" اور" گوشہ کُتب" راوی کی ہی دیکھ ریکھ میں ہوتا ہے۔ اسکے تحت گزشتہ برس 2022 میں جنوبی ہند کے معروف افسانہ نگار مظہر امیدؔ مرحوم کے افسانوں کا مجموعہ ترتیب دیا۔ امارات سے شائع ہونے والے پہلے اردو ہفتہ وار اخبار (جواب بند ہو چکا ہے) میں بزم اردو ادب کے عنوان سے ادبی صفحہ کی ادارت بھی راوی کے حصہ میں آئی۔ بزم اردو دبئی کی تقاریب کی پرنٹ میڈیا کی رپورٹنگ اور برِّصغیر کے اہم اخبارات میں شائع کرانے کے لئے اخبارات سے رابطہ بھی راوی کے ذمہّ رہتی ہے۔

معروف ناول نگار محسن خان" کرائے کے گھر" پر اپنے تاثرات یوں لکھتے ہیں۔

" ناول کی عمارت نکر کے نقشے، اسلوب کے خمیر، موزوں الفاظ اور متوازن جملوں کے ارتباط یا جڑاؤ سے تعمیر ہوتی ہے اور یہ عملی فضا میں تنی ہوئی مہین رسی پر توازن کے ساتھ پیر رکھتے ہوئے ایک سرے سے دوسرے سرے تک جانے کا جوکھم بھرا عمل ہے۔ شاداب الفت

نے یہ سفر احتیاط اور عمدگی کے ساتھ طے کیا ہے۔ سہل اور سہج انداز میں لکھا گیا یہ ناول ہمیں زندگی کے روشن اور بارونق راستوں کی سیر کراتا ہوا ایک ایسے مقام پر پہنچا دیتا ہے جہاں خاموشی اور بے کیفی کے سوا کچھ نہیں۔ امید کرتا ہوں قارئین اس دل چسپ ناول سے محظوظ ہونگے۔"

آپکی دل چسپی کے لئے اپنا ایک افسانہ حاضر کرتا ہوں، شاید پسند آئے۔ عنوان ہے "آخری رات کا سجدہ"۔

کسے معلوم تھا کہ وہ اسکی آخری رات تھی، کسی اور کو کیا اسے خود بھی نہیں معلوم تھا۔ موت کو زندگی کی شام سے بارہا تشبیہ دی جاتی رہی ہے مگر رات؟ رات جو شام کے بعد آتی ہے۔ موت کے بعد کیا آتا ہے؟؟ کوئی یقین کرتا ہے کہ ایک اور زندگی آتی ہے۔ کچھ کہتے ہیں کچھ نہیں آتا۔ اولّین کی مانیں تو، زندگی تو رات نہیں ہوتی تو شام کے بعد کیسے آئیگی۔ رات تو اندھیرے کی، ظلم کی، وحشت کی مترادف ہے۔ رات اگر شبِ وصل ہو تو اندھیرا، اُجالے کا کردار ادا کرتا ہے۔ اور اگر رات شبِ غم ہو تو روشنی کاٹنے دوڑتی ہے، اُجالا جتنا تیز ہو اُتنا زیادہ چبھتا ہے، چاندنی کالی پڑ جاتی ہے۔ مگر کہیں رات سکون کا محور ہے، نیند اور آرام کا مسکن ہے۔ شاید یہی رات آتی ہو اُس شام کے بعد، زندگی کی شام کے بعد۔ جس نے دن بھر جی توڑ محنت کی ہو اسکا مقدر یہی رات ہونا چاہئے۔ تو پھر شام کا دکھ کیسا، دن ڈھلنے کا افسوس کیوں؟ دن سجدے میں گزرا تو کیا، رات ایسی ملی کہ جس میں سجدے کی ضرورت ہی نہیں۔ سجدہ، سرکسی کے قدموں میں زمیں پر رکھ دینا، انتہا ہے، آغاز نہیں۔ دل جھکے، نظریں نہ اُٹھیں، ذہن اگر خلاف بھی کہے اسے منا لیا جائے، فقط سرہی نہ جھکا ہو، پورا وجود جھک جائے کسی کے آگے، کسی کی محبت میں، کسی کے حکم پر، اس کیفیت میں سرزمین سے جا لگے، اسکے قدموں تک، یہ ہے مکمل سجدہ۔

سلیم اپنے گھر کی بالکنی میں بیٹھا جانے کیا کیا سوچ رہا تھا، اسکے سر پر وہ صبح والی خبر سوار تھی۔ وہ اسکا پڑوسی تھا، رات نیند میں دماغ اپنی قوت سے زیادہ تیز چلنے لگا، کوئی ڈراونا خواب لال رنگ میں ڈھل کر کسی نس کو پھاڑ کر باہر بہنے لگا۔ وہ چیخا تو ضرور ہوگا مگر کسی نے سنا نہ ہوگا، یا سنا بھی ہو تو شاید وہ خود ایسی نیند کے قبضہ میں ہو جس سے خود کو چھڑا نہ پایا ہو۔ اگلے روز جب سورج نے کھڑکی پر دستک دی، صبح کی آنکھ تو کھل گئی مگر اسکی آنکھ نہ کھلی، وہ اسکی آخری رات تھی، دنیا میں اسکی آخری رات۔ یہی خبر تھی کہ جس پر ابھی تک اسے یقین نہ تھا، آج کا دن اسنے بے یقینی میں گزارا، اسی حالت میں وہ قبرستان بھی گیا، اسے کندھا بھی دیا اور مٹّی بھی دی۔ مگر نیم خوابی کی سی کیفیت طاری رہی۔ وہ اتنا قریبی دوست تو نہ تھا جتنا گہرا خلا وہ چھوڑ گیا۔ کئی برس کی شناسائی تھی، اگر کہیں نہ بھی ملے، مسجد میں تو مل ہی جاتا تھا۔ کسی ٹھیک ٹھاک سی کمپنی میں کام کرتا تھا، ٹھیک ٹھاک کماتا تھا، بہت زیادہ تو نہیں مگر کم بھی نہ تھا۔ خوش مزاج، ملنسار، محنتی، وقت کا پابند۔ بچّے، بوڑھے، جوان محلے میں سب سے آتے جاتے کچھ نہیں تو خیریت تو پوچھ ہی لیتا تھا۔ جو اس سے کمزور تھے انکی مدد بھی کر دیتا تھا۔ گھر پر سامان پہنچانے والے پڑوس کی دکان پر نوکر، بنگالی لڑکے کی عزت کیا کرتا تھا۔ کبھی نہیں سنا کہ اسنے کسی سے اُنچی آواز میں بات بھی کی ہو، جھگڑا تو کیا ہی کریگا۔ راہ میں سر جھکا کر چلتا دیکھا گیا تھا، کسی بھی خاتون سے کبھی نظریں ملا کر بات نہ کی۔ صوم وصلات کا پابند وہ محلے میں سب سے خوب عزت پاتا تھا۔ حقوق اللہ اور حقوق العباد، دونوں کا پاسدار وہ ابھی تو بس ۵۰ یا ۵۲ برس کا ہی ہوگا۔ ۵، ۶ برس پہلے دل کی شدید بیماری کو بڑی ہمت سے عبور کر آیا تھا۔ گھر میں تین بیٹے ایک بیٹی اور ایک ان تینوں کی ماں۔ بڑا بیٹا ابھی حال ہی میں کہیں کام پر لگ گیا تھا، منجھلے کی بس ابھی پڑھائی پوری ہی ہوئی تھی، کام کی تلاش میں تھا، پھر بیٹی تھی، ابھی پڑھ رہی تھی۔ چھوٹے بیٹے کو ایسی بیماری تھی کہ اسکا علاج ابھی ایجاد ہونا باقی تھا، کب

تک جیے گا؟ ڈاکٹر، حکیم، وَید، پیر، فقیر سب یہی کہتے تھے کہ اب گیا کہ تب گیا۔ مگر اسے اور اسکے باقی گھر والوں کو امیدیں تھیں، دعائیں کرتے تھے۔ دعا، یہ وہ شئے ہے جو تقدیر بدل دیتی ہے، فکر، ڈر اور پریشانیوں سے نجات دلاتی ہے۔ اسے یقین تھا دعا ہی نجات دلائیگی۔ وہ اور اسکی باتیں، سلیم کے دماغ میں گھمسان مچا تھا۔

پچھلی رات، اسی رات جس رات وہ سو کر نہ اُٹھا، رات کی نماز میں مسجد میں دکھا تھا۔ پچھلے کئی روز سے ملاقات نہ ہوئی تھی، سوچا، نماز بعد ملونگا۔ نماز ہو چکی، لوگ جا چکے، چند باقی تھے، جو دیر میں آئے تھے، نماز پوری کر رہے تھے، نظریں ادھر ادھر گھوم کر اسے ڈھونڈنے لگیں، نماز بعد ملونگا، نظروں نے دماغ کی بات پڑھ لی تھی۔ آخر وہ نظر آیا، سجدے میں تھا۔ میں کھڑا ہو کر منتظر ہو گیا، نماز تو پڑھ چکا تھا، یہ کون سا سجدہ ہے، شاید سجدۂ شکر ہو، کچھ اور دیر منتظر رہا، وہ سجدے میں تھا، چند منٹ گزر گئے، وہ سجدے میں تھا، شاید دعا مانگ رہا ہے، دعا نجات دلاتی ہے۔ کاش اس وقت وہ کام یاد نہ آیا ہوتا تو کچھ دیر اور منتظر رہ سکتا تھا، اس سے مل سکتا تھا۔ سلیم پر اسکا وہ سجدہ طاری تھا۔

کتنی دیر اور وہ اسی طرح سجدے میں رہا ہوگا، کتنا شاکر تھا۔ شکر ادا کر کے دعا کی ہو شاید، دعا ہی کر رہا ہوگا، آخر مسجود کے قدموں میں سرِ تشکر تھا، یہی وقت دعا کا ہوتا ہے، اسکی یہ بات بھی یاد آئی۔ کیا دعا مانگی ہوگی۔ اپنے لئے کچھ دھن دولت؟ نہیں نہیں۔۔ نفسِ مطمئن تھا، ضرورت پوری ہوتی رہے اور کیا چاہیئے، ایسا کہتا تھا۔ تو پھر کیا مانگا ہوگا؟ چھوٹے کی صحت، شفا مانگی ہوگی، ہاں یہ تو ضرور مانگی ہوگی، اسکی طرف سے ڈر لگا رہتا تھا اسے۔ اور کیا؟ بیٹی کی پڑھائی پوری ہو جائے، اپنے گھر کی ہو جائے، اچھا جوڑ مل جائے، جہاں جائے خوش رہے، خوش رکھے، یہ تو ضرور مانگا ہوگا، ایک ذمہ دار اور مخلص باپ کو بیٹی کے لئے یہی تو فکر ہوتی ہے۔ بڑے کا

گھر خوش حال رہے، منجھلے کو جلد اچھا کام مل جائے، یہ سب فکریں اسے رہتی تھیں، یہی مانگا ہوگا۔ بیوی اس سے اور بچوں سے خوش رہے۔ اسکی جائز تمنایٔیں پوری ہوتی رہیں، وہ خود جب تک جیے ایمان پر جیے، صحت مند جیے، اپنے لئے یہ تو مانگا ہی ہوگا۔ کئی دوستوں کی پرشانیاں بھی یاد آئی ہونگی، انکے لئے بھی انکی پریشانیوں سے نجات چاہی ہوگی۔ اس بنگالی لڑکے کی بوڑھی ماں کی صحت مانگی ہوگی، کہ ایک بار اسنے اپنی ماں کا دکھڑا اسکے آگے تڑپ کر رویا تھا۔ جانے کیا کیا مانگا ہوگا۔ اسے سے اتنا تو پوچھ ہی لیتا کہ اتنی دیر کیا کیا مانگا بھائی؟ کچھ ہمارے لئے بھی مانگا کہ نہیں؟ اگر اُس وقت وہ کام یاد نہ آیا ہوتا۔ اور وہ ہنس کر بتا بھی دیتا، آپکے رزق میں برکت ہو، ایسا اکثر سے اکثر کہا کرتا تھا۔ یقیناً یہ مانگا بھی ہوگا، اپنے ہر شناسہ کے لئے، ایسا ہی کہتا تھا وہ۔ سلیم کے ذہن پر اسکی دعا اُتر رہی تھی۔

مکمل سجدہ، وہ خود ایک سجدہ تھا، اسکا پورا وجود سجدہ تھا۔ تو کیا اسکی دعائیں قبول ہو گئیں؟ اسکا شکر قبول ہو گیا؟ اسکا سجدہ پسند کرلیا گیا؟ اسکی دعائیں قبول ہوگئیں۔ زندگی کی شام ہوگئی اور اسکی رات آ گئی۔ اسنے پورا دن محنت اور مشقّت میں گزارا تھا تو اسکے لئے یہ رات اندھیرا نہ ہوگی، اسکے سکون کی محور رات ہوگی، شبِ غم نہ ہوگی، شبِ وصل ہوگی۔ اسکے مسجود نے اسکے تمام ڈروں سے، فکروں سے، پریشانیوں سے نجات دے دی اسے۔ تو کیا اسے پتہ تھا کہ یہ رات آخری رات ہے؟ تو کیا اسے احساس ہو گیا تھا کہ آج دعا قبول ہوگی، نجات ملے گی؟ پریشانیوں سے۔ تو کیا دعائیں واقعی نجات دلاتی ہے؟ سوالوں اور انکے جوابوں کے الجھیّے پڑتے جا رہے تھے، سلیم کا سر درد سے پھٹنے لگا۔ ایک مکھّی مسلسل کبھی اسکے منہ پر کبھی سر کے چاروں طرف بھنبھنا رہی تھی، اور وہ اسے ہاتھ سے اُڑا رہا تھا، شاید اسے بھی نجات مطلوب تھی۔

معروف و معتبر شاعر شارقؔ کیفی نے "تاریخ عشق" پر اپنے تاثرات یوں بیان کئے:۔

شاداب الفت کی غزلیں پڑھ کر مجھے خوش گوار حیرت کا احساس ہوا۔غزل کی صنف میں کوئی نئی اور انوکھی بات کہنا اب بہت مشکل بلکہ ناممکن سا ہی نظر آتا ہے۔خاص طور پر جب اس کا موضوع عشق اور تاریخ عشق ہو جو بظاہر روایتی اور رسمی سا نظر آتا ہے مگر شاداب الفت کا کمال اور شعری کرشمہ اس مقام سے شروع ہوتا ہے۔ان کی غزلیں اپنی شعری روایت کے تمام التزامات کے ساتھ ساتھ ہم عصر اردو غزل کے جدید ترین محاورے کو اپنے قالب میں سموئے ہوئے ہیں۔اور یہ اتنی بڑی بات ہے کہ جس کی جتنی بھی تعریف کی جائے کم ہے۔انسانی جذبات واحساسات کی پیچیدگی اور انسان کی باطنی کیفیت کو جس فنکارانہ شعری مہارت کے ساتھ پیش کیا گیا ہے۔وہ اس مجموعے کو ایک اعلیٰ تخلیقی فن پارے کے منصب پر فائز کر دینے کے لیے کافی ہے۔میں شاداب صاحب کو ان کی شاعری کے مجموعے کی اشاعت کے لیے دل کی گہرائیوں سے مبارک باد پیش کرتا ہوں۔اس یقین کے ساتھ کہ اس شاعری کی اردو کے اعلیٰ اور ادبی حلقوں میں خاطر خواہ پزیرائی ہوگی۔"

آخر میں بس ایک غزل پیش کرتا ہوں:۔

تمہارے ہونے سے مجھ میں ایسی بھی ایک دنیا بسی ہوئی تھی
کہ جیسے جوگن گھنیرے جنگل کے بیچ تنہا بسی ہوئی تھی
وہ ایک سجدہ کہ جس میں آنکھیں کھلی تھیں میری تو میں نے دیکھا
لباس بدلے یہ پوری دنیا تہہِ مصلّا بسی ہوئی تھی
وہ عشق تھا یا غبار کوئی چھٹا تو محسوس ہو رہا ہے

کہ یاد تیری ہمارے دل میں بطور دھوکا بسی ہوئی تھی
ڈرے ہوؤں کے قریب رہ کر کھلا یہ بربادیاں ہیں کیوں کر
نئی امیدوں کی روشنی بھی حصارِ خدشہ بسی ہوئی تھی
جنابِ الفتؔ کی شاعری میں تمہیں وہ شادابیاں ملیں گی
کہ جیسے مادھو کی بانسری کے سروں میں رادھا بسی ہوئی تھی

❖❖❖

شارجہ میں علامہ اقبال کی یاد میں مشاعرہ میں ہلال جعفری، نسیم زیدی، شفیق زیدی، شفیق سلیمی، ندرت عابدی اور انور عثمانی اپنا کلام پیش کر رہے ہیں۔

متحدہ عرب امارات

کی ادبی ڈائری

رپورٹ :- اطہر نفیس عباسی

۲۱ر فروری ۱۹۸۰ء کو بزم ادب متحدہ عرب امارت کی جانب سے ایک شعری نشست کا انعقاد نائب صدر محترم محمد وسیم احمد صاحب کی رہائش گاہ واقع ابوظہبی نزد شیرٹن ہوٹل ہوا محترم جناب رفعت پاشا شیخ نے صدارت کے فرائض انجام دیئے۔ بزم ادب متحدہ عرب امارت۔ امارت کی وہ واحد فعال تنظیم ہے جس کی جانب سے باقاعدہ ادبی نشستوں کا انعقاد ہوتا رہتا ہے۔ جناب وسیم احمد صاحب نے کہا کہ بزم ادب کے ساتھ ابوظہبی اسی لئے نہیں لکھا گیا ہے کہ ہم اسے محدود نہیں بنانا چاہتے بلکہ متحدہ عرب امارات کی بنیاد پر قائم رکھنا چاہتے ہیں۔

۲۱ر فروری کو متحدہ عرب امارت کی سب ہی ریاستوں میں موسم انتہائی خوشگوار تھا۔ کہیں ہلکی ہلکی پھوار پڑ رہی تھی اور کہیں موسلا دھار بارش ہو رہی تھی۔ جناب وسیم احمد کی رہائشگاہ کے وسیع و عریض (امارات کے لحاظ سے) ہال میں یہاں کی ادبی شخصیات جمع تھیں۔ مشاعرے کا آغاز تقریباً گیارہ بجے بزم ادب کے صدر جناب ڈاکٹر نزہت خان صاحب کی صدارت میں ہوا۔ سفیر پاکستان مشاعرہ شروع ہونے کے پندرہ منٹ بعد تشریف لائے تو مسند صدارت پر انہیں زحمت دی گئی اور یوں ڈاکٹر نزہت صاحب صدارت سے مستعفی ہو گئے۔ آج کی نشست کے دو دور ہوئے۔ طرحی اور غیر طرحی۔ طرحی دور کے لئے مصرع طرح تھا "موسم گل آتے آتے، حال گلشن کیا ہوا"۔ نظامت کے فرائض حسب معمول بزم ادب کے سکریٹری جناب سلامت نجمی نے انجام دیئے۔ جن شعراء کرام نے شرکت فرمائی ان کے اسمائے گرامی ہیں۔ مہمان شعراء میں پاکستان سے آئے ہوئے حضرت یاس بلگرامی، دوحہ قطر سے جناب سعید جعفری اور جناب الیاس عدنان، عمان سے بلال جعفری، شارجہ سے جناب قمر نقوی اور علی متقی صاحب، دوبئی سے جناب سجاد بابر اور اطہر نفیس عباسی کے علاوہ مقامی شعراء میں جناب وسیم احمد، اظہار حیدر، سلامت نجمی، ہاشمی صاحب، یوسف ثمر، علی امام، رشید منظر، اور جناب اعظم شریک محفل تھے۔ مشاعرے سے قبل مہمانوں کا آپس میں تعارف جناب وسیم صاحب کراتے رہے۔

جھلکیاں :-

- مشاعرے کے دونوں دور کا آغاز نعت رسولؐ سے ہوا جناب یوسف ثمر کی مسحور کن آواز سے محفل پر وجدانی کیفیت طاری ہو گئی۔
- سلامت نجمی صاحب نے غزل کے علاوہ نظامت کے فرائض انجام دیتے ہوئے بھی کافی داد حاصل کی۔ خصوصاً جب انہوں نے یاس بلگرامی صاحب اور اظہار حیدر کو فی البدیہہ قطعات کہہ کر بلایا۔ بعض جگہ ان کے خوبصورت جملوں کو لوگوں نے

... صفحہ ۱۰ ...

بسم اللہ الرحمن الرحیم

نقشبند قمر نقوی بخاری

بھوپالی

ایم، اے (تاریخ)۔ ایم، پی، اے۔ ادیب فاضل

6446 S. Indianapolis Pl
Tulsa, Oklahoma 74136 USA
Email: huntemaqvi@hotmail.com

میں ۱۹۸٦ء میں امارات میں وارد ہوا، اور یونیورسل انٹرپرائزز کے جنرل مینیجر کی حیثیت سے شارجہ میں کام شروع کیا، کچھ عرصہ بعد، العین کی کوآپریٹو سوسائٹی میں کمرشل مینیجر کا عہدہ سنبھالا جو بہت اہم اور باعزت عہدہ تھا۔

شارجہ کے قیام کے دوران ہی مشاعروں میں شرکت کا آغاز ہوا، اور جلد ہی ممتاز حیثیت حاصل ہوگئی۔

غالبا میں امارات کا معروف ترین شاعر رہا۔ اور ہر چھوٹے اور بڑے مشاعرے میں میری شرکت ضروری سمجھی جاتی رہی۔

رفیقہ حیات کی وفات کے بعد کا ایک سال نہایت کربناک دور تھا، اسی سال ابوظبی حکومت کے انگریزی روزنامے'' امیریٹس نیوز'' میں نیوز ایڈیٹر کی حیثیت سے ایک سال کام کیا،

امارات میں میرا قیام چھ سال رہا، ۱۹۸٦ء میں میں امریکہ منتقل ہوگیا۔

ناول

رابطہ: کل
[illegible]
اور [illegible] رہی
[illegible] کنارے
[illegible] اسرار [illegible]
مسافر
[illegible] کی وادی
[illegible] بہار
[illegible]
[illegible]
چاندی کی پائل
[illegible] خاموش تھا
[illegible]
ہم اجنبی تو نہیں
میں مرنے پہ مائل نہیں
جب موت واجب کر دی گئی
منزل دور نہیں

شکاریات

آدم خور شیر
پالم پور کا آدم خور
[illegible] کا آدم خور
[illegible]
[illegible]
[illegible]
[illegible]
[illegible]
امریکہ میں [illegible]
[illegible]
[illegible]
[illegible] آدم خور
[illegible]

[illegible] (قرآن پاک کی مفصل تاریخ)
چلئے حج کو چلیے (سفرنامہ حج مع مناسک)
[illegible]
صلیبی جنگیں
کتاب الشعر (زیر طبع)

خواب

خواب کی حقیقت، سائنس اور مذہب کے مطابق
فلسفہ اور مذہب کے نظریات
قرآن اور احادیث
کی روشنی میں
اردو میں منفرد، تحقیقی، علمی مطالعہ

1. The Prophet of Islam
2. The Last Sunrise of Prophethood
3. [illegible] (novel on Amazon)

تماسہ
پاکستان و ہندوستان کی منظوم تاریخ
محمد بن قاسم سے جنرل ضیاء الحق تک

نومبر 2022 . ابوظبی عالمی مشاعرے میں شرکت کے لئے ہندوستان، پاکستان، امریکا، قطر اور بحرین سے تشریف لائے ہوئے شعراء کے ساتھ متحدہ عرب امارات کے شعراء

شارجہ عالمی کتاب میلے 2022 میں اپنے سالانہ مجلّے کے اجراء کے موقع پر ٹیم بزم اردو دبئی ۔ نومبر 2022

اس موقع پر شارجہ بک اتھارٹی کے موہن کمار، الکاراوان ٹریڈنگ کے روح رواں رفیع ہمایوں، ظہور الاسلام جاوید، ڈاکٹر واسطی، معروف اداکار رضا مراد اور ڈی پی ایس کے روح رواں دنیش کوٹھاری موجود رہے